# 漢篆輯錄

劉志基題

第一卷

許可 著

上海人民出版社 上海書店出版社

國家社會科學基金一般項目

“兩漢篆文材料整理研究與圖像集成”（23BYY007）階段性研究成果

# 目 録

# 凡 例

一、本書所論"漢""漢代"或"兩漢",時間範圍在公元前 202 年至公元 220 年,包括西漢、新莽、玄漢、東漢,不包括楚漢之争時期和蜀漢。年號紀年後用( )標出公元年份,公元前簡稱"前"。

二、本書輯録之材料,以 2022 年之前公開出版者爲主,不包括未公佈的公私庋藏品和拍賣會、展覽會、各種網絡平臺上披露的器物。主要包括石刻、銅器、瓦當、瓦文、磚文、陶文、銅鏡、錢幣、錢範、雜項等幾大類,不包括璽印、封泥。

三、每件(組)材料,依次給出序號、名稱、時代(如能明確)、出土和收藏者(如能明確)、著録情況、字數、釋文。同一材料見於多種著録時,"著録"部分最前端所列爲圖片最清晰者,其圖片收入《漢篆圖像集成》。

四、本書作者對材料尺寸形制、分期斷代、文字風格的判斷以及相關釋文校訂、史實考證等内容,以"説明"形式附後。

五、本書中引用書籍多用簡稱,其全稱詳參《引書簡稱對照表》。該表内所列書目,不再於文後《主要參考文獻》中重出。行文中,簡稱之後的數字,加"頁"者表示頁碼,否則爲原書中的圖號、著録號等。

六、釋文部分,採用嚴式隸定。其中,在通假字、古今字、異體字之後,用( )分別標出本字、今字、通用字;在訛字之後,用〈 〉標出正字。必要時,用」表示原行款中的行尾或區隔不同位置上的文字;用{ }標明文字位置、刻鑄先後、呈現方式等信息。

七、字跡殘泐或未釋的内容，能確定字數的，每字用一個□表示，不能確定字數的，用☑表示。可以推知的殘文直接補出，用［ ］括注。

八、本書中區分"之前"與"以前"、"之後"與"以後"等詞語。説某一時期"之前"，謂不包括此時期；説某一時期"以前"，則包括這一時期，以此類推。

# 引書簡稱對照表

**史記**　（漢）司馬遷撰，（南朝宋）裴駰集解，（唐）司馬貞索隱，（唐）張守節正義：《史記》，北京：中華書局點校本，1982 年

**漢書**　（漢）班固撰，（唐）顔師古注：《漢書》，北京：中華書局點校本，1962 年

**後漢書**　（南朝宋）范曄撰，（唐）李賢等注：《後漢書》，北京：中華書局點校本，1965 年

**説文**　（漢）許慎撰，（宋）徐鉉校定：《説文解字》，北京：中華書局影印陳昌治刻本，2013 年

**繫傳**　（南唐）徐鍇：《説文解字繫傳》，北京：中華書局影印清道光祁寯藻刻本，1987 年

**段注**　（清）段玉裁：《説文解字注》，北京：中華書局影印經韻樓本，2013 年

**玉篇**　（南朝梁）顧野王：《大廣益會玉篇》，北京：中華書局影印張氏澤存堂本，1987 年

**汗簡**　（宋）郭忠恕：《汗簡》，北京：中華書局影印本，1983 年

**隸韻**　（宋）劉球：《隸韻》，北京：中華書局影印影宋石刻本，1989 年

**隸篇**　（清）翟云升：《隸篇》，北京：中華書局影印本，1985 年

**隸辨** （清）顧藹吉：《隸辨》，北京：中華書局影印清康熙項絪玉淵堂刊本，1986 年

**甲金** 徐無聞：《甲金篆隸大字典》，成都：四川辭書出版社，1991 年

**篆隸** 漢語大字典字形組：《秦漢魏晉篆隸字形表》，成都：四川辭書出版社，1985 年

**漢大** 漢語大字典編纂委員會：《漢語大字典》，成都：四川辭書出版社、武漢：崇文書局，2010 年

**漢編** 徐正考、肖攀：《漢代文字編》，北京：作家出版社，2016 年

**合集** 中國社會科學院歷史研究所：《甲骨文合集》，北京：中華書局，1978—1982 年

**新甲** 劉釗：《新甲骨文編》（增訂本），福州：福建人民出版社，2014 年

**集成** 中國社會科學院考古研究所：《殷周金文集成》，北京：中華書局，1984—1994 年

**近出** 劉雨、盧岩：《近出殷周金文集録》，北京：中華書局，2002 年

**新收** 鍾柏生、陳昭容、黄銘崇、袁國華：《新收殷周青銅器銘文暨器影彙編》，臺北：藝文印書館，2005 年

**銘圖** 吴鎮烽：《商周青銅器銘文暨圖像集成》，上海：上海古籍出版社，2012 年

**銘續** 吴鎮烽：《商周青銅器銘文暨圖像集成續編》，上海：上海古籍出版社，2016 年

**漢金** 容庚：《秦漢金文録》，北京：中華書局，2012 年

**彙編**　孫慰祖、徐谷甫：《秦漢金文彙編》，上海：上海書店出版社，1997 年

**漢銅選**　徐正考：《漢代銅器銘文選釋》，北京：作家出版社，2007 年

**新金**　董蓮池：《新金文編》，北京：作家出版社，2012 年

**碑全**　徐玉立：《漢碑全集》，鄭州：河南美術出版社，2006 年

**碑釋**　高文：《漢碑集釋》，開封：河南大學出版社，1997 年

**北圖**　北京圖書館金石組：《北京圖書館藏中國歷代石刻拓本彙編》，鄭州：中州古籍出版社，1989 年

**書全石**　劉正成：《中國書法全集・秦漢編・秦漢刻石卷》，北京：榮寶齋出版社，1993 年

**集萃**　趙宏：《歷代書蹟集萃・篆書》，長沙：湖南美術出版社，2008 年

**綏德**　李貴龍、王建勤：《綏德漢代畫像石》，西安：陝西人民美術出版社，2011 年

**碑别**　秦公：《碑别字新編》，北京：文物出版社，1985 年

**傅當**　傅嘉儀：《秦漢瓦當》，西安：陝西旅遊出版社，1999 年

**陝當**　陝西省博物館：《秦漢瓦當》，北京：文物出版社，1964 年

**程當**　（清）程敦：《秦漢瓦當文字》，見賈貴榮、張愛芳：《歷代陶文研究資料選刊續編・上册》，北京：國家圖書館出版社，2009 年

**程續**　（清）程敦：《續秦漢瓦當》，見賈貴榮、張愛芳：《歷代陶文研究資料選刊續編・上册》，北京：國家圖書館出版社，2009 年

**鐵瓦**　（清）劉鶚：《鐵雲藏瓦》，見賈貴榮、張愛芳：《歷代陶文研究資料選刊續編・中册》，北京：國家圖書館出版社，2009 年

**窸齋** （清）吴隱：《窸齋甎瓦録》，見賈貴榮、張愛芳：《歷代陶文研究資料選刊續編・中册》，北京：國家圖書館出版社，2009 年

**琴歸** （清）黄中慧：《琴歸室瓦當文鈔》，見賈貴榮、張愛芳：《歷代陶文研究資料選刊續編・下册》，北京：國家圖書館出版社，2009 年

**古磚** 王鏞、李淼：《中國古代磚文》，北京：知識出版社，1990 年

**磚銘** 殷蓀：《中國磚銘・圖版分册》，南京：江蘇美術出版社，1999 年

**千甓** 陸心源：《千甓亭古磚圖釋》，北京：中國書店，1991 年

**陶彙** 高明：《古陶文彙編》，北京：中華書局，1990 年

**陶録** 王恩田：《陶文圖録》，濟南：齊魯書社，2006 年

**關中** 陳直：《關中秦漢陶録》，北京：中華書局，2006 年

**璽彙** 羅福頤：《古璽彙編》，北京：文物出版社，1981 年

**新季木** 周進集藏，周紹良整理，李零分類考釋：《新編全本季木藏陶》，北京：中華書局，1998 年

**徵存** 羅福頤：《秦漢南北朝官印徵存》，北京：文物出版社，1987 年

**匯考** 孫慰祖：《兩漢官印匯考》，香港：大業公司、上海：上海書畫出版社，1993 年

**增訂** 羅隨祖：《增訂漢印文字徵》，北京：紫禁城出版社，2010 年

**二十** 周曉陸：《二十世紀出土璽印集成》，北京：中華書局，2010 年

**虚漢** 施謝捷：《虚無有齋摹輯漢印》，京都：藝文書院，2014 年

**新泥彙** 楊廣泰：《新出封泥彙編》，杭州：西泠印社，2010 年

**莽泥選** 馬驥:《新出新莽封泥選》,杭州:西泠印社、中國印學博物館,2016年

**錢典** 中國錢幣大辭典編纂委員會:《中國錢幣大辭典》,北京:中華書局,1995年

**錢系** 俞偉超:《中國古錢大系》,成都:西南財經大學出版社,1997年

**幣庫** 宋志强、王立新:《中國古錢幣庫》,天津:天津古籍出版社,2003年

**漢範** 陝西省錢幣學會:《秦漢錢範》,西安:三秦出版社,1992年

**莽範** 陝西省錢幣學會、西安錢幣學會:《新莽錢範》,西安:三秦出版社,1996年

**鏡集** 中國青銅器全集編輯委員會:《中國青銅器全集·第16卷·銅鏡》,北京:文物出版社,1998年

**鏡典** 孔祥星、劉一曼、鵬宇:《中國銅鏡圖典》,上海:上海古籍出版社,2020年

**圖集** 王綱懷:《漢鏡銘文圖集》,上海:中西書局,2016年

**小校** 劉體智:《小校經閣金石拓本》,小校經閣印本,1932年

**故宫** 郭玉海:《故宫藏鏡》,北京:紫禁城出版社,1996年

**四川** 四川省博物館、重慶市博物館:《四川省出土銅鏡》,北京:文物出版社,1960年

**南陽** 南陽市文物考古研究所:《南陽出土銅鏡》,北京:文物出版社,2010年

**廣陵** 徐忠文、周長源:《漢廣陵國銅鏡》,北京:文物出版社,2013年

**清華** 王綱懷:《清華銘文鏡(鏡銘漢字演變簡史)》,北京:清華大學出版社,2011年

# 石刻

主要包括碑刻、碑額、題記等刻寫在石質載體上的篆文材料，共83通。能確定絶對年代或時代區間的按照時間順序先後排列，接以只能判斷大致時代者，其餘以字數多寡爲序。

## 1. 群臣上醻刻石

**又名**：趙王刻石摩崖、婁山石刻

**時代**：西漢文帝後元六年、趙王遂廿二年(前158)八月二十四日

**出土**：清道光年間在河北省永寧縣十五里堵山西峰爲楊兆璜發現

**著録**：《碑全》2頁；《金石聚》卷一；《八瓊室》卷二；《求是齋》卷一；《函青閣》卷二；《集萃》153頁，圖140；《西漢石刻文字初探》；王壯弘：《增補校碑隨筆》，上海：上海古籍出版社，1981年；張彦生：《善本碑帖録》，北京：中華書局，1984年

**字數**：15

**釋文**：趙廿二季(年)八月丙寅，羣(群)臣上醻此石。北。

**説明**：西漢文帝時期，趙王遂麾下群臣爲其所作。清人陸增祥云："惟以筆勢審之，似與秦篆差異，'丙寅'二字，轉筆方折，全是隸意。"[①]徐森玉先生所論與此亦相近。[②] 實爲較典範的篆文。

## 2. 楚王陵塞石題記

**時代**：墓主人爲第二代楚王劉郢(卒於前175年)或第三代楚王劉戊(卒於前154年)

① (清) 陸增祥：《八瓊室金石補正》卷二，北京：文物出版社，1985年，第2頁。

② 徐森玉：《西漢石刻文字初探》，《文物》1964年第5期，第3頁。

**出土**：1994—1995年，在徐州獅子山西漢楚王陵内出土

**著録**：獅子山楚王陵考古發掘隊：《徐州獅子山西漢楚王陵發掘簡報》，《文物》1998年第8期，第12頁，圖一三（摹本）；耿建軍：《徐州西漢楚王墓塞石的開鑿與封填》，《考古》2013年第3期，第76頁，圖二（照片）、圖三（摹本）；《漢魏石刻文字繫年》

**字數**：23

**釋文**：苐（第）乙。下昜〈易（施）〉，⌋東方，二。簡⌋道廣三尺九寸，⌋高四尺半寸，⌋袤丈五寸。

**説明**：硃砂書寫。"第乙"指第二組。董珊先生提出，"昜"字爲"易"字之訛，讀爲"施"。[①] "簡道"，即甬道。"丈"字，《漢魏石刻文字繫年》缺釋。

## 3. 魯北陛石題字

**又名**：北陛石、北陛石題字

**時代**：西漢景帝中元元年（前149）九月

**出土**：傳爲1942年日本人於曲阜市周公廟墓地掘得。運往日本途中截留北京，藏北京大學。1979年歸藏曲阜市孔廟

**收藏**：山東市曲阜市漢碑碑刻陳列館

**著録**：《碑全》8頁；《西漢石刻文字初探》；《書全石》462頁；《集萃》154頁，圖141；宫衍興：《濟寧全漢碑》，濟南：齊魯書社，1990年

**字數**：9

**釋文**：魯六⌋季（年）九⌋月所造⌋北陛

**説明**：魯恭王時靈光殿建築用石。篆隸混用。徐森玉先生指出，僅"月"字爲隸書，其餘八字小篆。[②] 周持先生云："書體篆隸相間。"[③]

## 4. 保安山二號墓塞石題記（第一組）

**又名**：保安山二號墓塞石序號刻字

**時代**：西漢武帝元朔六年（前123）

**出土**：1992年，在河南永城保安山2號墓内出土

**著録**：河南省文物考古研究所：《永城西漢梁國王陵與寢園》，鄭州：中州古籍出版社，1996年，第153—155頁

**字數**：92

① 董珊：《西安閻良發現秦銘刻石新考》，《文物》2019年第10期，第60—68頁。
② 徐森玉：《西漢石刻文字初探》，《文物》1964年第5期，第4頁。
③ 《書全石》，第462頁。

**釋文**：第(第)四。廿。{01:111305}
第(第)二。廿七。{01:131405}
第(第)一。七十七。{前庭 140905}
第(第)一。廿三。{前庭 150306}
第(第)六。卌一。{前庭 090510}
第(第)二。廿五。{前庭 130307}
第(第)六。九十六。{前庭 091004}
第(第)三。七十七。{前庭 120906}
第(第)三。十六。{Y1:220601}
第(第)五。廿二。{Y1:200801}
第(第)十四。六。{Y1:110801}
第(第)廿一。三。{Y1:020201}
第(第)十二。九。{Y1:130503}
第(第)廿九。四。{Y3:160201}
第(第)十一。四。{Y3:340201}
第(第)廿一。十二。{Y3:140402}
第(第)六。六十七。{02:070906}
第(第)六。六十六。{02:070908}
第(第)一。九十九。{02:121304}
第(第)一。百。{02:121305}
第(第)四。六。{Y2:090203}
第(第)八。十一。{Y2:050403}

**説明**：保安山一號墓、二號墓規模相差懸殊。因二號墓出“梁后園”銅印，故多以規模較大的二號墓墓主人爲梁孝王劉武之妻李后，但還有學者認爲墓主應是梁孝王本人而非王后。[①]

據《史記・梁孝王世家》記載，西漢景帝中元六年(前 144)六月六日，梁孝王卒，子劉買即位，爲梁共王。梁共王三年(前 141)，景帝薨。七年(前 137)，共王卒，子襄即位，爲梁平王。平王十四年(前 123)，任王后與李太后因争孝王罍樽(《漢書・文三王傳》中作“䍣尊”)發生糾紛後，李太后“病薨”。武帝削梁八城，梟任王后首於市。[②] 因此，將此墓中塞石時代定在西漢武帝元朔六年。

這組題記，原報告分類命名爲“保安山二號墓塞石序號刻字”。而以下各組，皆按原報告圖片順序組合，但並不使用其命名方式。墓中所出 3 000 多塊塞石，多有文字，僅著録原報告中拓片清晰者。

## 5. 保安山二號墓塞石題記(第二組)

**又名**：保安山二號墓塞石上標點符號

① 參見劉振東、譚青枝：《關於河南永城保安山二號墓墓主問題》,《考古與文物》2001 年第 4 期，第 66—69 頁；閻根齊：《保安山二號墓主人相關問題辨析——兼與劉振東、譚青枝商榷》,《華夏考古》2008 年第 3 期，第 128—133 頁。

② 《史記》卷五十八，第 2087—2088 頁；《漢書》卷四十七，第 2214 頁。

**時代**：西漢武帝元朔六年(前 123)
**出土**：1992 年，在河南永城保安山 2 號墓内出土
**著録**：河南省文物考古研究所：《永城西漢梁國王陵與寢園》，鄭州：中州古籍出版社，1996 年，第 174—175 頁
**字數**：44
**釋文**：第(第)三。∟四。{Y1:220203}
第(第)十。∟十。{Y3:350401}
第(第)五。∟五。{Y3:340402}
第(第)十一。∟十一。{Y3:340402}
第(第)十六。∟十五。{Y1:09203}
第(第)二。∟百。{02:111404}
第(第)八。∟八。{02:050207}
第(第)一。∟三。{01:141203}
第(第)一。∟六。{Y2:120202}
第(第)三。∟十二。{Y1:220403}
第(第)廿。∟廿。{Y1:050101}
第(第)二。∟五。{Y1:230202}
第(第)二。∟六。{Y1:230201}
**説明**：原整理報告説："在清理的近 3 000 塊塞石中，發現部分塞石上刻有標點符號，這種標點符號均可在序號的數字之間，作爲斷句。"根據這些符號的形態，整理報告將之分爲"直綫折角型"和"折角呈弧綫型"兩種。因標點符號不是我們研究的重點，故在釋文中，都以"∟"表示，不再細分其相異之處。

### 6. 保安山二號墓塞石題記(第三組)

**又名**：保安山二號墓塞石干支記時刻字、保安山二號墓塞石崖工名字刻字
**時代**：西漢武帝元朔六年(前 123)
**出土**：1992 年，在河南永城保安山 2 號墓内出土
**著録**：河南省文物考古研究所：《永城西漢梁國王陵與寢園》，鄭州：中州古籍出版社，1996 年，第 162—163 頁
**字數**：67
**釋文**：五。丙子。」第(第)七十六。」衺☒」長五尺五☒{Y1:150701}
第(第)七。九十六。」癸卯作。嬰工。」厚□寸。{Y1:050401}
第(第)十一。十。」享(厚)九寸，廣三尺三寸，長五尺。」九。丙寅。何徒工。{Y3:340401}
五。臣□楚。」第(第)十三。」第(第)五。{Y1:170401}
何徒工。」第(第)五。十。{Y3:400402}
王佐。」第(第)十八。十。{Y1:070403}

**説明**：篆隸混用：序號字多篆書，尺寸、人名用字多隸書。

## 7. 保安山二號墓塞石題記(第四組)

**又名**：保安山二號墓塞石上宮室方位刻字

**時代**：西漢武帝元朔六年(前 123)

**出土**：1992 年，在河南永城保安山 2 號墓内出土

**著録**：河南省文物考古研究所：《永城西漢梁國王陵與寢園》，鄭州：中州古籍出版社，1996 年，第 167—170 頁；《碑全》10 頁

**字數**：161

**釋文**：西宫東北旁(房)。苐(第)一三。苐(第)一北。{Y1:040103}

西宫東北旁(房)。苐(第)□□[一二]。苍(第)一北。{Y1:040101}

西宫東北旁(房)。苐(第)二。ㄴ一。苍(第)二北。{Y1:040202}

西宫東北旁(房)。苐(第)二。ㄴ二。苍(第)二北。{Y1:040201}

東宫東南旁(房)。苐(第)三亅一。

東宫東南旁(房)。苐(第)三亅二。

東宫東南旁(房)。苐(第)亅三四。

東宫東南旁(房)。苐(第)三亅二。

東宫東南旁(房)。苐(第)亅三五。{以上出於 2①號室門道内}

西宫西北旁(房)。苐(第)二。ㄴ二。

西宫西北旁(房)。苐(第)二。ㄴ亅三。{以上出於 25 號室門道内}

西宫西南旁(房)。苐(第)三。ㄴ二。

西宫西南旁(房)。苐(第)三。ㄴ四。{以上出於 28 號室門道内}

西宫西北旁(房)。苐(第)三。ㄴ一。

西宫西北旁(房)。苐(第)三。ㄴ五。{以上出於 27 號室門道内}

□[西]宫西南旁(房)。苐(第)一。ㄴ一。

西宫西南旁(房)。苐(第)一。ㄴ二。

西宫西南旁(房)。苐(第)一。ㄴ四。{以上出於 24 號室門道内}

西宫西南旁(房)。苐(第)二。ㄴ二。{出於 26 號室門道内}

**説明**："東宫"，指前室。"西宫"指後室。"旁"即"房"，謂各側室。[①] 篆隸混用："西、南"等字隸變。部分題記中帶有標點符號。其中，有三處用爲"第"的字，不从"弔"而从"它"，疑變形聲化："第"古音定母脂部字，以"它"爲聲符的"地"的異體字"陀、坨"在定母

① 韓維龍、張志清：《永城西漢梁國王陵陵寢建築試析》，《華夏考古》1999 年第 3 期，第 95 頁。

歌部。[1] 歌脂二部字關係較緊密，如《楚辭・遠遊》中就有"歌、夷、蛇"爲韻之例。

## 8. 保安山二號墓塞石題記(第五組)

**又名**：保安山二號墓塞石上施工次序刻字

**時代**：西漢武帝元朔六年(前123)

**出土**：1992年，在河南永城保安山2號墓内出土

**著録**：河南省文物考古研究所：《永城西漢梁國王陵與寢園》，鄭州：中州古籍出版社，1996年，第172—173頁，圖版三三

**字數**：67

**釋文**：始施南方。」苐(第)二。∟一。南方。{Y2:110104}

始施南方。」苐(第)三。∟一。{Y2:100104}

四施南方。」苐(第)二。∟十二。{Y2:110401}

苐(第)一。∟七。南方。三施。{Y2:120304}

苐(第)十。∟一。南方。{Y2:030104}

苐(第)十八。南方。{Y2:030303}

苐(第)十。∟五。南方。」享(厚)尺四寸。{Y2:030203}

二施南方。」苐(第)二。∟五。{Y2:110204}

三施南方。」苐(第)三。∟九。{Y2:100204}

左三石{Y1内殘塞石}

**説明**："施"字，原報告説："古代通'拕'，'拕'是'拖'的本子，也作'扡'，其義爲牽引、曳引，在這裏可以釋爲拖運、運輸，應與塞石等石材的開採、運輸有關。"將"施"讀爲"拖"，稍顯迂曲。董珊先生則提出，"施、陳、設"等詞的核心詞義均與"先下後上、以差不多的進度逐層'放置''增加''疊加'的意思有關，因此可以引申出近於今語'層級''層累''累積''堆砌'一類的含義。今常用語'施工'之'施'的詞義也是如此"。[2] 其所論殊可信從。故而原報告所稱本組題記爲"施工次序刻字"，則亦無所著落矣。

塞石Y2:030203號上的"厚"字，由"厚"形簡省"广"而來，形體近乎

① 此承華東師範大學2020級中文系(古文字學方向)"强基班"本科生陳聞達同學見告。

② 董珊：《西安閻良發現秦銘刻石新考》，《文物》2019年第10期，第65頁。

"享"。塞石上的"廣"字同樣也會發生這種變化,簡省如"黄"形。(見《碑全》11頁左圖)這些當屬由於字形變化而偶然形成的同形字,不能將之視爲訛字或假借。[①]類似情況,還比如馬王堆帛書《五星占》34下"天下大亂"中的"亂"字左側簡省作从爪子之形,與"乳"同形。[②]

篆隸混用:"施、南、方"等字隸變。部分題記中帶有標點符號。

## 9. 保安山二號墓塞石題記(第六組)

**又名**:保安山二號墓塞石上其他刻字

**時代**:西漢武帝元朔六年(前123)

**出土**:1992年,在河南永城保安山2號墓内出土

**著録**:河南省文物考古研究所:《永城西漢梁國王陵與寢園》,鄭州:中州古籍出版社,1996年,第176—177頁;《碑全》11頁

**字數**:82

**釋文**:第(第)七。六十二。轡(曹)墅(野)。{01:080709}

第(第)六。八十九。猪。{前庭090902,人名倒刻}

第(第)六。五十二。宋陽。{前庭090609,人名倒刻}

七月庚午。佐崖。」□[厚]尺八寸,廣三尺。」袤六尺八寸。佐崖午。佐崖。」第(第)四。廿三。{前庭110308,多次刻寫上下覆蓋}

第(第)四。五十六。」第(第)四。五十六。{02:09802}

第(第)九。七十四。」{02:040304}

第(第)八。五十六。」{02:050902}

第(第)九。六[七]十六。」{02:060705}

第(第)五。七十六。{前庭100804}

第(第)九。ㄴ[九]九。{Y1:160303}

**説明**:篆隸混用:人名多爲隸書。"墅"字,原報告誤釋爲"疃"。"苐"爲"第"字之訛。部分"七十"是"十"之誤。前庭110308上的文字混亂,爲多次刻寫層疊造成。《碑全》11頁釋文有誤。

## 10. 保安山二號墓15號室朱書文字

**時代**:西漢武帝元朔六年(前123)

---

① 裘錫圭:《文字學概要》(修訂本),北京:商務印書館,2013年,第208頁。

② 湖南博物館、復旦大學出土文獻與古文字研究中心編纂,裘錫圭主編:《長沙馬王堆漢墓簡帛集成·肆》,北京:中華書局,2014年,第231頁,注釋〔六〕。

**出土**：1992年在河南永城保安山2號墓内出土

**著録**：河南省文物考古研究所：《永城西漢梁國王陵與寢園》，鄭州：中州古籍出版社，1996年，第179頁，圖一三五、一三六(摹本)

**字數**：28

**釋文**：甲寅」乙亥」辛亥」戊申」{南壁}
壬寅」癸卯」辛亥」乙亥」丙申」乙未」乙丑」癸丑」乙酉」戊申{西壁}

**説明**：硃砂書寫。篆隸混用："甲、寅、酉"等字隸變。"癸"字寫法合於《説文》籀文形體。

### 11. 保安山二號墓16號室朱書文字

**時代**：西漢武帝元朔六年(前123)

**出土**：1992年，在河南永城保安山2號墓内出土

**著録**：河南省文物考古研究所：《永城西漢梁國王陵與寢園》，鄭州：中州古籍出版社，1996年，第180頁，圖一三七、一三八(摹本)

**字數**：14

**釋文**：癸丑」丙寅」乙亥」乙未」乙酉」辛卯{北壁}
辛酉{頂部}

**説明**：硃砂書寫。篆隸混用："寅、酉"等字隸變。"癸"字寫法合於《説文》籀文形體。

### 12. 保安山二號墓18號室朱書文字

**時代**：西漢武帝元朔六年(前123)

**出土**：1992年，在河南永城保安山2號墓内出土

**著録**：河南省文物考古研究所：《永城西漢梁國王陵與寢園》，鄭州：中州古籍出版社，1996年，第181頁，圖一三九、一四〇

**字數**：21

**釋文**：甲午{東壁}
癸丑{南壁}
丙申{北壁}
庚寅{北壁過道口}
甲午」甲午」甲午」丙戌」壬申{西壁}
甲寅」卯{頂部}

**説明**：硃砂書寫。篆隸混用："甲、寅"等字隸變。"癸"字寫法合於《説文》籀文形體。

整理報告認爲該墓室是"冰凌室"，有學者指出"該室實爲梁國園囿中獸圈的原型"。[①]

① 劉超、周亮：《河南永城保安山二號墓18號墓室功能探析》，《中原文物》2021年第4期，第85—91頁。

## 13. 霍去病墓"左司空"題字石(小石)

**又名**：第一塊"左司空"題記石

**時代**：西漢中期(武帝時期)

**出土**：1957年陝西省文物管理委員會在霍去病墓旁發現

**收藏**：陝西省茂陵縣霍去病墓東側石刻廊下

**著録**：《碑全》17頁;《集萃》156頁,圖143;《西漢石刻文字初探》;《漢魏石刻文字繫年》;《書全石》

**字數**：3

**釋文**：左」司空

**説明**：據《漢書·百官公卿表》,"左右司空"屬少府。漢印中有"左司空"印(《徵存》421),新莽封泥有"司空左大夫"(《莽泥選》131),瓦當還有"都司空瓦"(《傅當》941、942、943等)。

典範的篆書。

## 14. 左司空題記石(其二)

**又名**：第二塊"左司空"題記石

**時代**：西漢中期(武帝時期)

**出土**：1987年修建霍去病墓東側石刻廊房時出土

**收藏**：茂陵博物館

**著録**：韓若春:《西漢霍去病墓側新發現兩塊"左司空"題記石》,《考古與文物》1993年第1期

**字數**：3

**釋文**：左司空

**説明**：韓若春先生謂此爲"漢隸",不確。

## 15. 左司空題記石(其三)

**又名**：第三塊"左司空"題記石

**時代**：西漢中期(武帝時期)

**出土**：1989年4月1日在霍去病墓側一柏樹旁發現

**著録**：韓若春:《西漢霍去病墓側新發現兩塊"左司空"題記石》,《考古與文物》1993年第1期

**字數**：3

**釋文**：左司空

## 16. 徐州龜山楚王墓塞石刻銘

**又名**：徐州龜山楚王墓塞石題記、楚夷王塞石題記

**時代**：墓主人爲第六代楚襄王劉注(前115年或前117年去世)

**出土**：江蘇銅山縣龜山二號西漢崖洞墓

**收藏**：龜山漢墓陳列館

**著録**：《碑全》19 頁；徐州博物館：《江蘇銅山縣龜山二號西漢崖洞墓材料的再補充》，《考古》1997 年第 2 期；《漢魏六朝碑刻校注》0009；武利華：《徐州市漢碑刻石及畫像石題記研究》，《兩漢文化研究》第二輯，北京：文化藝術出版社，1999 年；《漢魏石刻文字繫年》

**字數**：44

**釋文**：第(第)百上石。」

楚古(故)尸(夷)王通於」天，述(遂)葬棺郭(槨)，」不布瓦鼎」盛器，令羣(群)」臣已葬去服，」毋金玉器。後」世賢大夫𠂇(幸)」視此書也。」目此(?)也，仁者悲㞢(之)。

**説明**：墓主人爲第六代楚襄王劉注。關於其卒年，《史記》和《漢書》所記不一，或爲公元前 115 年，或爲公元前 117 年。

　　篆隸混用：大多數字隸書風格明顯，如“於”等。

## 17. 徐州龜山楚王墓塞石編號

**又名**：楚夷王塞石編號

**時代**：墓主人爲第六代楚襄王劉注(前 115 年或前 117 年去世)

**出土**：江蘇銅山縣龜山二號西漢崖洞墓

**收藏**：龜山漢墓陳列館

**著録**：徐州博物館：《江蘇銅山縣龜山二號西漢崖洞墓材料的再補充》，《考古》1997 年第 2 期；《漢魏石刻文字繫年》

**字數**：32

**釋文**：第(第)十{1}

第(第)八十三{2}

第(第)八十三{3}

第(第)五十七{4}

第(第)廿七{5}

第(第)廿七{6}

第(第)六十八{7}

第(第)卅四{8}

第(第)卅四{9}

第(第)一下{10}

**説明**：塞石編號。較爲典範的篆書。

## 18. 巨野紅土山西漢墓墓石題記(第一組)

**時代**：西漢武帝後元元年(前 88)

**出土**：山東省巨野縣東南紅土山西側

**著録**：山東省菏澤地區漢墓發掘小組：《巨野紅土山西漢墓》，《考古學報》1983 年第 4 期(摹本)

**字數**：15

**釋文**：東中寅」

匠中楊」

□孟」

虒(傂)奚。」

南成。南成。」

李

**説明**：發掘報告認爲，紅土山漢墓的墓主人很可能是昌邑哀王劉髆。據《漢書・武帝紀》，劉髆死於後元元年(前88)。

篆隸混用："寅"等字隸變。"南、虒"二字原缺釋，後者寫法近乎秦印和馬王堆帛書《五十二病方》中"虒"的形體。[①] "虒奚"，即《後漢書・郡國志》漁陽郡"傂奚"。[②]

## 19. 巨野紅土山西漢墓墓石題記(第二組)

**時代**：西漢武帝後元元年(前88)

**出土**：山東省巨野縣東南紅土山西側

**著録**：山東省菏澤地區漢墓發掘小組：《巨野紅土山西漢墓》，《考古學報》1983年第4期

**字數**：35

**釋文**：南蜀」

田力」

癸廿」

戊五」

癸廿三」

癸十四{以上爲陰刻}

丙十一」

丙廿二」

□廿」

五王」

□十五」

季(?)十五」

卯廿四」

壬十五{以上爲朱書}

**説明**：篆隸混用。

## 20. 廣陵中殿石題字

**又名**：甘泉山刻石、甘泉三元鳳刻石殘字、漢劉厲王胥宫殿記數殘石、江都厲王墓石題字

**時代**：西漢昭帝元鳳二年(前79)

**出土**：嘉慶十一年(1806)阮元在江蘇

---

① 陳志向：《"虒"字補釋》，《文史》2018年第1輯，第265—274頁。

② 裘錫圭：《戰國貨幣考(十二篇)》，見氏著《裘錫圭學術文集・金文及其他古文字卷》，上海：復旦大學出版社，2012年，第218頁。

省江都縣甘泉山惠照寺發現,記有《甘泉山獲石記》

**收藏**:南京博物院

**著録**:《碑全》13 頁;《金石萃編》卷五;《西漢石刻文字初探》

**字數**:12

**釋文**:中殿。苐(第)廿八」☐石苐(第百八☐」☐苐(第)百卌☐」

**説明**:《金石萃編》中引阮元跋以爲此係厲王胥墓石刻字。

## 21. 上谷府卿墳壇刻石

**又名**:孔林墳壇刻石、孔子墓前石壇刻文、子思墓前石黿文

**時代**:西漢孺子嬰居攝二年(7)

**收藏**:山東曲阜孔廟

**著録**:《碑全》49 頁;《金石録》卷十四;《集萃》161 頁,圖 148;《書全石》78 頁,圖 13;《北圖》16 頁

**字數**:13

**釋文**:上谷府」卿墳壇。」居攝二季(年)」二月造。

**説明**:典範的篆書。方朔《枕經堂金石書畫題跋》:"篆法古婉曲折,筆畫多寡歲時爲之,不拘於縱横方格也。相其手筆,在漢篆中超出《嵩山少室》《開母》二石闕之上。周鼓秦刻之後,此爲後勁。"①

## 22. 祝其卿墳壇刻石

**又名**:孔林墳壇刻石、孔子墓前石壇刻文、子思墓前石黿文

**時代**:西漢孺子嬰居攝二年(7)

**收藏**:山東曲阜孔廟

**著録**:《碑全》48 頁;《北圖》17 頁

**字數**:12

**釋文**:祝其卿」墳壇。居攝」二季(年)二月造。

**説明**:文字剥蝕嚴重。

## 23. 虎符石匱題字

**時代**:王莽始建國元年(9)十月

**出土**:1942 年馬步芳天水系幕僚馮國瑞欲將海晏三角城遺址内的"虎符石匱"轉移至西寧,途中遇車輛故障,棄之荒野。1956 年,青海省文物管理委員會將蓋部移至海晏縣文化館。1987 年,海晏縣文化館將原置於東大灘的石塊移至館内時發現文字,遂合二爲一

---

①《書全石》,第 464 頁。

收藏：海晏縣文化館

著録：李零：《王莽虎符石匱調查記》，《文物天地》2000 年第 4 期；趙生琛：《青海海晏的漢代石虎》，《文物》1959 年第 3 期，第 73 頁；安志敏：《青海的古代文化》，《考古》1959 年第 7 期，第 381 頁，圖二、圖三；《中國文物地圖集・青海分册》第 97 頁；謝佐等：《青海金石録》；李峰：《新莽西海郡"大泉五十"陶範考析》，《内蒙古金融研究》2003 年 S2 期

字數：22

釋文：鹵(西)海郡虎符石匱。」
始建國元秊(年)十月癸巳，」
工河南郭戎造。

説明：典範的篆書。第二行末舊多釋"十月癸卯"，最後一字當是"巳"，今徑改之。"癸"字寫法合於《説文》籀文。

## 24. 鬱平大尹馮君孺久畫像石墓題記

時代：新莽天鳳五年(18)

出土：1978 年 3 月，在河南省唐河縣湖陽鎮獅子山新店村西發掘出土

收藏：河南省南陽漢畫館

著録：南陽地區文物工作隊：《唐河漢鬱平大尹馮君孺人畫象石墓》，《考古學報》1980 年第 2 期；閃修山：《漢平大尹馮君孺人畫像石墓研究補遺》，《中原文物》1991 年第 3 期；裘锡圭：《讀考古發掘所得文字資料筆記(一)》，《人文雜誌》1981 年第 6 期，第 99 頁；又見氏著《裘錫圭學術文集・金文及其他古文字卷》，上海：復旦大學出版社，2012 年，第 361—362 頁；《集萃》178 頁，圖 165；《碑全》73—78 頁；《書全石》82—87 頁

字數：58

釋文：鬱(鬱)平大尹馮君孺久車庫{南耳室東門柱}
鬱(鬱)平大尹馮君孺久中大門{中大門南柱}
鬱(鬱)平大尹」馮君孺久」臧(藏)閣{南側室門楣}
南方{南側室門楣}
北方{北側室門楣}
西方内門{南主室門楣}
東方{中大門門楣}
鬱(鬱)平大尹馮君孺久，始建國天鳳五年十月十桼(七)日癸巳垄(葬)。千歲不發{南北兩主室間中柱}
鬱(鬱)平大尹秩上大[夫]馮君孺[久]復有所與{大門南柱}

**説明**：《碑全》《歷代書蹟》等著録皆或漏收部分拓片，原發掘簡報中較完全。釋文據閃修山先生、裘錫圭先生意見改。

此外，南側室門楣題記中“臧”下一字，舊多釋爲“閣”。類似細審拓片，當是“閤”字。《説文》：“閤，門旁户也。从門合聲。”《段注》：“《釋宫》曰：‘小閨謂之閤。’按漢人所謂閤者，皆門旁户也。皆於正門之外爲之。……凡上書於達官曰閤下，猶言執事也。今人乃譌爲閣下。”從中大門南柱題記有“中大門”、南主室門楣題記作“西方内門”來看，“臧閤”之“閤”即用本義，謂此是相對於中大門、主室門的“門旁户”。即僅以“藏閤”名其側室之門，而非謂之室。或以誤釋的“藏閣”二字爲據，將其他漢墓中類似的迴廊形側室也稱爲“藏閣”，[①]則亦不可取。

新莽改鬱林爲鬱平、改太守爲大尹。“七日”作“桼日”，爲王莽時期特殊用字習慣。題記中的“千歲不發”和“復無有所與”都是漢人習語。

文字篆隸混用：“年、月、馮、天鳳、西”等字都作隸書。

## 25. 遼東太守畫像石題記

**又名**：遼東太守墓志銘

**時代**：東漢和帝永元二年(90)

**出土**：1983 年 8 月陝西綏德縣黄家塔 7 號墓出土

**收藏**：綏德縣畫像石博物館

**著録**：吴鎮烽：《秦晉兩省東漢畫像石題記集釋——兼論漢代圜陽、平周等縣的地理位置》，《考古與文物》2006 年第 1 期；《綏德》39—41 頁；《碑全》165、166 頁

**字數**：27

**釋文**：遼東大(太)守右府{東耳室横額，陰文}

遼東大(太)守左官」

永元二年天〈大(太)〉歲在卯造」

巧工王子□□作{西耳室横額，陽文}

**説明**：《碑全》收録西耳室横額題記照片。其中，“子”與“作”之間原以爲一字，恐爲兩字。“作”上一字似“成”或“所”，不確。“天歲”爲“大(太)歲”之訛。“造”上一字，舊釋“位”或“北”，[②]當是“卯”字。永元二年(90)爲庚寅

① 南京博物院：《江蘇邗江甘泉二號漢墓》，《文物》1981 年第 11 期，第 1—11 頁。
② 章玉熹：《漢代石刻文字形體研究》，復旦大學博士學位論文，2021 年，第 239 頁。

年，而刻銘言“太歲在卯”。

吴鎮烽先生謂“略呈鳥蟲篆”，歐陽摩一先生稱此爲“草篆”。[①]

## 26. 袁安碑

**又名**：司徒袁安碑

**時代**：東漢和帝永元四年(92)

**出土**：碑立於東漢而久仆於土中。明萬曆二十六年(1598)移至偃師西南辛村東牛王廟中，俯置爲供案用。1928年，廟改小學，次年碑文被學生發現，有拓本傳世，後石佚。1961 年 8 月，在偃師扒頭鄉發現

**收藏**：河南省博物館

**著録**：《北圖》30 頁；《金石略》；《隸釋》卷二十七；《書全石》112 頁，圖三二；《碑全》167 頁

**字數**：139

**釋文**：司徒公汝南女陽袁安召公，授《易》孟氏[學]。」永平三季(年)二月庚午，以孝廉除郎中。四[年]」十一月庚午，除給事謁者。五季(年)匹(正)月乙[亥，]」遷(遷)東海陰平長。十季(年)二月辛巳，遷(遷)東平[任]」城令。十三(年)十二月丙辰，捧(拜)楚郡[太]」守。十七季(年)八月庚申，徵捧(拜)河南尹。[建]」初八季(年)六月丙申，捧(拜)大(太)僕。元和三季(年)五[月]」丙子，捧(拜)司空。四季(年)六月已卯，捧(拜)司徒。」

孝和皇帝，加元服，詔公爲賓。永元四季(年)[三]」月癸丑薨，閏月庚午葬。

**説明**：歐陽輔《集古求真》謂此係僞造。馬衡、張彦生等確認其乃漢碑無疑。[②]

碑文所記與《後漢書・袁安傳》多可對讀，[③]如本傳：“袁安，字邵公，汝南汝陽人也。”《漢書・地理志》中汝南郡下有“女陽縣”。“汝南女陽”作地名，還見於《西嶽華山廟碑》：“袁府君諱逢，字周陽，汝南女陽人。”[④]

典範的篆書。裘錫圭先生敏鋭地提出，袁安碑上“除、事、海、賓”等字局部近於隸書或受到隸書影響。此外，“薨、閏”等字是訛體。(如《説文》言

① 歐陽摩一：《論畫像石文字的篆書藝術》，《文博》2004 年第 6 期。

②《北圖》，第 30 頁。

③ 詳參《碑釋》，第 25—28 頁。

④《碑全》，第 1103 頁。

“薨”字“从死，瞢省聲”。此从高省。)[①]“癸”字，合於《説文》籀文形體。

碑文第三行“五季”下一字，多隸定爲“匹”，認定是“正”之訛字。張新俊先生認爲，“正”字寫如“匹”形，屬於“用篆法寫隸書”，與林義光所謂“因隸製篆”正好吻合，即許慎在《説文・敘》中所提及的“詭改正文，向壁虚造不可知之書”的現象。[②] 孟蓬生先生認爲，這是東漢時期“匹、正”同形互用(互訛)之例，並説：“袁安碑的書寫者居然把‘正’字的篆書也寫成了‘匹’字，可見‘正’‘匹’不分在當時已經深入人心。同時我們也可以發現，《説文》小篆‘匹’字實際上也是由漢代隸書字形演變而來，而不是金文字形的直接繼承。”[③]張、孟先生之説可取。此字就是“正”而非“四”，寫如“匹”形，是文字形體演變造成的同形現象而已，亦不能視之爲訛字。[④] 必須説明的是，我們曾將此例錯歸爲漢篆中的訛字。[⑤] 現在看來，這是很不可取的，所論當完全作廢。

## 27. 魯共王墓石人胸前題字

**又名**：石人題字、魯恭王二石人題字、麃君墓詩人像刻銘

**時代**：東漢和帝永元七年至順帝漢安四年(95—145)(據商承祚《石刻篆文編》)

**收藏**：山東省曲阜市漢魏碑刻陳列館

**著録**：《書全石》400—401頁，圖一五七；《金石萃編》卷十九；《碑全》2129頁

**字數**：14

**釋文**：府門𡳿(之)卒{石一}

漢故樂安大(太)」守麃君亭長{石二}

**説明**：典範的篆書。翁方綱《兩漢金石記》卷七：“筆法整勁，漢篆之最工者。”[⑥]

---

① 参見裘錫圭：《秦漢時代的字體》，《裘錫圭學術文集・語言文字與古文獻卷》，上海：復旦大學出版社，2012年，第213—215頁。

② 張新俊：《〈袁安碑〉“正”字小議》，《古文字研究》第31輯，北京：中華書局，2016年，第492—496頁。

③ 孟蓬生：《“匹”“正”同形與古籍校讀》，《中國語文》2021年第1期，第88—89頁。

④ 裘錫圭：《文字學概要》(修訂本)，北京：商務印書館，2013年，第208頁。

⑤ 許可：《漢篆研究》，清華大學博士學位論文，2017年，第98頁。

⑥ 翁方綱：《兩漢金石記》，臺北：文海出版社，1967年，第390頁。

### 28. 徐無令樂君畫像石題記

**時代**：東漢和帝永元十年(98)

**出土**：1920年前後在陝北發現

**收藏**：綏德縣畫像石博物館

**著録**：《綏德》192頁；吴鎮烽：《秦晉兩省東漢畫像石題記集釋——兼論漢代圜陽、平周等縣的地理位置》，《考古與文物》2006年第1期；《碑全》209頁

**字數**：15

**釋文**：徐無令樂君。永元十年造作萬歲吉宅。

**説明**：陽文。篆隸混用："徐、令、樂、作、歲、宅"等字作篆，其餘諸字大多隸書風格明顯。

### 29. 郭稚文墓門畫像石題記

**時代**：東漢和帝永元十五年(103)

**出土**：1957年，在綏德縣五里店徵集

**收藏**：陝西省西安碑林博物館

**著録**：《碑全》242頁；《集萃》183頁，圖170；《書全石》120頁，圖三八；吴鎮烽：《秦晉兩省東漢畫像石題記集釋——兼論漢代圜陽、平周等縣的地理位置》，《考古與文物》2006年第1期；戴應新：《陝北東漢畫像石墓題刻文字》，《故宫學術季刊》1996年第3期

**字數**：26

**釋文**：永元十五年三月十九日造作居」圜陽西鄉榆里郭稚文萬歲室宅〈宅〉

**説明**：篆隸混用。"宅"字訛从"毛"。

### 30. 王聖序畫像石題記

**時代**：東漢和帝永元十六年(104)

**出土**：1983年8月陝西綏德縣黄家塔6號墓出土

**收藏**：綏德縣畫像石博物館

**著録**：吴鎮烽：《秦晉兩省東漢畫像石題記集釋——兼論漢代圜陽、平周等縣的地理位置》，《考古與文物》2006年第1期；《綏德》39—41頁；戴應新：《陝北東漢畫像石墓題刻文字》，《故宫學術季刊》1996年第3期

**字數**：19

**釋文**：王聖序萬歲室宅。永元十六年十二月一日祖下。

**説明**：陽文。篆隸混用："序、歲"等字作篆，其餘諸字大多隸書風格明顯。

### 31. 田文成畫像石題記

**時代**：東漢殤帝延平元年(106)

**出土**：1950年5月陝西綏德縣四十里鋪出土

**收藏**：綏德縣畫像石博物館

**著録**：《綏德》192頁；吴鎮烽：《秦晉兩省東漢畫像石題記集釋——兼論漢代圜陽、平周等縣的地理位置》，《考古與文物》2006年第1期

**字數**：25

**釋文**：𨋳(西)河大(太)守掾圜陽榆里田文成萬年宅〈宅〉。延平元年十月十七日𡐓(葬)。

**説明**：陽文。篆隸混用：前四字爲篆，其餘皆隸書。"宅"訛从"乇"。

## 32. 牛文明畫像石題記

**時代**：東漢安帝永初元年(107)

**出土**：1971年4月陝西米脂縣官莊4號墓出土

**收藏**：西安碑林博物館

**著録**：吴鎮烽：《秦晉兩省東漢畫像石題記集釋——兼論漢代圜陽、平周等縣的地理位置》，《考古與文物》2006年第1期；戴應新：《陝北東漢畫像石墓題刻文字》，《故宫學術季刊》1996年第3期

**字數**：20

**釋文**：永初元年九月十六日牛文明(明)于萬歲室。長利子孫。

**説明**：篆隸混用："十、于、歲、長、利、子、孫"等字作篆，其餘諸字大多隸書風格明顯。"月"字筆畫並連似"目"形。

## 33. 太尉府門畫像石題記

**時代**：東漢前期(107年以後)

**出土**：2003年由安徽省淮北市文物部門在濉溪縣祁集鎮發現，東漢名臣徐防墓之物

**著録**：《碑全》2124頁；朱永德：《"太尉府門"畫像石略考》，中國漢畫學會、南陽師範學院漢文化研究中心編：《漢畫研究——中國漢畫學會第十届年會論文集》，武漢：湖北人民出版社，2006年，第125—127頁

**字數**：4

**釋文**：大(太)尉(尉)府門

**説明**：典範的篆書。朱永德先生認爲是東漢名臣徐防墓中之物。

## 34. 祀三公山碑

**又名**：常山相馮巡祀三公山碑、大三公山碑

**時代**：東漢安帝元初四年(117)

**出土**：原立於河北元氏縣三公山上，清乾隆三十九年(1774)元氏縣令王治岐將之從城外移至縣學内

**收藏**：河北省石家莊市元氏縣封龍山漢碑堂

**著録**：《碑全》289頁；《北圖》40頁；《書全石》135—157頁；《金石萃編》卷六；李金波：《元氏漢碑芻議》，《中原文物》1990年第1期

**字數**：197

**釋文**：□[元]初囚(四)季(年)，常山相隴鬲(西)馮君到官，承饑衰㞢(之)後。□(厥/深?)惟」三公、御語山、三條列神，迥在領(嶺)鬲(西)。吏民禱祀，興雲」膚寸，偏(遍)雨四維。遭(遭)離(罹)羌寇，蝗旱鬲(隔)并，民流道荒。醮祠希(稀)罕，敬奠」不行。由是㞢(之)來，和氣不臻。乃求道㝊(要)，本祖其原。以三公悳(德)廣，」其靈(靈)久神。處幽道艱，存㞢(之)者難。卜擇吉圡(土)治東，就衡(恒)山起」堂立壇，雙闕(闕)夾門，薦牲納禮(豊)，以寧其神。神熹(喜)」其位，甘雨屢降，報如景(影)響。國界大豐，穀斗三錢，民」無疾(疾)苦，永保其邑。長史魯國顔浮、五官掾閻祐、户曹(曹)」史紀受、將作掾王稱、元氏令茅匡、丞吴音、廷掾」郭洪、户曹(曹)史翟福、工宋高等(等)刊石紀焉。

**説明**：關於本碑書體問題，前人所論甚多。如翁方綱《兩漢金石記》："此刻雖是篆書，乃是由篆入隸之漸，減篆之縈折爲隸之徑直。"楊守敬《平碑記》："非篆非隸，兼二體而爲之，至其純古遒厚，更不待言。"①李金波先生總結前説之後，提出該碑書體特點屬"篆隸相兼"，並説書者"大膽吸收了隸書某些優點揉入篆書之中，有些字減篆書的索折爲隸書的逕直筆劃，在章法上不受篆書豎長結體的限制，字形有長有扁，行字有多有少，間距有疏有密"。② 裘錫圭先生提出："書手主觀上無疑是想寫篆書的，但是由於他受隸書影響太深，不但筆法近於隸書，所用的字形也有不少同於或近於隸書。"③李、裘先生之説可從。陳世慶

① 《書全石》，第475頁。

② 李金波：《元氏漢碑芻議》，《中原文物》1990年第1期，第64頁。

③ 裘錫圭：《秦漢時代的字體》，《裘錫圭學術文集·語言文字與古文獻卷》，上海：復旦大學出版社，2012年，第213頁。

先生釋“蝗早鬲螉（肆）”等，似不可取。[1]

### 35. 袁敞碑

又名：司徒袁敞殘碑

時代：東漢安帝元初四年（117）

出土：1923年出土於河南偃師

收藏：遼寧省博物館

著録：《書全石》138頁，圖四七；《北圖》41頁

字數：75

釋文：▨敞叔平司徒公▨」

月庚子，以河南尹子▨」

五月丙戌，除郎中九季（年）▨」

門侍郎。十季（年）八月丁丑，▨」

▨十月甲申，搸（拜）侍中▨」

▨步兵（兵）校尉（尉）。延平元▨」

□其□月丁丑，搸（拜）東▨」

▨丙戌，徵搸（拜）大（太）僕。五季（年）▨」

▨初二季（年）十二月庚戌▨」

▨薨，其辛酉葬。

説明：殘碑。典範的篆書。

### 36. 太室石闕額

又名：嵩山泰室神道石闕銘、嵩山太室石闕銘

時代：東漢安帝元初五年（118）

收藏：河南登封中嶽廟

著録：《北圖》52頁；《金石萃編》卷六；《碑釋》40頁；《碑全》307頁；河南省博物館等：《中嶽漢三闕》，北京：文物出版社，1990年

字數：9

釋文：中嶽泰」室陽城」崇高闕

説明：雙鉤。

### 37. 開母廟石闕銘

又名：嵩山開母廟石闕銘、啓母廟石闕銘、啓母闕銘

時代：東漢安帝延光二年（123）

收藏：河南登封萬歲峰下啓母闕

著録：《碑全》338頁；《金石萃編》卷六；《碑釋》48—57頁；《北圖》51頁；《書全石》146—147頁

字數：313

釋文：二月▨」□□潁川郡陽」[城]

---

① 陳世慶：《漢代石刻專書研究》，安徽大學博士學位論文，2014年，第90頁。“鬲并”成詞，王念孫《讀書雜誌》有考證（詳參《漢大》12卷，第923頁）。

縣，爲開母廟興」治神道闕，時大（太）守」京兆朱寵，丞零」[陵]泉陵薛政，五官」掾陰林，户曹（曹）史夏」效，監掾陳脩，長𨻰（西）」河圜陽馮寶。丞漢」陽冀祕俊，廷掾趙」穆，户曹（曹）史張詩。將」作掾嚴壽，佐左福。」

昔□[者]共工，範防百川。柏鮌稱遂，」□□其原。洪泉浩浩，下民震驚。」禹□□功，疏河寫（瀉）玄。」九山甄旅，」咸□[秩]無文，爰納塗山。辛癸㞢（之）間，」三過亡（無）入，寔（實）勤斯民。同心濟隘（厄），」百川是正。杞繒（鄫）漸替（替），又遭（遭）亂秦。」聖漢禋亨（享），於兹馮（憑）神。」翩（翩）彼飛雉，」崪於其庭，貞（禎）祥符瑞，靈支（枝）梃生。」陵谷鬻（毓）化，陰陽穌（穆）清。興雲降雨，」□□□盈。守一不歇，比性乾坤。」福禄來彶（返），相庯（宥）我君。千秋萬祀，」子子孫孫。表（表）碣銘功，昭眡（視）後昆。」□□□□延光二秊（年）重曰：」

□□□□作辟（辟），悳（德）洋溢而溥優。」□□□□爲政，劓（則）文燿以消（逍）揺（遙）。」□□□□時雝（雍），皇極正而降休。」□□□□穎（潁），芬兹楙于圃疇。」□□□□□閉，木連理於芉（竿）條。」□□□□□盛，胙日新而累熹（喜）。」□□□□而慕化，咸來王而會朝。」□□□□其清静，九域尐（截）其脩（修）治。」□□□□祈福，祀聖母虖（乎）山隅。」神禋享而飴（來）格，釐（賚）我后以萬祺。」于胥樂而罔（無）極，永歷（歷）載而保㞢（之）。」

**説明**：此與太室石闕銘、少室石闕銘合稱爲“嵩山三闕”。康有爲《廣藝舟雙楫》：“茂密渾勁，莫如《少室》《開母》……篆書之上儀也。”馮雲鵬《金石索》：“篆法方圓茅滿，雖極剥落，而神氣自在。其筆勢有肥瘦，亦有頓拙，與漢繆篆相似。”[1]當爲典範的篆書，清人所謂“繆篆”之説不可取。

有部分字形和《説文》小篆不同。如“兹”字，碑刻中从屮，不从艸。“新”字較《説文》小篆簡省。還有一些字和《説文》籀文密切相關。如“則”字形體合於《説文》籀文則从鼎。還有“隘”字。《説文・𨸏部》：“䧢，陋也。从𨸏䒤聲。䒤，籀文嗌字。隘，籀文䧢，从自益。”段玉裁以“隘”爲篆，并言：“䧢，籀文也。隘，小篆也。先籀而後篆者，

① 《書全石》，第477頁。

爲其字之从网𠂤也。"從碑文看，篆文確作"隘"，"𨷖"蓋其繁。

碑文破讀方面，前人所論甚多而歧見較少，今徑採衆説。唯"九域𡭔其脩治"之"𡭔"字，翁方綱、畢沅、俞樾等據《説文》讀爲"輟"，訓爲"止"，將句意理解爲"九域之内皆平治"或"清静無爲之治"。① 而王念孫在《漢隸拾遺》中將之讀爲"截"，訓爲"治也"或"整齊也"。② 王念孫引《詩·商頌·長發》"九有有截"句，頗有説服力。故而從其所説。王立軍先生則直接讀爲"截"，謂"整齊的樣子"。③

## 38. 少室石闕額

**又名**：嵩山少室神道石闕銘

**時代**：東漢安帝延光二年(123)

**收藏**：河南登封少室廟

**著録**：《碑全》325 頁；《金石圖》；《金石萃編》卷九；《金石文字記》；《碑釋》44 頁；《北圖》50 頁

**字數**：6

**釋文**：少室」神道」碑闕

**説明**：典範的篆書。

## 39. 少室石闕銘

**又名**：嵩山少室神道石闕銘、少室神道之闕

**時代**：東漢安帝延光二年(123)

**出土**：原立於少室神廟前

**收藏**：河南登封

**著録**：《碑全》323 頁；《金石圖》；《金石萃編》卷六；《金石文字記》；《碑釋》44 頁；《北圖》50 頁；《書全石》144—145 頁

**字數**：90

**釋文**：□□□□□□□宇」□□□□□□□□」□□□□□□□□□」□□□□□□□□景」□□□□□□□山」□□□□□□□壇」□□□休□□□靈」□□□□□□□采」□□□□□□□□□」□□□□□□□疇」□□清遠□□□木」連理𧕴於□□□□□□」□□□□□□□□」□□□□□□□□□」{第一列}

□□□□」□莪林芷」緜日月而」□□□□三月三日」□□□□郡陽城

① 詳參《碑釋》，第 56 頁，注釋[三四]。
② (清)王念孫撰，徐煒君等點校：《讀書雜志》，上海：上海古籍出版社，2014 年，第 2527—2528 頁。
③ 王立軍：《漢碑文字通釋》，北京：中華書局，2020 年，第 53 頁。

縣」□□□□興治神道。」□□□□君丞零陵」□□□□泉陵薛政」□□□□五官掾陰」□□□□林户瞽(曹)史」□□□□夏效監廟」□□□□掾辛述長」□□□□畐(西)河圜陽」□□□□馮寶丞漢」□□□□陽冀祕俊」□□□□廷掾趙穌(穆)」□□□□户瞽(曹)史張」□□□□詩將作掾」□□□□嚴壽廟佐」□□□□向猛趙始」{第二列}

**説明**:第一列存14行,剥蝕甚劇,僅可釋讀出15字。第二列記載建闕時間、官員等信息,存22行,皆在下層,每行4字。共存90字,皆爲典範的篆書。釋文在《碑釋》基礎上略加改動。將本銘文與《開母廟石闕銘》對讀,可知建此闕者亦爲朱寵。

## 40. 太室石闕後銘

**又名**:嵩山泰室神道石闕銘、嵩山太室石闕銘

**時代**:東漢安帝延光四年(125)

**收藏**:河南登封中嶽廟

**著録**:《北圖》52頁;《金石萃編》;《碑釋》37頁;《碑全》317頁;河南省博物館等:《中嶽漢三闕》,北京:文物出版社,1990年

**字數**:66

**釋文**:▨光四年三▨」孔子大▨」川大(太)守楊▨」▨陽▨」▨海相▨」▨縣▨」▨甲▨懷▨」▨曰▨」▨中嶽▨」▨恩▨」充被▨」存蘋乎▨」▨然□庭京雒▨」▨王命▨」▨置▨」▨雨▨」▨兮子▨」▨兮▨」▨所兮可▨」▨兮▨」▨字▨

**説明**:前銘刻於東漢元初五年(118),隸書27行,每行9—10字。後銘刻於東漢延光四年(125),篆隸混用,多爲隸書,約四十餘行,每行約九字。剥泐已甚,字多不可辨,幾不能讀。兩銘間額刻陽文篆書9字。此後銘釋文據《碑全》317頁。

## 41. 北海相景君碑額

**又名**:漢益州太守北海相景君銘、景君碑

**時代**:東漢順帝漢安二年(143)

**收藏**:山東省濟寧市博物館漢碑室

**著録**:《碑全》483頁;《隸釋》卷六;《隸續》卷十六;《金石萃編》;《碑釋》61頁;《北圖》91頁,《書全石》164頁,圖六三

**字數**:12

**釋文**:漢故益州大(太)守」北海相景君銘

説明：篆隸混用："州、益、相、景"等字皆隸變，其餘作篆。"漢"字繁化从"廾"。梁啓超謂此碑"全碑陽陰垂及千字，可謂隸石不祧之初祖也已。其書勢猶含篆意，抑又可見祖之所自出也"。①

## 42. 郎中鄭固碑額

又名：漢故郎中鄭君之碑、鄭固墓碑
時代：東漢桓帝延熹元年(158)
收藏：山東省濟寧市博物館漢碑室
著録：《碑全》866 頁；《金石萃編》；《碑釋》213 頁；《北圖》113 頁
字數：8
釋文：漢故郎中」鄭君㞢(之)碑

## 43. 王純碑額

時代：東漢桓帝延熹四年(161)
著録：《隸續》卷五(摹本)
字數：10
釋文：漢故冀州刺」史王君㞢(之)碑
説明：篆隸混用："州"字隸變。"碑"字寫法不同於《説文》小篆。

## 44. 孔宙墓碑額

又名：泰山都尉孔宙碑、泰山都尉孔君之碑
時代：東漢桓帝延熹七年(164)
收藏：山東曲阜孔廟同文門東側
著録：《北圖》123 頁；《金石萃編》；《隸釋》；《隸續》；《碑釋》249 頁；《碑全》1001 頁
字數：15
釋文：有漢泰山都」尉(尉)孔君㞢(之)碑{陽面}
門生故吏名{陰面}
説明：典範的篆書。

## 45. 華山廟碑額

又名：西嶽華山廟碑
時代：東漢桓帝延熹八年(165)
收藏：嘉靖三十四年(1555)地震石毁
著録：《北圖》125 頁；《金石萃編》；《隸釋》；《隸續》；《碑釋》268 頁；《碑全》1103 頁；《書全石》256 頁，圖九五
字數：6
釋文：卥(西)嶽崋(華)」山廟碑
説明：典範的篆書。

## 46. 鮮于璜墓碑額

又名：雁門太守鮮于璜碑、漢故雁門

① 梁啓超：《碑帖跋・漢景君銘》，見氏著《梁啓超全集》第十八卷，北京：北京出版社，1999 年，第 5222 頁。

太守鮮于君碑

**時代**：東漢桓帝延熹八年（165）

**出土**：1973 年 5 月出土於天津市武清縣高村

**收藏**：天津市歷史博物館

**著録**：《碑全》1064 頁；《北圖》127 頁；《書全石》252 頁，圖九四

**字數**：10

**釋文**：漢故」鴈（雁）門大（太）守」鮮于君碑

**説明**：與同年所立之華山廟碑額相比，明顯爲篆隸混用："鮮"字作隸書。"故、君、碑"等字中部件"口"的寫法特殊。

## 47. 楊統碑額

**又名**：沛相楊統碑

**時代**：東漢靈帝建寧元年（168）

**收藏**：早佚

**著録**：《碑全》1157 頁；《金石録》卷十六；《隸釋》卷七；《隸續》卷七；《漢魏石刻文字繫年》

**字數**：8

**釋文**：漢故沛相」楊君㞢（之）碑

**説明**：與楊震碑、繁陽令楊君碑、楊著碑統稱"四楊碑"，碑石均佚。據太尉楊震碑文，楊震長子牧，富波侯相；其子統，爲金城太守沛相。[1]

"碑"字寫法合於《説文》小篆，與其從弟高陽令楊著碑額（《碑全》1173 頁）上"碑"字形體相近。"沛"字訛从"市"。《説文》小篆中，"市、朮、朩、市"旁常混同。如"市"作，而从市之字中，僅市部的"𢂋"字字頭小篆同此作，其餘大多从朮作、、、、、、、、等形；另罕見从朩作（辵部重出）。

此外，碑文記載墓主楊統卒於"建寧元年三月癸丑"，查當年三月無癸丑日，當是閏三月初六。[2] 劉昭瑞先生將本碑排在建寧二年肥致碑之後、建寧三年馬江碑之前，言："《金石録》卷十六作建寧三年四月立碑，他書皆曰元年，然元年乃楊卒之年，故吏戴條立碑或在三年服闋之後。"[3]實際上，劉先生所引"卷十六"，有誤：趙明誠書卷十六僅據楊震碑文對該碑墓主人身份作考證，未提及年代；而"建寧三年

① 《碑全》，第 363 頁。
② 方詩銘、方小芬：《中國史曆日和中西曆日對照表》，上海：上海辭書出版社，1987 年，第 281 頁。
③ 劉昭瑞：《漢魏石刻文字繫年》，臺北：新文豐出版公司，2001 年，第 71 頁。

四月”，則見諸其書卷一《目録》部分。[①] 本此而有所謂“服闋”三年後立碑之説，略顯迂曲，我們仍將本碑時代定在東漢靈帝建寧元年（168）。

## 48. 楊著碑額

**又名**：高陽令楊著碑

**時代**：東漢靈帝建寧元年（168）

**出土**：東漢時立於陝州（今河南省三門峽市）

**收藏**：早佚

**著録**：《北圖》132 頁；《隸釋》卷十一；《隸續》卷七；《碑全》1173 頁

**字數**：9

**釋文**：漢故高陽令|楊君㞢（之）碑

**説明**：與楊震碑（《碑全》363 頁）、繁陽令楊君碑（《隸釋》卷九）、沛相楊統碑（《碑全》1157 頁）並稱“四楊碑”，碑石均佚。據太尉楊震碑文，楊震長子牧，富波侯相；其子統，爲金城太守沛相。楊震次子讓，趙常山相，其子著，高陽令。又據繁陽令楊君碑碑文，繁陽令楊君爲富波君之少子，楊統之弟。

本碑額陽文，篆隸混用，其中“高、令”二字隸變，“碑”字寫法近於《説文》小篆，與楊統碑額上“碑”字形體相似。

另，此碑碑文隸書，其中有“年十月廿八日壬寅卒”之句。“年”上一字似“二”，但部分著録隸作“三”或作缺字處理。清人陸增祥在《八瓊室金石補正》中説：“建寧二年十月廿八日是丙申，三年十月廿八日非庚寅，即辛卯，皆與壬寅不符。”[②]而宋人婁機在《漢隸字源》中則根據本碑“遭從兄沛相憂”及沛相楊統碑“建寧元年三月癸丑遘疾而卒”等信息，考楊著亦卒於建寧元年。[③] 查《中國史曆日和中西曆日對照表》，推得建寧元年十月廿八日確爲壬寅。[④] 故將此碑年代定爲東漢靈帝建寧元年（168）。

## 49. 夏承碑額

**又名**：淳于長夏承碑

**時代**：東漢靈帝建寧三年（170）

**出土**：宋元祐年間洺州治河時於今四

---

① （宋）趙明誠著；劉曉東、崔燕南點校：《金石録》卷一、卷十六，濟南：齊魯書社，2009 年，第 5、132 頁。

② （清）陸增祥：《八瓊室金石補正》卷四，北京：文物出版社，1985 年，第 18 頁。

③ 中華漢語工具書書庫編輯委員會編，李學勤主編：《中華漢語工具書書庫》第 38 册，合肥：安徽教育出版社，2002 年，第 563 頁。

④ 方詩銘、方小芬：《中國史曆日和中西曆日對照表》，上海：上海辭書出版社，1987 年，第 281 頁。

川省資中縣出土

**收藏**：原碑早佚，或曰嘉靖年間崩毁於地震

**著録**：《隸續》卷五（摹本）；《金石萃編》卷十三；《碑釋》284 頁；《碑全》1291 頁；《北圖》138 頁

**字數**：9

**釋文**：漢北海｣淳于長｣夏承碑

**説明**：《北圖》拓片殘，似雙鉤。

## 50. 孔彪碑額

**又名**：博陵太守孔彪碑

**時代**：東漢靈帝建寧四年（171）

**著録**：《書全石》297 頁，圖一〇九；《隸續》卷五；《中國國家圖書館碑帖精華》196 頁

**字數**：10

**釋文**：漢故博陵大（太）｣守孔府君碑

**説明**：典範的篆書。《隸續》卷五 337 頁圖，較《書全石》所收拓片有所失真。“碑”字寫法不同於《説文》小篆。

## 51. 西狹頌額

**又名**：惠安西表、李翕碑、李翕頌、黄龍碑、武都太守李翕西狹頌

**時代**：東漢靈帝建寧四年（171），或謂宋金時期所刻

**收藏**：今存，在甘肅省成縣四十餘公里天景山北麓魚竅峽古棧道中

**著録**：《碑全》1329 頁；《金石録》卷十六；《隸釋》卷四；《輿地碑記目》卷四；《碑釋》；《書全石》284—285 頁

**字數**：4

**釋文**：惠安𡆧（西）垂

**説明**：典範的篆書。“安”字寫法不同於《説文》小篆而繼承自古文字形體，“女”下有一筆。最後一字，舊多釋“表”，據史傑鵬先生説法改釋。[①]

碑文基本是隸書，一些字（如“繼、而”等）形體明顯受到篆書影響。碑文内容，主要是歌頌李翕修治武都郡西狹谷道之事。辛德勇先生指出，所謂碑額的“這四個字不符合漢人摩崖刻石以至石碑題額的‘通例’”；“頗有可能是宋金時期人因將《西狹頌》視作當地的歷史勝跡而針對它刻下的讚譽之文”。[②] 若辛説確實，或可改稱爲“西

① 史傑鵬：《〈西狹頌〉的“惠安西表”的“表”字改釋》《〈西狹頌〉所謂“惠安西表”的“表”字及相關問題考釋》，“梁惠王的雲夢之澤”微信公衆號，2021 年 12 月 10 日、22 日。

② 辛德勇：《〈西狹頌〉所謂“惠安西表”碑額訂謬》（修訂稿），“辛德勇自述”微信公衆號，2021 年 12 月 14 日。

狹頌題記”，且非漢篆石刻。

## 52. 仙人唐公房碑額

**又名**：唐公房碑、公昉碑

**時代**：東漢靈帝熹平、光和年間(172—184)

**出土**：原在城固縣北許家廟南唐仙觀小學内，1970年移至西安碑林博物館

**收藏**：西安碑林博物館

**著録**：《碑全》1995頁；《水經注》卷二十七；《隸釋》卷三；《隸續》卷五；《集古録》；《金石録》；《金石萃編》；《金石索》；《兩漢金石記》；《碑釋》502頁；陳顯遠：《漢“仙人唐公房碑”考》，《文博》1996年第2期；《漢魏石刻文字繫年》

**字數**：6

**釋文**：仙人唐」君㞢(之)碑

**説明**：與拓片相比，《隸續》卷五345頁圖有所失真。碑文中記載王莽居攝二年(7)時城固人唐公房服用丹藥後帶妻子、六畜甚至房屋飛升上天的傳説故事，即“一人得道，雞犬升天”。時代從陳顯遠先生意見。

## 53. 宗俱碑額

**又名**：司空宗俱碑

**時代**：東漢靈帝熹平二年(173)

**著録**：《隸續》卷五

**字數**：6

**釋文**：漢司空」宗公碑

**説明**：“碑”字寫法不同於《説文》小篆。

## 54. 婁壽墓碑額

**又名**：婁壽碑

**時代**：東漢靈帝熹平三年(174)

**收藏**：原石早佚

**著録**：《北圖》157頁；《隸釋》卷九；《隸續》卷五；《碑釋》411頁

**字數**：6

**釋文**：玄孺婁先生碑

**説明**：《北圖》和《隸續》圖中文字形體稍異，但“玄、碑”二字寫法皆與《説文》小篆不同。

## 55. 聞憙長韓仁銘額

**又名**：韓仁墓碑

**時代**：東漢靈帝熹平四年(175)

**收藏**：河南博物院

**著録**：《碑全》1583頁；《金石萃編》卷十七；《碑釋》417頁；《北圖》166頁；《書全石》321頁；張明申等：《漢〈韓仁

銘〉碑考釋及歷史價值》,《中原文物》1984年第2期

字數:10

釋文:漢循吏故聞」憙長韓仁銘

説明:典範的篆書。"韓"字所从"倝"旁上加兩飾筆。《説文·倝部》有"𠦝"字,許慎付闕,或與此類繁化有關。

## 56. 梧臺里石社碑額

時代:東漢靈帝熹平五年(176)

出土:清末在山東臨淄出土

收藏:山東省石刻藝術館

著録:《碑全》1605頁;《水經注》

字數:6

釋文:梧臺里」石社碑

## 57. 費鳳碑額

又名:堂邑令費鳳碑

時代:東漢靈帝熹平六年(177)

收藏:宋時在湖州墨妙亭,今佚

著録:《隸續》卷五;《隸釋》卷九;《漢魏石刻文字繫年》83頁

字數:9

釋文:漢故堂」邑令費」君㞢(之)碑

## 58. 尹宙墓碑額

又名:豫州從事尹宙碑、尹宙碑

時代:東漢靈帝熹平六年(177)

出土:元皇慶年間於河南省鄢陵縣洧川發現此石,不久没失。明萬曆年間再次發現

收藏:河南省鄢陵縣第二初級中學院内

著録:《北圖》169頁;《金石萃編》卷十七;《碑釋》424頁;《碑全》1606頁;《書全石》324頁

字數:2

釋文:[漢故豫州]從」[尹君之]銘

説明:僅存"從、銘"兩字,餘可據碑文補。所存二字筆畫拖曳,風格類似趙寬墓碑額、仙人唐公房碑額,三者時代相近。

## 59. 陳球碑額

又名:太尉陳球碑

時代:東漢靈帝光和二年(179)

出土:江蘇邳州占城鎮崮子漢墓

著録:《隸續》卷五(摹本);《隸釋》卷十;《漢魏石刻文字繫年》

字數:8

釋文:漢故大(太)尉(尉)」陳公㞢

(之)碑

**説明**：“漢”字摹寫失真。“碑”字寫法不同於《説文》小篆。宋人或記爲蔡邕撰並書。

## 60. 趙寬墓碑額

**又名**：三老掾趙寬碑

**時代**：東漢靈帝光和三年(180)

**出土**：1942年,在青海省樂都縣老鴨城西白崖子發現,後移藏青海省圖書館。1950年該館失火,碑毁,僅存一小塊殘石,在青海省博物館

**收藏**：青海省博物館

**著録**：《北圖》170頁;謝佐等:《青海金石録》;《碑釋》432頁;《碑全》1643頁;《書全石》327頁;王獻唐:《新出漢三老趙寬碑考釋》,見氏著《那羅延室稽古文字》,濟南:齊魯書社,1985年,第316—334頁;沈年潤:《釋東漢三老趙掾碑》,《文物》1964年第5期,第22—28頁

**字數**：6

**釋文**：三老趙」掾㞢(之)碑

**説明**：典範的篆書。“碑”字寫法與《説文》小篆不同。

## 61. 涼州刺史魏元丕碑額

**又名**：魏元丕碑、漢故涼州刺史魏君之碑

**時代**：東漢靈帝光和四年(181)

**收藏**：早佚

**著録**：《碑全》1706頁;《隸釋》卷十;《隸續》卷七;《寶刻叢編》卷一;《寰宇訪碑録》;《碑帖敘録》

**字數**：10

**釋文**：漢故涼」州刺史」魏君㞢(之)」碑

**説明**：典範的篆書。

## 62. 三公山碑額

**時代**：東漢靈帝光和四年(181)

**出土**：清道光年間出土,舊在河北元氏縣

**收藏**：河南省新鄉市博物館

**著録**：《北圖》172頁;《隸釋》卷三;《寶刻叢編》卷六;《碑全》1662頁

**字數**：4

**釋文**：三公㞢(之)碑

**説明**：額中央陽文四字,篆隸混用:僅“之”字有篆意,其餘隸書風格明顯。左右兩旁各有陰刻隸書“封龍君”“靈山君”共六字。

## 63. 白石神君碑額

**時代**：東漢靈帝光和六年(183)

**出土**：原立於河北元氏縣。1967年，因當地封龍山頌碑被砸毀，故將此碑埋藏入正定縣隆興寺内。1989年5月挖出，立於元氏縣封龍山上

**收藏**：河北元氏縣封龍山上

**著録**：《北圖》175頁；《隸釋》卷三；《金石萃編》卷十七；《碑全》1720頁；《書全石》337頁；李金波：《元氏漢碑芻議》，《中原文物》1990年第1期

**字數**：5

**釋文**：白石神君碑

## 64. 王舍人碑額

**時代**：東漢靈帝光和六年(183)

**出土**：1982年，在山東平度縣灰埠鄉侯家村西山東坡出土

**收藏**：山東省平度市博物館

**著録**：《碑全》1743頁；《漢王舍人碑》，濟南：齊魯書社，1986年；《漢王舍人碑》，北京：榮寶齋出版社，2001年；《書全石》圖一三三(缺額)

**字數**：6

**釋文**：漢舍人□」王君𡳿(之)□[碑]

**説明**：湯保良先生稱，此碑發現於1982年。[①] 吴文琪先生説1978年春。[②] 據參與發現此碑的當事人回憶，當是1982年底。[③] 碑有螭首龜趺，在漢碑中罕見。

## 65. 王君碑額

**時代**：東漢靈帝中平二年(185)

**出土**：傳乾隆初年發現於陝西寶雞

**著録**：《北圖》178頁

**字數**：6

**釋文**：漢故」王君」𡳿(之)碑

**説明**：僅存碑額，真僞存疑。"碑"字形體與《説文》小篆相同。

## 66. 蕩陰令張遷碑額

**又名**：張遷碑

**時代**：東漢靈帝中平三年(186)

**出土**：原立於山東東平州學明倫堂，現存泰安岱廟

**收藏**：山東省泰安岱廟

---

① 《碑全》，第1740頁。

② 中國考古學會編：《中國考古學年鑒1984》，上海：華東師範大學出版社，1984年，第122頁。

③ 于書亭：《漢"王舍人碑"瑣談》，《科學中國人》1999年第11期，第63頁。

著録：《碑全》1816 頁；《碑釋》489 頁；《北圖》179 頁；《書全石》353 頁

字數：12

釋文：漢故穀城長蕩」陰令張君表頌

説明：篆隸混用："漢、故、表、頌"皆作隸書，其餘有篆意。

### 67. 秦頡碑額

又名：南陽太守秦頡碑

時代：東漢靈帝中平三年(186)

著録：《隸續》卷五

字數：10

釋文：漢故南陽大(太)」守秦君㞢(之)碑

説明："故"字寫法特殊，右从"及"形。"碑"字寫法不同於《説文》小篆。

### 68. 鄭季宣碑額

又名：尉氏令鄭季宣碑

時代：東漢靈帝中平三年(186)

收藏：山東省濟寧市博物館

著録：《北圖》181 頁；《碑全》1861 頁

字數：8

釋文：尉(尉)氏故吏處士人名{陰面}

説明：典範的篆書。

### 69. 樊敏碑額

又名：巴郡太守樊敏碑

時代：東漢獻帝建安十年(205)

出土：傳碑石早佚，清道光年間再現，或謂重刻

收藏：四川省蘆山縣

著録：《碑全》1896 頁；《隸續》卷五；《北圖》185 頁

字數：12

釋文：漢故領校巴郡」大(太)守樊府君碑

説明："碑"字寫法合於《説文》小篆形體。

### 70. 魯市東安漢里刻石

又名：市東安漢里刻石、東安漢里刻石、東安漢里畫像、里禺墓畫像石

時代：西漢末東漢初，一説西漢成帝河平三年(前 26)

出土：1937 年，在山東省曲阜市城東韓家鋪漢墓出土

收藏：山東省曲阜市漢魏碑刻陳列館

著録：《碑全》2134 頁；《書全石》93 頁，圖二〇；蔣英炬：《略論曲阜"東安漢里畫象"石》，《考古》1985 年第 12 期；李發林：《"山魯市東安漢里禺石

也"簡釋》,《考古》1987年第10期;宫衍興:《濟寧全漢碑》,濟南:齊魯書社,1990年

**字數**:11

**釋文**:山魯市東安漢里禺石也

**説明**:李發林先生認爲,此是"山陽郡魯國縣城東安里漢朝人姓里名禺的死者的基石",并根據他1981年在曲阜文物商店所見"河平三年八月丁卯漢里禺墓"石刻拓片認爲此畫像石應與之同出,可稱之爲"里禺墓畫像石"。①歐陽摩一先生從之。②

"山"字形體藝術化,雙鉤。

### 71. 袁博殘碑額

**又名**:漢甘陵相尙書袁博碑、甘陵相尙博殘碑

**時代**:東漢初

**出土**:1923年河南偃師出土

**收藏**:河南博物院

**著録**:《書全石》403頁,圖一五八;《金石萃編》;《碑全》465頁;《北圖》42頁;《碑帖鑒定》78頁

**字數**:8

**釋文**:〼甘陵相尚」〼府君㞢(之)碑

**説明**:上端殘。典範的篆書。

### 72. 郭夫人畫像石題記

**時代**:東漢中期

**出土**:1983年8月陝西綏德縣黄家塔8號墓出土

**收藏**:綏德縣畫像石博物館

**著録**:吴鎮烽:《秦晉兩省東漢畫像石題記集釋——兼論漢代圜陽、平周等縣的地理位置》,《考古與文物》2006年第1期;戴應新:《陝北東漢畫像石墓題刻文字》,《故宫學術季刊》1996年第3期

**字數**:10

**釋文**:大高平令郭君夫人室宅

**説明**:陽文。戴應新先生謂之"隸篆體"。

### 73. 昌陽嚴刻石

**時代**:東漢

**收藏**:北京故宫博物院

**著録**:《集萃》203頁,圖189;王壯弘:《增補校碑隨筆》(修訂本),上海:上海書店出版社,2008年,第89頁

① 李發林:《"山魯市東安漢里禺石也"簡釋》,《考古》1987年第10期,第952、955頁。
② 歐陽摩一:《論畫像石文字的篆書藝術》,《文博》2004年第6期,第64—69頁。

字數：6

釋文：昌陽□」嚴掾高

説明：左行第三字恐是“嚴”字誤刻。

## 74. 蘭臺令史殘碑

又名：蘭臺令史殘石

時代：東漢

出土：清光緒十六年(1890)在山東青州出土，端方舊藏

收藏：北京故宫博物院

著録：《碑全》2155 頁；《集萃》204 頁，圖 190；《書全石》453 頁，圖 194

字數：23

釋文：□□□▨」▨五季(年)□□▨」▨蘭臺令史▨」▨議郎季(年)七▨」▨十月丁酉▨」▨□文臨終▨」▨所存孤▨」▨意不敢▨」▨名▨

## 75. 孫大壽碑額

時代：東漢

出土：傳在河南省洛陽市出土

著録：《碑全》2205 頁；王壯弘：《增補校碑隨筆》，上海：上海書畫出版社，1981 年

字數：4

釋文：孫大」壽碑

説明：典範的篆書。“碑”字寫法不同於《説文》小篆。或疑其非漢碑，馬子雲等先生認爲：“此殘額四字爲漢無疑，其碑已無，不知如何審其決非漢也。”①

## 76. 楊子輿題記

又名：雙流楊子輿崖墓題記

時代：東漢

出土：在四川省雙流縣華陽半邊街崖墓内出土

著録：《書全石》421 頁，圖一七一；高文、高成剛：《四川歷代碑刻》，成都：四川大學出版社，1990 年；《碑全》2106 頁

字數：9

釋文：藍田令」楊子輿」所處內(穴)

説明：篆隸混用：“輿、處”二字隸變，其餘皆篆。

## 77. 趙菿殘碑額

時代：東漢

出土：1937 年河南省南陽郊外李相公莊出土

① 馬子雲、施安昌：《碑帖鑒定》，桂林：廣西師範大學出版社，1993 年，第 79 頁。

**收藏**：河南省南陽市博物館漢碑亭内

**著録**：《北圖》199頁；《碑全》2014頁；《書全石》385頁；《中國美術全集·書法篆刻編·商周至秦漢書法》，北京：人民美術出版社，1987年

**字數**：8

**釋文**：漢故郎甲（中）」趙君㞢（之）碑

**説明**：典範的篆書。碑文爲典型漢末隸書。碑額中，"中"字作"甲"，合於《説文》籀文。"碑"字寫法不同於《説文》小篆。

## 78. 王威畫像石題記

**出土**：1983年8月陝西綏德縣黄家塔4號墓出土

**收藏**：綏德縣畫像石博物館

**著録**：《綏德》126頁；《碑全》215頁；《中國畫像石全集·第五册》140—141頁；吴鎮烽：《秦晉兩省東漢畫像石題記集釋——兼論漢代圜陽、平周等縣的地理位置》，《考古與文物》2006年第1期

**字數**：14

**釋文**：使者梼莭（節）」護烏桓校尉」王君威府舍

**説明**：篆隸混用："使、護、烏、桓"等字作篆，其餘諸字大多隸書風格明顯。

"持"字从"木"作"梼"形。

## 79. 應遷等字殘碑

**又名**：素下殘石

**出土**：1931年左右在河南洛陽出土

**收藏**：故宫博物院

**著録**：《碑全》2149頁；容庚：《古石刻零拾》

**字數**：13

**釋文**：□癄（應）䙴（遷）」□君素下」□君夫人」□蠶織帥劾」□師幕□

**説明**：典範的篆書。"素、織"所从"糸"下方筆畫析斷。"織"所从"戠"中部筆畫析斷。"帥"字寫法同石鼓文《作原》。"幕"字下从"市"。其上一字，似爲"師"。

## 80. 賈孝卿畫像石題記

**出土**：1972年7月陝西清澗縣賀家溝出土

**收藏**：清澗縣文化館

**著録**：吴鎮烽：《秦晉兩省東漢畫像石題記集釋——兼論漢代圜陽、平周等縣的地理位置》，《考古與文物》2006年第1期，第62頁，圖五，2

**字數**：12

**釋文**：西河大(太)守鹽官掾賈孝卿室宅〈宅〉

**説明**：篆隸混用:"河、大、守、掾、李"等作篆,其餘諸字大多隸書風格明顯。"鹽"字簡省訛變,"掾"訛从"己","宅"訛从"乇"形。

## 81. 綏德老墳梁一號墓中柱墨書題字

**出土**：1983 年陝西綏德城西大理河南岸老墳梁出土

**著録**：綏德縣博物館:《陝西綏德發現畫象石墓》,《考古》1986 年第 1 期;戴應新:《陝北東漢畫像石墓題刻文字》,《故宫學術季刊》1996 年第 3 期

**字數**：6

**釋文**：漢羽林郎□□□□□□室宅

**説明**：墨書十二字,未鐫刻,存首尾凡六字,權附記於此。戴應新先生謂此爲"隸篆體"。

## 82. 瑯邪相殘碑額

**又名**：漢瑯邪相劉君墓表殘字、瑯邪相劉君石柱殘石

**出土**：1929 年山東省滕縣出土

**收藏**：山東省博物館

**著録**：《書全石》390 頁,圖一五一;羅振玉:《雪堂金石文字跋尾》卷二;《碑全》2132 頁

**字數**：3

**釋文**：□□□[漢故瑯]」邪相劉」□□□[君之墓]

**説明**：原碑額三行僅殘存一行。典範的篆書。"邪"字"邑"旁从"口"。"相"字从"囧"。

## 83. 蕃字題記

**出土**：1995—1997 年,在廣州市南越國宫殿遺址擴方東南部的一塊石板面上

**著録**：廣州市文物考古研究所、南越王宫博物館籌建辦公室:《廣州南越國宫署遺址 1995—1997 年發掘簡報》,《文物》2000 年第 9 期,第 10 頁,圖一〇

**字數**：1

**釋文**：蕃

# 瓦當

按名稱首字音序排列。

## 1. 安樂富貴瓦

時代：西漢早期

出土：安徽省阜陽市文昌閣建築工地

著録：劉峰：《安徽省阜陽市發現漢代汝陰宫殿遺址》，《考古與文物》1996年第5期，第11頁，圖二，3；《傅當》638頁，圖一二六三

字數：4

釋文：安樂富貴

説明："富"字訛从"貝"，疑受到"貴"字感染而類化。

## 2. 安樂□貴瓦當

時代：西漢早期

出土：安徽省阜陽市文昌閣建築工地

著録：劉峰：《安徽省阜陽市發現漢代汝陰宫殿遺址》，《考古與文物》1996年第5期，第11頁，圖二，2

字數：3

釋文：安樂□[富]貴

## 3. 安樂富貴瓦

著録：《傅當》650頁，圖一二八七

字數：4

釋文：安樂富貴

説明："樂"字上部訛从三"日"形。篆隸混用："女"旁已經隸變。

## 4. 安樂貴富瓦

著録：《傅當》661頁，圖一三〇八；《琴歸》725頁

字數：4

釋文：安樂貴富

**5．安樂貴富瓦當**

**著録**：《琴歸》724 頁

**字數**：4

**釋文**：安樂貴富

**説明**：篆隸混用："女"旁已經隸變。其餘三字筆畫簡省、變形嚴重。

**6．安樂未央瓦當**

**著録**：《傅當》642 頁，圖一二七一；《琴歸》677 頁

**字數**：4

**釋文**：安樂朱央

**説明**："樂"訛从三"日"形。"未"訛爲"朱"。

**7．安樂未央瓦當**

**著録**：《傅當》655 頁，圖一二九七

**字數**：4

**釋文**：安樂未央

**説明**："樂"訛从三"日"形。

**8．安樂未央瓦當**

**著録**：《傅當》677 頁，圖一三四一

**字數**：4

**釋文**：安樂未央

**説明**：篆隸混用：除"未"字外，其餘三字已隸變。

**9．安樂未央瓦當**

**著録**：《鐵瓦》525 頁

**字數**：4

**釋文**：安樂朱央

**説明**："樂"字上編訛變从三"日"。"未"字訛作"朱"形。

**10．安樂未央瓦當**

**著録**：《琴歸》679 頁

**字數**：4

**釋文**：安樂朱央

**説明**：篆隸混用："樂、央"二字隸變。篆字隨形。"樂"字上方受字内感染，同體類化从三"日"形。"未"字訛如"朱"形。

**11．安樂未央瓦當**

**出土**：1975 年秋，在遼寧建平縣三家鄉西胡素臺村古城址北墻附近發現

**著録**：李宇峰：《遼寧建平縣兩座西漢古城址調查》，《考古》1987 年第 2 期，第 106 頁，圖四，1

**字數**：4

**釋文**：安樂未央

説明：篆隸混用。

## 12. 安平樂未央瓦當

出土：1961 年 8 月，在鴨緑江北岸靉河尖古城遺址内發現

著録：曹汛：《靉河尖古城和漢安平瓦當》，《考古》1980 年第 6 期，第 567 頁，圖六

字數：5

釋文：安平樂未央

説明：對讀兼旋讀輻射。隸書風格明顯。

## 13. 安世千秋殘瓦當

著録：《關中》931 頁

字數：4

釋文：安世千秋□□□□

説明：較爲典範的篆書。

## 14. 安世瓦當

著録：《傅當》435 頁，圖八六二

字數：2

釋文：安世

## 15. 安世瓦當

著録：《傅當》436 頁，圖八六三

字數：2

釋文：安世

説明：筆畫並連，但“安”字女旁仍有一筆。

## 16. 安邑稠柱瓦當

收藏：陳直先生舊藏

著録：《傅當》706 頁，圖一三九七

字數：4

釋文：安邑稠柱

## 17. 八風壽存當瓦當

時代：莽新

出土：陝西長安漢城

著録：《傅當》729 頁，圖一四四四

字數：5

釋文：八風壽存當

説明：“當”字所从“尚”旁增繁一筆，恐是受“風”字“凡”旁感染類化訛變所致。

## 18. 八風壽存當瓦當

時代：莽新

著録：《傅當》730 頁，圖一四四五

字數：5

釋文：八風壽存當

**19．八風壽存當瓦當**

**時代**：莽新

**著録**：《傳當》730頁，圖一四四六；《關中》220頁

**字數**：5

**釋文**：八風壽存當

**20．八風壽存當瓦當**

**時代**：莽新

**著録**：《傳當》729頁，圖一四四三；《陝當》101頁，圖一〇一；《鐵瓦》395頁；《琴歸》738頁

**字數**：5

**釋文**：八風壽存當

**21．八風壽存當瓦當**

**時代**：莽新

**著録**：《程當》163頁

**字數**：5

**釋文**：八風壽存當

**説明**："當"字所从"尚"旁筆畫析斷。

**22．百萬石倉瓦當**

**出土**：華陰市硙峪鄉華倉遺址出土

**收藏**：陝西省考古研究所

**著録**：《傳當》483頁，圖九五五

**字數**：4

**釋文**：百萬石倉

**説明**：典範的篆書。

**23．百萬石倉瓦當**

**著録**：《程續》209頁

**字數**：4

**釋文**：百萬石倉

**説明**：典範的篆書。

**24．便年瓦當**

**著録**：《傳當》417頁，圖八二六

**字數**：2

**釋文**：便年

**25．便字瓦當**

**著録**：《傳當》356頁，圖七〇六

**字數**：1

**釋文**：便

**説明**："便"字从"攴"，寫法與《説文》篆不同，末筆美術化成箭頭形。

**26．便字瓦當**

**著録**：《傳當》357頁，圖七〇七

**字數**：1

**釋文**：便

## 27. 便字瓦當

著録：《傳當》357 頁，圖七〇八

字數：1

釋文：便

## 28. 便字瓦當

著録：《傳當》，補遺第 793 頁，圖六六

字數：1

釋文：便

## 29. 便字瓦當

著録：《程當》113 頁

字數：1

釋文：便

## 30. 便字瓦當

著録：《琴歸》664 頁

字數：1

釋文：便

## 31. 并是富貴瓦當

著録：《傳當》639 頁，圖一二六六

字數：4

釋文：并是(氏)富貴

説明：篆隸混用："貴"字從隸書作，其餘篆意濃厚。按漢代用字習慣推測，此處"并是"或爲"并氏"。甲骨文中就有地名"并"（如《合集》37519 等），1983 年甘肅靈臺出土有西周早期青銅器并伯甗，[①]《春秋經·莊公元年》記載有"齊師遷紀郱、鄑、郚"，都説明先秦時期有地名爲"并"或"郱"。《漢書·地理志》"齊郡"下有臨朐縣，顔師古引應劭曰："臨朐山有伯氏駢邑。"[②]"并氏"或與這些地名有關。

## 32. 竝月半瓦當

著録：《傳當》690 頁，圖一三六七

字數：2

釋文：竝月

## 33. 單于和親瓦當

出土：1981 年，在包頭召灣 M47 木槨墓中出土

收藏：内蒙古文管會

著録：車日格：《淺談包頭出土的漢代瓦當》，《内蒙古文物考古》2000 年第 1 期，第 173 頁，圖一，1；《傳當》496

---

① 史可暉：《甘肅靈臺又發現一座西周墓葬》，《考古與文物》1987 年第 5 期，第 101 頁。

② 《漢書》卷二十八上，第 1583 頁。

頁，圖九八二

**字數**：4

**釋文**：單于和親

### 34. 單于天降瓦當

**出土**：1981年，在包頭召灣M47木槨墓中出土

**著録**：車日格：《淺談包頭出土的漢代瓦當》，《内蒙古文物考古》2000年第1期，第173頁，圖一，2；《傳當》496頁，圖九八一

**字數**：4

**釋文**：單于天降

**説明**：篆隸混用："降"作隸書。

### 35. 長□未□瓦當

**時代**：西漢

**收藏**：吉林大學

**著録**：王丹、于潤儀：《吉林大學藏漢至北魏時期的文字瓦當》，《北方文物》1989年第2期，第54頁，圖二，4

**字數**：2

**釋文**：長□未□

### 36. 長川未央瓦當

**著録**：《傳當》647頁，圖一二八一

**字數**：4

**釋文**：長川未央

**説明**："生"字筆畫殘泐已似"川"形。"未"字筆畫簡省並連。

### 37. 長久樂哉冢瓦當

**收藏**：甘肅博物館

**著録**：《傳當》737頁，圖一四六〇

**字數**：5

**釋文**：長久樂哉冢

**説明**："哉"字訛變从"田"。

### 38. 長久樂哉冢瓦當

**收藏**：西北大學

**著録**：《傳當》738頁，圖一四六一

**字數**：5

**釋文**：長久樂哉冢

### 39. 長久樂哉冢瓦當

**著録**：《傳當》739頁，圖一四六三

**字數**：5

**釋文**：長久樂哉冢

### 40. 長駿未央瓦當

**著録**：《傳當》651頁，圖一二八九

**字數**：4

釋文：長駿朱央

説明："未"訛爲"朱"形。

### 41. 長樂富昌瓦當

出土：1972年，在河南靈寶張家灣漢墓M3出土

著録：河南省博物館：《靈寶張灣漢墓》，《文物》1975年第11期，第81頁，圖四（M3:2）

字數：4

釋文：長樂富昌

説明："富昌"二字原缺釋。"富"字从"皿"。

### 42. 長樂萬世瓦當

出土：1955年，在洛陽澗西區59號小型漢墓

著録：河南省文化局文物工作隊：《一九五五年洛陽澗西區小型漢墓發掘報告》，《考古學報》1959年第2期，第86頁，圖十四，2；《傅當》684頁，圖一三五五

字數：4

釋文：長樂萬世

説明：篆隸混用。

### 43. 長樂萬歲瓦當

出土：漢長安城遺址出土

著録：《傅當》683頁，圖一三五三

字數：4

釋文：長樂萬歲

説明："歲"从"戊"，與《説文》小篆不同。

### 44. 長樂萬歲瓦當

著録：《程續》181頁

字數：4

釋文：長樂萬歲

説明：典範的篆書。篆字隨形。

### 45. 長樂未央大富之當如意瓦當

出土：1985年春在鄭州市西北郊區出土

著録：張松林：《鄭州市西北郊區考古調查簡報》，《中原文物》1986年第4期，圖版一，4

字數：10

釋文：長樂未央大富㞢（之）當如意

説明：外圈順時針旋讀，當心自左向右横讀。

篆隸混用："長、大"等字作隸書。"意"字从"言"。

### 46. 長樂未央九字瓦當

**時代**：西漢初年

**出土**：漢長安城遺址出土

**收藏**：陝西歷史博物館

**著録**：《傅當》750 頁，圖一四八六；《關中》279 頁；《陝當》109 頁，圖一〇九

**字數**：9

**釋文**：長樂未央延秊(年)永壽昌

**説明**：逆時針旋讀。典範的篆書。

### 47. 長樂未央千秋萬世昌瓦當

**出土**：1985 年春在鄭州市西北郊區出土

**著録**：張松林：《鄭州市西北郊區考古調查簡報》，《中原文物》1986 年第 4 期，圖版一，3

**字數**：9

**釋文**：長樂未央千秋萬世昌

**説明**：外圈順時針旋讀。

### 48. 長樂未央瓦當

**著録**：《關中》296 頁；《陝當》64 頁，圖六四

**字數**：4

**釋文**：長樂未央

**説明**：篆隸混用："長"字隸變，其餘三字篆書。

### 49. 長樂未央瓦當

**著録**：《關中》297 頁

**字數**：4

**釋文**：長樂未央

**説明**：篆隸混用："長"字隸變，其餘三字篆書。

### 50. 長樂未央瓦當

**收藏**：中國社會科學院考古研究所

**著録**：《傅當》515 頁，圖一〇二〇；《關中》298 頁

**字數**：4

**釋文**：長樂未央

**説明**：篆隸混用："長"字隸變，其餘三字篆書。

### 51. 長樂未央瓦當

**著録**：《傅當》525 頁，圖一〇四〇；《關中》299 頁

**字數**：4

**釋文**：長樂未央

**説明**：文字端正而逆時針讀。篆隸混用："長"字隸變，其餘三字篆書。

### 52. 長樂未央瓦當

**著録**：《陜當》59 頁，圖五九

**字數**：4

**釋文**：長樂未央

**説明**：篆隸混用："長"字隸變，其餘三字篆書。

### 53. 長樂未央瓦當

**著録**：《陜當》60 頁，圖六〇

**字數**：4

**釋文**：長樂未央

**説明**：典範的篆書。"長"字形體與《説文》小篆相同。

### 54. 長樂未央瓦當

**著録**：《陜當》61 頁，圖六一

**字數**：4

**釋文**：長樂未央

**説明**：篆隸混用："長、央"二字隸變，其餘二字篆書。

### 55. 長樂未央瓦當

**著録**：《陜當》62 頁，圖六二

**字數**：4

**釋文**：長樂未央

**説明**：篆隸混用："長、央"二字隸變，其餘二字篆書。

### 56. 長樂未央瓦當

**著録**：《程當》29 頁

**字數**：4

**釋文**：長樂未央

**説明**：篆隸混用："長、央"二字隸變，其餘二字篆書。

### 57. 長樂未央瓦當

**出土**：漢長安城遺址出土

**著録**：《傅當》512 頁，圖一〇一四

**字數**：4

**釋文**：長樂未央

**説明**：典範的篆書。

### 58. 長樂未央瓦當

**著録**：《琴歸》670 頁

**字數**：4

**釋文**：長樂未央

**説明**：典範的篆書。

### 59. 長樂未央瓦當

**著録**：《傅當》513 頁，圖一〇一五

**字數**：4

**釋文**：長樂未央

説明："央"字下部訛从"廾"。

### 60. 長樂未央瓦當

時代：西漢武帝時期

出土：茂陵出土

著録：《傳當》513 頁，圖一〇一六

字數：4

釋文：長樂未央

説明：典範的篆書。

### 61. 長樂未央瓦當

出土：周至縣長楊宫遺址採集

收藏：周至縣八雲塔文管所

著録：《傳當》514 頁，圖一〇一七

字數：4

釋文：長樂未央

### 62. 長樂未央瓦當

著録：《程當》36 頁

字數：4

釋文：長樂未央

### 63. 長樂未央瓦當

著録：《鐵瓦》389 頁；《琴歸》671 頁

字數：4

釋文：長樂未央

説明：典範的篆書。

### 64. 長樂未央瓦當

出土：陝西省周至縣長楊宫遺址

著録：劉合心：《長楊宫遺址出土的秦漢文物》，《文博》2004 年第 3 期，第 12 頁，圖 41

字數：4

釋文：長樂未央

説明：典範的篆書。

### 65. 長樂未央瓦當

出土：2001 年，在寶雞縣寧王遺址附近採集

著録：董衛劍：《從寧王遺址出土的"郁夷"瓦當探討郁夷縣故城與平陽故城的關係》，《考古與文物》2005 年第 3 期，第 46 頁，圖三，4（寧採 2001:7）

字數：4

釋文：長樂未央

### 66. 長樂未央瓦當

著録：《傳當》514 頁，圖一〇一八

字數：4

釋文：長樂未央

説明："長"字寫法特殊。傅嘉儀先生

曰:"爲同類瓦中所僅見。"

### 67. 長樂未央瓦當

**著録**:《傳當》515 頁,圖一〇一九

**字數**:4

**釋文**:長樂未央

**説明**:篆隸混用:"長、央"二字隸變,其餘二字篆書。

### 68. 長樂未央瓦當

**著録**:《傳當》516 頁,圖一〇二二

**字數**:4

**釋文**:長樂未央

**説明**:篆隸混用:"長、央"二字隸變,其餘二字篆書。

### 69. 長樂未央瓦當

**收藏**:丑壐齋

**著録**:《傳當》517 頁,圖一〇二三

**字數**:4

**釋文**:長樂未央

**説明**:篆隸混用:"長"字隸變,其餘三字篆書。

### 70. 長樂未央瓦當

**著録**:《程當》33 頁

**字數**:4

**釋文**:長樂未央

**説明**:篆隸混用:"長"字隸變,其餘三字篆書。

### 71. 長樂未央瓦當

**著録**:《傳當》517 頁,圖一〇二四

**字數**:4

**釋文**:長樂未央

**説明**:篆隸混用:"長"字隸變,其餘三字篆書。

### 72. 長樂未央瓦當

**著録**:《傳當》518 頁,圖一〇二五

**字數**:4

**釋文**:長樂未央

**説明**:篆隸混用:"長"字隸變,其餘三字篆書。

### 73. 長樂未央瓦當

**著録**:《程當》31 頁

**字數**:4

**釋文**:長樂未央

**説明**:篆隸混用:"長"字隸變,其餘三字篆書。

**74. 長樂未央瓦當**

**出土**：西安市三兆出土

**著録**：《傳當》518頁，圖一〇二六

**字數**：4

**釋文**：長樂未央

**説明**：典範的篆書。

**75. 長樂未央瓦當**

**著録**：《傳當》519頁，圖一〇二七

**字數**：4

**釋文**：長樂未央

**説明**：篆隸混用："長"字隸變，其餘三字篆書。

**76. 長樂未央瓦當**

**著録**：《傳當》519頁，圖一〇二八

**字數**：4

**釋文**：長樂未央

**説明**：篆隸混用："長、央"二字隸變，其餘二字篆書。

**77. 長樂未央瓦當**

**著録**：《傳當》520頁，圖一〇二九

**字數**：4

**釋文**：長樂未央

**説明**：篆隸混用："長、央"二字隸變，其餘二字篆書。

**78. 長樂未央瓦當**

**著録**：《琴歸》675頁；《傳當》520頁，圖一〇三〇

**字數**：4

**釋文**：長樂未央

**説明**：篆隸混用："長"字隸變，其餘三字篆書。"樂"字上方訛从三"日"，下方與"未"字下方繁化且趨同。"央"字形體已經不成字。

**79. 長樂未央瓦當**

**著録**：《傳當》521頁，圖一〇三一

**字數**：4

**釋文**：長樂未央

**説明**：文字旋讀，形體旋排。篆隸混用："長"字隸變，其餘三字篆書。

**80. 長樂未央瓦當**

**出土**：1997年，在寶雞縣寧王遺址附近採集

**著録**：《傳當》521頁，圖一〇三二；董衛劍：《從寧王遺址出土的"郁夷"瓦當探討郁夷縣故城與平陽故城的關係》，《考古與文物》2005年第3期，第

46 頁,圖三,3(寧採 1997:2)

字數:4

釋文:長樂未央

説明:篆隸混用:“長”字隸變,其餘三字篆書。

## 81. 長樂未央瓦當

收藏:慎齋

著録:《傳當》522 頁,圖一〇三三

字數:4

釋文:長樂未央

説明:篆隸混用:“長”字隸變,其餘三字篆書。

## 82. 長樂未央瓦當

著録:《程當》46 頁

字數:4

釋文:長樂未央

説明:篆隸混用:“長”字隸變,其餘三字篆書。

## 83. 長樂未央瓦當

著録:《鐵瓦》497 頁

字數:4

釋文:長樂未央

説明:篆隸混用:“長”字隸變,其餘三字篆書。

## 84. 長樂未央瓦當

出土:西安市大劉寨出土

著録:《傳當》522 頁,圖一〇三四;《琴歸》673 頁

字數:4

釋文:镸(長)樂未央

説明:篆隸混用:“長、央”二字隸變,其餘二字篆書。“長”字反書。

## 85. 長樂未央瓦當

出土:西安市三兆出土

著録:《傳當》523 頁,圖一〇三五

字數:4

釋文:長樂未央

説明:典範的篆書。

## 86. 長樂未央瓦當

時代:西漢武帝時期

出土:茂陵出土

收藏:茂陵博物館

著録:《傳當》523 頁,圖一〇三六

字數:4

釋文:長樂未央

**87. 長樂未央瓦當**

**著録**：《傳當》524頁，圖一〇三七

**字數**：4

**釋文**：長樂未央

**説明**：文字端正而逆時針旋讀。篆隸混用："長"字隸變，其餘三字篆書。

**88. 長樂未央瓦當**

**著録**：《傳當》524頁，圖一〇三八

**字數**：4

**釋文**：長樂未央

**説明**：篆隸混用："長"字隸變，其餘三字篆書。

**89. 長樂未央瓦當**

**出土**：1980年，在華陰縣磑峪公社段家城和王家城村北的瓦渣梁上的華倉遺址内發現

**收藏**：華倉考古隊

**著録**：陝西省考古研究所華倉考古隊：《漢華倉遺址勘查記》，《考古與文物》1981年第3期，第67頁，圖十一，11；《傳當》525頁，圖一〇三九

**字數**：4

**釋文**：長樂未央

**説明**：篆隸混用："長、央"二字隸變，其餘二字篆書。

**90. 長樂未央瓦當**

**出土**：西安市出土

**收藏**：西北大學

**著録**：《傳當》526頁，圖一〇四二

**字數**：4

**釋文**：長樂未央

**説明**："樂"字受到字内感染，同體類化从三"幺"。

**91. 長樂未央瓦當**

**出土**：西安市出土

**收藏**：西北大學

**著録**：《傳當》527頁，圖一〇四四；《鐵瓦》505頁；《琴歸》672頁

**字數**：4

**釋文**：長樂未央

**説明**：典範的篆書。

**92. 長樂未央瓦當**

**著録**：《鐵瓦》381頁

**字數**：4

**釋文**：長樂未央

**説明**：典範的篆書。

### 93. 長樂未央瓦當

著録:《傳當》528頁,圖一〇四五

字數:4

釋文:長樂未央

説明:篆隸混用:"長、央"二字隸變,其餘二字篆書。

### 94. 長樂未央瓦當

著録:《傳當》528頁,圖一〇四六

字數:4

釋文:長樂未央

説明:"央"字訛變从"中"形而"未"字亦受此感染同化訛變。

### 95. 長樂未央瓦當

著録:《傳當》529頁,圖一〇四七

字數:4

釋文:長樂未央

### 96. 長樂未央瓦當

著録:《傳當》529頁,圖一〇四八

字數:4

釋文:長樂未央

### 97. 長樂未央瓦當

著録:《傳當》530頁,圖一〇四九

字數:4

釋文:長樂未央

説明:篆隸混用:"長"字隸變,其餘三字篆書。

### 98. 長樂未央瓦當

著録:《傳當》530頁,圖一〇五〇

字數:4

釋文:長樂未央

説明:"未、樂"二字下部都受到"央"字形體感染而訛變。"樂"字上从三"日"形。

### 99. 長樂未央瓦當

著録:《傳當》531頁,圖一〇五一

字數:4

釋文:長樂朱央

説明:"長"字簡省訛變。"未"字訛成"朱"形。

### 100. 長樂未央瓦當

出土:西安市三兆村出土

收藏:慎齋

著録:《傳當》531頁,圖一〇五二

字數:4

釋文:長樂未央

説明："央"字訛變从"中"形。

**101. 長樂未央瓦當**

出土：漢長安城遺址出土

著録：《傳當》532 頁，圖一〇五三

字數：4

釋文：長樂未央

**102. 長樂未央瓦當**

出土：漢長安城遺址出土

著録：《傳當》532 頁，圖一〇五四；《程當》45 頁

字數：4

釋文：長樂未央

説明："長"字反書。

**103. 長樂未央瓦當**

出土：漢長安城遺址出土

收藏：平庵

著録：《傳當》533 頁，圖一〇五五

字數：4

釋文：長樂未央

説明：典範的篆書。

**104. 長樂未央瓦當**

著録：《傳當》533 頁，圖一〇五六

字數：4

釋文：長樂未央

説明：典範的篆書。

**105. 長樂未央瓦當**

著録：《傳當》534 頁，圖一〇五七

字數：4

釋文：長樂未央

**106. 長樂未央瓦當**

著録：《傳當》534 頁，圖一〇五八

字數：4

釋文：長樂未央

説明："樂"字受到字内感染，同體類化从三"幺"。

**107. 長樂未央瓦當**

收藏：段曉軍

著録：《傳當》535 頁，圖一〇五九

字數：4

釋文：長樂未央

説明：典範的篆書。

**108. 長樂未央瓦當**

著録：《傳當》535 頁，圖一〇六〇

字數：4

釋文：長樂未央

### 109. 長樂未央瓦當

收藏：慎齋

著録：《傅當》536 頁，圖一〇六一

字數：4

釋文：長樂未央

説明：典範的篆書。

### 110. 長樂未央瓦當

著録：《程當》30 頁

字數：4

釋文：長樂未央

説明：典範的篆書。

### 111. 長樂未央瓦當

著録：《程當》32 頁

字數：4

釋文：長樂未央

説明：典範的篆書。

### 112. 長樂未央瓦當

著録：《程當》34 頁

字數：4

釋文：長樂未央

### 113. 長樂未央瓦當

著録：《程當》35 頁

字數：4

釋文：長樂未央

説明：篆隸混用："長"字隸變，其餘三字篆書。

### 114. 長樂未央瓦當

著録：《程當》37 頁

字數：4

釋文：長樂未央

説明：自右向左讀。篆隸混用："長、央"二字隸變，其餘二字篆書。

### 115. 長樂未央瓦當

著録：《程當》38 頁

字數：4

釋文：長樂未央

説明："央"字訛變从"中"。

### 116. 長樂未央瓦當

著録：《程當》39 頁

字數：4

釋文：長樂未央

説明：典範的篆書。

**117. 長樂未央瓦當**

著録：《程當》40 頁

字數：4

釋文：長樂未央

説明：典範的篆書。

**118. 長樂未央瓦當**

著録：《程當》41 頁

字數：4

釋文：長樂未央

**119. 長樂未央瓦當**

著録：《程當》42 頁

字數：4

釋文：長樂未央

説明：篆隸混用："長"字隸變，其餘三字篆書。"樂、央"二字筆畫析斷。

**120. 長樂未央瓦當**

著録：《程當》43 頁

字數：4

釋文：長樂未央

説明：典範的篆書。

**121. 長樂未央瓦當**

著録：《程當》44 頁

字數：4

釋文：長樂未央

**122. 長樂未央瓦當**

著録：《程當》47 頁

字數：4

釋文：長樂未央

説明：典範的篆書。

**123. 長樂未央瓦當**

著録：《鐵瓦》399 頁

字數：4

釋文：長樂未央

説明：典範的篆書。

**124. 長樂未央瓦當**

著録：《鐵瓦》427 頁

字數：4

釋文：長樂未央

説明：典範的篆書。

**125. 長樂未央瓦當**

著録：《鐵瓦》507 頁

字數：4

釋文：長樂未央

説明：典範的篆書。

### 126. 長樂未央瓦當

著録:《鐵瓦》515 頁

字數:4

釋文:長樂未央

説明:典範的篆書。

### 127. 長樂未央瓦當

出土:1997—2000 年,在漢陽陵帝陵陵園南門遺址内出土

著録:陝西省考古研究院:《漢陽陵帝陵陵園南門遺址發掘簡報》,《考古與文物》2011 年第 5 期,第 9 頁,圖八,2(T312③:4)

字數:4

釋文:長樂未央

説明:典範的篆書。

### 128. 長樂未央瓦當

出土:1997—2000 年,在漢陽陵帝陵陵園南門遺址内出土

著録:陝西省考古研究院:《漢陽陵帝陵陵園南門遺址發掘簡報》,《考古與文物》2011 年第 5 期,第 9 頁,圖八,3(T311③:7)

字數:4

釋文:長樂未央

説明:典範的篆書。

### 129. 長樂未央瓦當

著録:《鐵瓦》467 頁

字數:4

釋文:長樂未央

説明:典範的篆書。

### 130. 長樂未央瓦當

出土:1997—2000 年,在漢陽陵帝陵陵園南門遺址内出土

著録:陝西省考古研究院:《漢陽陵帝陵陵園南門遺址發掘簡報》,《考古與文物》2011 年第 5 期,第 9 頁,圖八,1(YDN:24)

字數:4

釋文:長樂未央

説明:篆隸混用:"長"字隸變,其餘三字篆書。

### 131. 長樂未央瓦當

時代:西漢

收藏:吉林大學

著録:王丹、于潤儀:《吉林大學藏漢至北魏時期的文字瓦當》,《北方文物》1989 年第 2 期,第 53 頁,圖一,20

**字數**：4

**釋文**：長樂未央

**説明**：篆隸混用："長、央"二字隸變，其餘二字篆書。"長"字末筆延長。

### 132. 長樂未央瓦當

**出土**：2001 年，在山西夏縣師馮漢代窑址内出土

**著録**：山西省考古研究所、上海大學歷史系、夏縣博物館：《山西夏縣師馮漢代窑址發掘簡報》，《考古》2010 年第 4 期，第 32 頁，圖五，3

**字數**：4

**釋文**：長樂未央

### 133. 長樂未央瓦當

**出土**：1959—1962 年，在山西夏縣禹王城遺址出土

**著録**：中國社會科學院考古研究所山西工作隊：《山西夏縣禹王城調查》，《考古》1963 年第 9 期，第 477 頁，圖六，2

**字數**：4

**釋文**：長樂未央

### 134. 長樂未央瓦當

**出土**：1990 年前後，在陝西眉縣第五村成山宫遺址内出土

**著録**：趙叢蒼、劉懷君：《陝西眉縣成山宫遺址的調查》，《考古》1998 年第 6 期，第 86 頁，圖四，8（眉總：721）

**字數**：4

**釋文**：長樂未央

**説明**：典範的篆書。

### 135. 長樂未央瓦當

**出土**：2008 年，在西安漢長安城直城門遺址出土

**著録**：中國社會科學院考古研究所漢長安城工作隊：《西安漢長安城直城門遺址 2008 年發掘簡報》，《考古》2009 年第 5 期，第 57 頁，圖一〇，4（T1③:24）

**字數**：4

**釋文**：長樂未央

**説明**：典範的篆書。

### 136. 長樂未央瓦當

**時代**：西漢晚期以後

**出土**：2005 年 1—2 月，在西安南郊繆家寨漢代廁所遺址内出土

**著録**：陝西省考古研究所：《西安南郊繆家寨漢代廁所遺址發掘簡報》，

《考古與文物》2007 年第 2 期,第 17 頁,圖三,5

**字數**：4

**釋文**：長樂未央

**説明**：典範的篆書。

### 137. 長樂未央瓦當

**著録**：《傅當》516 頁,圖一〇二一

**字數**：4

**釋文**：長樂未央

**説明**：篆隸混用:"長、央"二字隸書,其餘兩字篆書。

### 138. 長樂未央瓦當

**出土**：1990 年以來,在眉縣槐芽鎮西的趙家莊遺址附近採集

**著録**：劉懷君:《陜西眉縣兩處秦漢"眉邑"遺址的調查》,《考古與文物》2008 年第 2 期,第 31 頁,圖五,1(MZ 採:6)

**字數**：4

**釋文**：長樂未央

**説明**：篆字隨形。

### 139. 長樂未央瓦當

**出土**：1984 年 7 月,在神木縣瑶鎮漢代建築遺址内出土

**著録**：王建新:《神木縣瑶鎮漢代建築遺址調查記》,《考古與文物》1987 年第 5 期,第 101 頁,圖一,1

**字數**：4

**釋文**：長樂未央

### 140. 長樂未央瓦當

**時代**：西漢宣帝時期

**出土**：1982—1983 年,在西安雁塔區曲江鄉三兆鎮的杜陵陵園東門遺址出土

**著録**：中國社會科學院考古研究所杜陵工作隊:《1982—1983 年西漢杜陵的考古工作收穫》,《考古》1984 年第 10 期,第 889 頁,圖三

**字數**：4

**釋文**：長樂未央

**説明**：典範的篆書。篆字隨形。

### 141. 長樂未央瓦當

**出土**：1973 年 2 月,在西安三橋北的漢建章宫遺址發現

**著録**：黑光:《西安漢太液池出土一件巨形石魚》,《文物》1975 年第 6 期,第 91 頁,圖三

**字數**：4

**釋文**：長樂未央

**説明**：篆字隨形。

### 142. 長樂未央瓦當

**出土**：2002—2003 年，在漢長安城長樂宫二號建築遺址内出土

**著録**：中國社會科學院考古研究所漢長安城工作隊：《漢長安城長樂宫二號建築遺址發掘報告》，《考古學報》2004 年第 1 期，第 73 頁，圖一一，9（T8③：41）

**字數**：4

**釋文**：長樂未央

**説明**：典範的篆書。篆字隨形。

### 143. 長樂未央瓦當

**出土**：1987 年 10 月—1988 年 5 月，在漢長安城未央宫第四號遺址内出土

**著録**：中國社會科學院考古研究所：《漢長安城未央宫——1980～1989 年考古發掘報告》，北京：中國大百科全書出版社，1996 年，第 167 頁，圖六三，5（4：T6④：9）

**字數**：4

**釋文**：長樂未央

**説明**：篆字隨形。

### 144. 長樂未央瓦當

**出土**：1987 年 10 月—1988 年 5 月，在漢長安城未央宫第四號遺址内出土

**著録**：中國社會科學院考古研究所：《漢長安城未央宫——1980～1989 年考古發掘報告》，北京：中國大百科全書出版社，1996 年，圖版二五〇，3（2：T5③：136）

**字數**：4

**釋文**：長樂未央

**説明**：典範的篆書。篆字隨形。

### 145. 長樂未央瓦當

**出土**：1981—1983 年，在漢長安城未央宫第二號遺址内出土

**著録**：中國社會科學院考古研究所：《漢長安城未央宫——1980～1989 年考古發掘報告》，北京：中國大百科全書出版社，1996 年，圖版二五〇，4（2：T5③：137）

**字數**：4

**釋文**：長樂未央

**説明**：典範的篆書。篆字隨形。

### 146. 長樂未央瓦當

**著録**：高文：《四川漢代瓦當》，《四川文物》1993 年第 2 期

**字數**：4

**釋文**：長樂未央

**説明**：篆字隨形。

### 147. 長樂未央瓦當

**時代**：西漢高祖時期

**出土**：20 世纪 70 年代，在咸陽漢高祖長陵陪葬墓附近採集

**著録**：王丕忠：《漢長陵附近出土的秦漢瓦當》，見《文物》編輯委員會編：《文物資料叢刊》第 6 輯，北京：文物出版社，1982 年，第 18 頁，圖二，6

**字數**：4

**釋文**：長樂未央

**説明**："央"字上方筆畫並連从"中"形。篆字隨形。

### 148. 長樂毋極常安居瓦當

**著録**：《傳當》743 頁，圖一四七二

**字數**：7

**釋文**：長樂毋極常安居

**説明**：内外圈反向旋讀。篆隸混用。"樂"字筆畫析斷。

### 149. 長樂毋極常安居瓦當

**著録**：《傳當》743 頁，圖一四七一

**字數**：7

**釋文**：長樂毋極常安居

**説明**：内外圈反向旋讀。篆隸混用。"樂"字筆畫析斷。

### 150. 長陵東甞瓦當

**時代**：西漢高祖時期

**出土**：20 世纪 70 年代，在咸陽漢高祖長陵陪葬墓附近採集

**著録**：王丕忠：《漢長陵附近出土的秦漢瓦當》，見《文物》編輯委員會編：《文物資料叢刊》第 6 輯，北京：文物出版社，1982 年，第 18 頁，圖二，4；石興邦、馬建熙、孫德潤：《長陵建制及其有關問題——漢劉邦長陵勘察記存》，《考古與文物》1984 年第 2 期，第 38 頁，圖二，2

**字數**：4

**釋文**：長陵東甞

**説明**：典範的篆書。西漢早期代表品。末字，原釋文作"當"，今徑改之。

### 151. 長陵東甞瓦當

**時代**：西漢高祖時期

**出土**：咸陽漢高祖長陵陵園東陪葬區西側出土

**收藏**：咸陽市博物館

**著録**：《傅當》710 頁，圖一四〇五

**字數**：4

**釋文**：長陵東暠

**説明**：典範的篆書。西漢早期代表品。

## 152. 長陵東暠瓦當

**時代**：西漢高祖時期

**著録**：《琴歸》732 頁

**字數**：4

**釋文**：長陵東暠

**説明**：典範的篆書。

## 153. 長陵東暠瓦當

**時代**：西漢高祖時期

**著録**：《鐵瓦》485 頁

**字數**：4

**釋文**：長陵東暠

**説明**：典範的篆書。

## 154. 長陵東暠瓦當

**時代**：西漢高祖時期

**著録**：《傅當》712 頁，圖一四〇九

**字數**：4

**釋文**：長陵東暠

**説明**：典範的篆書。

## 155. 長陵西當瓦當

**時代**：西漢高祖時期

**出土**：20 世纪 70 年代，在咸陽漢高祖長陵陪葬墓附近採集

**著録**：王丕忠：《漢長陵附近出土的秦漢瓦當》，見《文物》編輯委員會編：《文物資料叢刊》第 6 輯，北京：文物出版社，1982 年，第 18 頁，圖二，4；石興邦、馬建熙、孫德潤：《長陵建制及其有關問題——漢劉邦長陵勘察記存》，《考古與文物》1984 年第 2 期，第 38 頁，圖二，1

**字數**：4

**釋文**：長陵𡇒(西)當

**説明**：典範的篆書。

## 156. 長陵西神殘瓦當

**時代**：西漢高祖時期

**出土**：咸陽漢高祖長陵陵園西墻附近採集

**收藏**：咸陽市博物館

**著録**：《傅當》710 頁，圖一四〇六

字數：3

釋文：□[長]陵㽍(西)神

**157. 長陵西神瓦當**

時代：西漢高祖時期

著録：《窸齋》713 頁

字數：4

釋文：長陵㽍(西)神

説明：典範的篆書。

**158. 長陵西神瓦當**

時代：西漢高祖時期

出土：咸陽市出土

收藏：陝西歷史博物館

著録：《傅當》709 頁，圖一四〇四

字數：4

釋文：長陵㽍(西)神

説明：典範的篆書。西漢早期代表品。

**159. 長陵西神瓦當**

時代：西漢高祖時期

著録：《傅當》711 頁，圖一四〇七

字數：4

釋文：長陵㽍(西)神

説明：典範的篆書。

**160. 長陵西神瓦當**

時代：西漢高祖時期

著録：《傅當》711 頁，圖一四〇八

字數：4

釋文：長陵㽍(西)神

説明：典範的篆書。

**161. 長陵西神瓦當**

時代：西漢高祖時期

著録：《琴歸》733 頁

字數：4

釋文：長陵㽍(西)神

説明：典範的篆書。

**162. 長陵西神瓦當**

時代：西漢高祖時期

著録：《鐵瓦》409 頁

字數：4

釋文：長陵㽍(西)神

説明：典範的篆書。

**163. 長生吉利瓦當**

收藏：陝西歷史博物館

著録：《傅當》664 頁，圖一三一五；《陝當》108 頁，圖一〇八

字數：4

**釋文**：長生吉利

**説明**：典範的篆書。反書。

### 164. 長生樂哉瓦當

**出土**：陝西長安漢城出土

**收藏**：謝文清舊藏

**著録**：《關中》289 頁

**字數**：4

**釋文**：長生樂哉

**説明**：篆隸混用："長"字隸變，其餘三字篆書。

### 165. 長生樂哉瓦當

**出土**：漢長安城遺址出土

**收藏**：安康地區博物館

**著録**：《傳當》670 頁，圖一三二八

**字數**：4

**釋文**：長生樂哉

**説明**：篆隸混用："長"字隸變，其餘三字篆書。

### 166. 長生未央殘瓦當

**出土**：1978—1979 年，在陝西淳化縣北漢甘泉宫遺址内出土

**著録**：姚生民：《漢甘泉宫遺址勘察記》，《考古與文物》1980 年第 2 期，第 59 頁，圖十二，3

**字數**：3

**釋文**：長生□[未]央

**説明**：殘一字，"長"字反書，"生"字横畫受到感染兩端向上。

### 167. 長生未央瓦當

**著録**：《關中》291 頁

**字數**：2

**釋文**：長生未央

**説明**：自左向下順讀。"央"字中豎筆畫延伸貫穿。

### 168. 長生未央瓦當

**著録**：《關中》292 頁，又見 925 頁

**字數**：4

**釋文**：長生未央

**説明**："央"字中豎筆畫延伸貫穿。陳直先生謂之"芝英體"(《關中》925 頁)，實屬漢篆中較粗草者矣。《傳當》圖 1069 存同文全瓦當。

### 169. 長生未央瓦當

**出土**：漢長安城遺址出土

**著録**：《傳當》541 頁，圖一〇六九

**字數**：4

**釋文**：長生未央

**説明**：“央”字中豎筆畫延伸貫穿。

**170. 長生未央瓦當**

**著録**：《陜當》67 頁，圖六七

**字數**：4

**釋文**：長生朱央

**説明**：“未”字訛作“朱”形。

**171. 長生未央瓦當**

**著録**：《陜當》68 頁，圖六八

**字數**：4

**釋文**：長生未央

**説明**：篆隸混用：“長”字隸變，其餘三字篆書。“生”字横畫向上延伸，似受“未”字感染所致。

**172. 長生未央瓦當**

**出土**：淳化縣出土

**收藏**：馬驥

**著録**：《傅當》537 頁，圖一〇六三

**字數**：4

**釋文**：長生未央

**説明**：篆隸混用：“長”字隸變，其餘三字篆書。

**173. 長生未央瓦當**

**著録**：《傅當》538 頁，圖一〇六五

**字數**：4

**釋文**：長生未央

**説明**：篆隸混用：“長”字隸變，其餘三字篆書。“生”字横畫向上延伸，似受“未”字感染所致。

**174. 長生未央瓦當**

**著録**：《傅當》539 頁，圖一〇六七

**字數**：4

**釋文**：長生未央

**説明**：文字粗草。“生、央”二字訛變劇烈。

**175. 長生未央瓦當**

**出土**：漢建章宫遺址

**著録**：《傅當》540 頁，圖一〇六八

**字數**：4

**釋文**：長生未央

**説明**：典範的篆書。

**176. 長生未央瓦當**

**著録**：《傅當》541 頁，圖一〇七〇

**字數**：4

**釋文**：長生未央

**説明**：“央”字上部或受“未”字感染類化訛變。

**177. 長生未央瓦當**

**著録**：《傳當》542 頁，圖一〇七一

**字數**：4

**釋文**：長生未央

**説明**：“生、央”二字或受“未”字感染類化訛變。

**178. 長生未央瓦當**

**著録**：《傳當》543 頁，圖一〇七三

**字數**：4

**釋文**：長生朱央

**説明**：“未”字訛作“朱”形。

**179. 長生未央瓦當**

**著録**：《傳當》543 頁，圖一〇七四

**字數**：4

**釋文**：長生未央

**説明**：典範的篆書。

**180. 長生未央瓦當**

**出土**：漢長安城遺址出土

**著録**：《傳當》546 頁，圖一〇七九

**字數**：4

**釋文**：長生未央

**説明**：典範的篆書。

**181. 長生未央瓦當**

**著録**：《傳當》544 頁，圖一〇七五

**字數**：4

**釋文**：長生未央

**説明**：“生、未”形體訛變。

**182. 長生未央瓦當**

**著録**：《傳當》544 頁，圖一〇七六

**字數**：4

**釋文**：長生未央

**説明**：“央”字中竪筆畫貫穿。

**183. 長生未央瓦當**

**著録**：《傳當》545 頁，圖一〇七八

**字數**：4

**釋文**：長生朱央

**説明**：“未”字訛作“朱”形。“央”字中竪筆畫貫穿。

**184. 長生未央瓦當**

**出土**：淳化縣出土

**著録**：《傳當》545 頁，圖一〇七七

**字數**：4

釋文：長生未央

説明："未、央"二字增繁訛變，已不成字。

## 185. 長生未央瓦當

收藏：慎齋

著録：《傳當》546 頁，圖一〇八〇

字數：4

釋文：長生未央

## 186. 長生未央瓦當

著録：《傳當》547 頁，圖一〇八一

字數：4

釋文：長生未央

## 187. 長生未央瓦當

出土：1962 年 7 月，在長安縣窩頭寨漢代錢範遺址内出土

著録：陝西省博物館、文管會考古調查組：《長安窩頭寨漢代錢範遺址調查》，《考古》1972 年第 5 期，第 32 頁，圖四，3

字數：4

釋文：長生未央

## 188. 長生未央瓦當

出土：淳化縣出土

著録：《傳當》547 頁，圖一〇八二

字數：4

釋文：長生未央

説明：篆隸混用：除"未"字外，其餘三字隸變。

## 189. 長生未央瓦當

著録：《傳當》548 頁，圖一〇八三

字數：4

釋文：長生未央

説明："央"字筆畫延伸、並連。

## 190. 長生未央瓦當

出土：漢長安城遺址出土

著録：《傳當》548 頁，圖一〇八四

字數：4

釋文：長生未央

説明：篆隸混用："長、央"二字隸變，其餘兩字篆書。"生"字横畫受到内部感染，同體類化向上延伸。

## 191. 長生未央瓦當

著録：《傳當》549 頁，圖一〇八五

字數：4

釋文：長生未央

**192. 長生未央瓦當**

**出土：**西安市出土

**收藏：**西北大學

**著録：**《傳當》549頁，圖一〇八六

**字數：**4

**釋文：**長生未央

**説明：**篆隸混用："長"字隸變，其餘三字篆書。"生"字横畫向上延伸，似受"未"字感染所致。

**193. 長生未央瓦當**

**出土：**漢長安城遺址出土

**著録：**《傳當》550頁，圖一〇八七

**字數：**4

**釋文：**長生未央

**説明：**篆隸混用："長"字隸變，其餘三字篆書。

**194. 長生未央瓦當**

**出土：**淳化縣出土

**著録：**《傳當》550頁，圖一〇八八

**字數：**4

**釋文：**長生未央

**説明：**篆隸混用："長"字隸變，其餘三字篆書。

**195. 長生未央瓦當**

**出土：**漢長安城遺址出土

**著録：**《傳當》551頁，圖一〇八九

**字數：**4

**釋文：**長生未央

**説明：**"央"字訛變。

**196. 長生未央瓦當**

**收藏：**咸陽市博物館

**著録：**《傳當》551頁，圖一〇九〇

**字數：**4

**釋文：**長生未央

**説明：**"生"字横畫受到字内感染，同體類化向上延伸。

**197. 長生未央瓦當**

**著録：**《傳當》552頁，圖一〇九一

**字數：**4

**釋文：**長生朱央

**説明：**"未"字訛成"朱"形。"央"字隸變。

**198. 長生未央瓦當**

**著録：**《傳當》552頁，圖一〇九二

**字數：**4

**釋文：**長生未央

説明："生"字横畫受到字内感染,同體類化向上延伸。"央"字隸變。

199. **長生未央瓦當**

出土：淳化縣採集

著録：《傅當》553 頁,圖一〇九三

字數：2

釋文：長生未央

説明：篆隸混用:"長"字隸變,其餘三字篆書。

200. **長生未央瓦當**

時代：西漢武帝時期

出土：1979—1980 年,在淳化縣漢雲陵遺址内出土

著録：姚生民:《漢雲陵、雲陵邑勘查記》,《考古與文物》1982 年第 4 期,第 42 頁,圖六,2

字數：4

釋文：長生未央

説明：篆隸混用:"長"字隸變,其餘三字篆書。

201. **長生未央瓦當**

出土：淳化縣採集

著録：《傅當》553 頁,圖一〇九四

字數：4

釋文：長生未央

説明："生"字横畫受到字内感染,同體類化向上延伸。"央"字筆畫並連、延伸訛變。

202. **長生未央瓦當**

出土：淳化縣出土

著録：《傅當》554 頁,圖一〇九五;《程當》65 頁

字數：4

釋文：長生未央

説明："生"字横畫受到字内感染,同體類化向上延伸。"央"字筆畫並連、延伸訛變。

203. **長生未央瓦當**

出土：韓城市扶荔宫遺址出土

著録：《傅當》554 頁,圖一〇九六

字數：4

釋文：長生未央

説明：文字粗草。"未、生"皆增繁訛變已不成字。

204. **長生未央瓦當**

出土：淳化縣採集

**著録**：《傅當》555 頁，圖一〇九七
**字數**：4
**釋文**：長生未央
**説明**：旋讀。

### 205. 長生未央瓦當

**著録**：《傅當》555 頁，圖一〇九八；《程當》50 頁
**字數**：4
**釋文**：長生未央
**説明**：旋讀。“央”字中豎筆畫延伸貫穿。

### 206. 長生未央瓦當

**著録**：《程當》50 頁
**字數**：4
**釋文**：長生未央
**説明**：旋讀。

### 207. 長生未央瓦當

**著録**：《鐵瓦》481 頁
**字數**：4
**釋文**：長生未央
**説明**：旋讀。“央”字中豎筆畫延伸貫穿。

### 208. 長生未央瓦當

**著録**：《鐵瓦》493 頁
**字數**：4
**釋文**：長生未央
**説明**：旋讀。“央”字中豎筆畫延伸貫穿。

### 209. 長生未央瓦當

**著録**：《傅當》556 頁，圖一〇九九
**字數**：4
**釋文**：長生未央
**説明**：旋讀。“央”字中豎筆畫延伸貫穿。

### 210. 長生未央瓦當

**出土**：淳化縣出土
**著録**：《傅當》556 頁，圖一一〇〇
**字數**：4
**釋文**：長生未央
**説明**：反書。

### 211. 長生未央瓦當

**出土**：1978—1979 年，在陝西淳化縣北漢甘泉宫遺址内出土
**著録**：姚生民：《漢甘泉宫遺址勘察記》，《考古與文物》1980 年第 2 期，第

59 頁，圖十二，5

**字數**：4

**釋文**：長生未央

**説明**：篆隸混用：“長”字隸變，其餘三字篆書。

## 212. 長生未央瓦當

**著録**：《傅當》557 頁，圖一一〇一

**字數**：4

**釋文**：長生未央

**説明**：旋讀。“長”字反書。“央”字中豎筆畫延伸貫穿。

## 213. 長生未央瓦當

**著録**：《程當》54 頁

**字數**：4

**釋文**：長生未央

**説明**：旋讀。“長”字反書。“央”字中豎筆畫延伸貫穿。

## 214. 長生未央瓦當

**著録**：《傅當》557 頁，圖一一〇二

**字數**：4

**釋文**：長生未央

**説明**：旋讀。“長”字反書。“央”字中豎筆畫延伸貫穿。

## 215. 長生未央瓦當

**著録**：《傅當》558 頁，圖一一〇三；《程當》63 頁

**字數**：4

**釋文**：長生未央

**説明**：旋讀。“長”字倒置。

## 216. 長生未央瓦當

**著録**：《傅當》558 頁，圖一一〇四

**字數**：4

**釋文**：長生未央

**説明**：自左縱向讀。“央”字中豎筆畫延伸貫穿。

## 217. 長生未央瓦當

**出土**：漢建章宫遺址出土

**著録**：《傅當》559 頁，圖一一〇五

**字數**：4

**釋文**：長生未央

**説明**：篆隸混用：除“生”字外，其餘三字皆隸書。

## 218. 長生未央瓦當

**出土**：淳化縣出土

**著録**：《傅當》559 頁，圖一一〇六

**字數**：4

**釋文**：長生未央

**説明**："生"字横畫受到字内感染，同體類化向上延伸。

## 219. 長生未央瓦當

**收藏**：西北大學

**著録**：《傅當》560頁，圖一一〇七

**字數**：4

**釋文**：長生未央

**説明**：反書。篆隸混用："長、央"二字隸變，其餘二字篆書。

## 220. 長生未央瓦當

**著録**：《程當》49頁

**字數**：4

**釋文**：長生未央

**説明**：篆隸混用："長、央"二字隸變，其餘二字篆書。

## 221. 長生未央瓦當

**著録**：《程當》51頁

**字數**：4

**釋文**：長生未央

**説明**：篆隸混用："長"字隸變，其餘三字篆書。"生"字横畫受到字内感染，同體類化向上延伸。"央"字筆畫並連訛變。

## 222. 長生未央瓦當

**著録**：《程當》52頁

**字數**：4

**釋文**：長生未央

**説明**：篆隸混用："長、央"二字隸變，其餘二字篆書。

## 223. 長生未央瓦當

**著録**：《程當》53頁

**字數**：4

**釋文**：長生未央

## 224. 長生未央瓦當

**出土**：1978—1979年，在陝西淳化縣北漢甘泉宫遺址内出土

**著録**：姚生民：《漢甘泉宫遺址勘察記》，《考古與文物》1980年第2期，第59頁，圖十二，2

**字數**：4

**釋文**：長生未央

## 225. 長生未央瓦當

**著録**：《程當》55頁

**字數**：4

**釋文**：長生未央

**226. 長生未央瓦當**

著録:《程當》56 頁

字數:4

釋文:長生未央

**227. 長生未央瓦當**

著録:《程當》57 頁

字數:4

釋文:長生未央

説明:典範的篆書。

**228. 長生未央瓦當**

著録:《程當》58 頁

字數:4

釋文:長生未央

説明:"央"字中豎筆畫延伸貫穿。

**229. 長生未央瓦當**

著録:《程當》59 頁

字數:4

釋文:長生未央

説明:"央"字筆畫並連从"中"形。

**230. 長生未央瓦當**

著録:《程當》60 頁

字數:4

釋文:長生未央

説明:篆隸混用:除"生"字外,其餘三字皆隸變。

**231. 長生未央瓦當**

著録:《程當》61 頁

字數:4

釋文:長生未央

説明:典範的篆書。

**232. 長生未央瓦當**

著録:《程當》62 頁

字數:4

釋文:長生未央

説明:篆隸混用:"長、央"二字隸變,其餘二字篆書。

**233. 長生未央瓦當**

著録:《程當》64 頁

字數:4

釋文:長生未央

説明:文字粗草。"未、央"皆增繁訛變已不成字。"生"字筆畫延伸。

**234. 長生未央瓦當**

著録:《程當》66 頁

**字數**：4

**釋文**：長生生央

**説明**：文字粗草。“未”字訛如“生”形。“央”已幾不成字。

**235. 長生未央瓦當**

**著録**：《程當》67 頁

**字數**：4

**釋文**：長生未央

**説明**：“未”字增繁訛變。

**236. 長生未央瓦當**

**著録**：《程續》205 頁

**字數**：4

**釋文**：長生未央

**説明**：反書。

**237. 長生未央瓦當**

**著録**：《鐵瓦》407 頁

**字數**：4

**釋文**：長生未央

**説明**：篆隸混用：“長”字隸變，其餘三字篆書。

**238. 長生未央瓦當**

**著録**：《鐵瓦》531 頁

**字數**：4

**釋文**：長生未央

**説明**：篆隸混用：“長”字隸變，其餘三字篆書。

**239. 長生未央瓦當**

**出土**：2004 年，在陝西鳳翔縣長青西漢汧河碼頭倉儲建築遺址内出土

**著録**：陝西省考古研究所、寶雞市考古工作隊、鳳翔縣博物館：《陝西鳳翔縣長青西漢汧河碼頭倉儲建築遺址》，《考古》2005 年第 7 期，第 25 頁，圖六，3

**字數**：4

**釋文**：長生未央

**説明**：篆隸混用：“長”字隸變，其餘三字篆書。

**240. 長生未央瓦當**

**出土**：2004 年，在陝西鳳翔縣長青西漢汧河碼頭倉儲建築遺址内出土

**著録**：陝西省考古研究所、寶雞市考古工作隊、鳳翔縣博物館：《陝西鳳翔縣長青西漢汧河碼頭倉儲建築遺址》，《考古》2005 年第 7 期，第 25 頁，圖六，4

**字數**：4

**釋文**：長生未央

**説明**：篆隸混用："長"字隸變，其餘三字篆書。

## 241. 長生未央瓦當

**出土**：2004年，在陝西鳳翔縣長青西漢汧河碼頭倉儲建築遺址内出土

**著録**：陝西省考古研究所、寶雞市考古工作隊、鳳翔縣博物館：《陝西鳳翔縣長青西漢汧河碼頭倉儲建築遺址》，《考古》2005年第7期，第25頁，圖六，5

**字數**：4

**釋文**：長生未央

**説明**：篆隸混用："長"字隸變，其餘三字篆書。

## 242. 長生未央瓦當

**出土**：1978—1979年，在陝西淳化縣北漢甘泉宫遺址内出土

**著録**：姚生民：《漢甘泉宫遺址勘察記》，《考古與文物》1980年第2期，第59頁，圖十二，1

**字數**：4

**釋文**：長生未央

**説明**："央"字訛變不成字。"生"字横畫受字内感染，同體類化兩端向上。

## 243. 長生未央瓦當

**出土**：1978—1979年，在陝西淳化縣北漢甘泉宫遺址内出土

**著録**：姚生民：《漢甘泉宫遺址勘察記》，《考古與文物》1980年第2期，第59頁，圖十二，2

**字數**：4

**釋文**：長生未央

## 244. 長生未央瓦當

**出土**：1978—1979年，在陝西淳化縣北漢甘泉宫遺址内出土

**著録**：姚生民：《漢甘泉宫遺址勘察記》，《考古與文物》1980年第2期，第59頁，圖十二，6

**字數**：4

**釋文**：長生未央

**説明**："央"字上部訛變从"中"形。

## 245. 長生未央瓦當

**時代**：西漢

**收藏**：吉林大學

**著録**：王丹、于潤儀：《吉林大學藏漢

至北魏時期的文字瓦當》,《北方文物》1989年第2期,第53頁,圖一,9

**字數**:4

**釋文**:長生未央

**説明**:"生"字横畫受字内感染,同體類化兩端向上。

### 246. 長生未央瓦當

**時代**:西漢武帝時期

**出土**:1979—1980年,在淳化縣漢雲陵遺址内出土

**著録**:姚生民:《漢雲陵、雲陵邑勘查記》,《考古與文物》1982年第4期,第42頁,圖六,1

**字數**:4

**釋文**:長生未央

**説明**:"長"字反書。篆隸混用:"長"字隸變,其餘三字篆書。

### 247. 長生未央瓦當

**時代**:西漢武帝時期

**出土**:1979—1980年,在淳化縣漢雲陵遺址内出土

**著録**:姚生民:《漢雲陵、雲陵邑勘查記》,《考古與文物》1982年第4期,第42頁,圖六,3

**字數**:4

**釋文**:長生未央

**説明**:篆隸混用:"長"字隸變,其餘三字篆書。"生"字横畫受字内感染,同體類化兩端向上。

### 248. 長生未央瓦當

**時代**:西漢武帝時期

**出土**:1979—1980年,在淳化縣漢雲陵遺址内出土

**著録**:姚生民:《漢雲陵、雲陵邑勘查記》,《考古與文物》1982年第4期,第42頁,圖六,4

**字數**:4

**釋文**:長生未央

### 249. 長生未央瓦當

**時代**:西漢武帝時期

**出土**:1979—1980年,在淳化縣漢雲陵遺址内出土

**著録**:姚生民:《漢雲陵、雲陵邑勘查記》,《考古與文物》1982年第4期,第42頁,圖六,5

**字數**:4

**釋文**:長生未央

## 250. 長生未央瓦當

**時代**：西漢武帝時期

**出土**：1979—1980 年，在淳化縣漢雲陵遺址内出土

**著録**：姚生民：《漢雲陵、雲陵邑勘查記》，《考古與文物》1982 年第 4 期，第 42 頁，圖六，6

**字數**：4

**釋文**：長生未央

## 251. 長生未央瓦當

**時代**：西漢武帝時期

**出土**：1979—1980 年，在淳化縣漢雲陵遺址内出土

**著録**：姚生民：《漢雲陵、雲陵邑勘查記》，《考古與文物》1982 年第 4 期，第 42 頁，圖六，7

**字數**：4

**釋文**：長生未央

**説明**：篆隸混用："央"字隸變，其餘三字篆書。

## 252. 長生未央瓦當

**時代**：西漢武帝時期

**出土**：1979—1980 年，在淳化縣漢雲陵遺址内出土

**著録**：姚生民：《漢雲陵、雲陵邑勘查記》，《考古與文物》1982 年第 4 期，第 42 頁，圖六，8

**字數**：4

**釋文**：長生未央

## 253. 長生未央瓦當

**時代**：西漢武帝時期

**出土**：1979—1980 年，在淳化縣漢雲陵遺址内出土

**著録**：姚生民：《漢雲陵、雲陵邑勘查記》，《考古與文物》1982 年第 4 期，第 42 頁，圖六，9

**字數**：4

**釋文**：長生未央

**説明**："生"字横畫受感染兩端向上。

## 254. 長生未央瓦當

**出土**：陝西淳化洪崖宫遺址出土

**著録**：姚生民：《陝西淳化程家堡村漢洪崖宫遺址》，《考古與文物》1992 年第 4 期，第 35 頁，圖三，2

**字數**：4

**釋文**：長生未央

## 255. 長生未央瓦當

**出土**：陝西淳化洪崖宫遺址出土

**著録**：姚生民：《陝西淳化程家堡村漢洪崖宫遺址》,《考古與文物》1992年第4期,第35頁,圖三,4

**字數**：4

**釋文**：長生未央

**説明**：文字粗草。

## 256. 長生未央瓦當

**出土**：1982年,在鳳翔雍城遺址附近發現

**著録**：陝西省雍城考古隊：《一九八二年鳳翔雍城秦漢遺址調查簡報》,《考古與文物》1984年第2期,第24頁,圖二,6(82鳳寺：1)

**字數**：4

**釋文**：長生未央

**説明**：篆隸混用:"長"字隸書,其餘三字篆書。篆字隨形。

## 257. 長生未央瓦當

**出土**：1999年下半年至2000年上半年,在長安城桂宫三號建築遺址内出土

**著録**：中國社會科學院考古研究所、日本奈良國立文化財研究所中日聯合考古隊：《漢長安城桂宫三號建築遺址發掘簡報》,《考古》2001年第1期,圖版拾貳,8(T2③:27)

**字數**：4

**釋文**：長生未央

**説明**：篆隸混用:"長"字作隸書。

## 258. 長生未央冢瓦當

**著録**：《傅當》736頁,圖一四五八;《程續》217頁

**字數**：5

**釋文**：長生未央冢

## 259. 長生未央冢瓦當

**著録**：《傅當》738頁,圖一四六二

**字數**：5

**釋文**：長生未央冢

**説明**："未"字增繁訛變。

## 260. 長生毋敬冢瓦當

**出土**：1983年5月,在洛川縣黄丈公社田堯科村出土

**收藏**：洛川縣博物館

**著録**：左正：《陝西洛川發現西漢文字方磚瓦當》,《考古與文物》1987年第5期;《傅當》737頁,圖一四五九

字數：5

釋文：長生毋敬冡

説明：旋讀。第二字，原釋文作"主"，黄文傑先生從之，[1]實爲"生"字。"極"字錯訛成"敬"。

## 261. 長生無極殘瓦當

時代：西漢昭帝時期

出土：1978—1980年，在咸陽市北原西端的西漢昭帝平陵中出土

著録：咸陽市博物館：《漢平陵調查簡報》，《考古與文物》1982年第4期

字數：2

釋文：□[長]生□[無]極

## 262. 長生無極殘瓦當

出土：1980年，在華陰縣磑峪公社段家城和王家城村北的瓦渣梁上的華倉遺址内發現

著録：陝西省考古研究所華倉考古隊：《漢華倉遺址勘查記》，《考古與文物》1981年第3期，第67頁，圖十一，12

字數：3

釋文：長生無□[極]

説明：篆字隨形。

## 263. 長生無極瓦當

著録：《鐵瓦》401頁

字數：4

釋文：長生無極

説明：典範的篆書。"𣞤"字形體合於《説文》小篆。

## 264. 長生無極瓦當

著録：《陝當》69頁，圖六九

字數：4

釋文：長生無極

説明：篆隸混用："長"字隸變，其餘三字篆書。

## 265. 長生無極瓦當

著録：《程當》25頁

字數：4

釋文：長生無極

## 266. 長生無極瓦當

著録：《陝當》70頁，圖七〇

字數：4

釋文：長生無極

① 黄文傑：《秦漢文字的整理與研究》，北京：社會科學文獻出版社，2015年，第120頁。

**267. 長生無極瓦當**

**時代**：王莽

**著録**：《傳當》562頁，圖一一一二

**字數**：4

**釋文**：長生無極

**説明**：典範的篆書。"䨺"字合於《説文》小篆形體。

**268. 長生無極瓦當**

**著録**：《陝當》71頁，圖七一

**字數**：4

**釋文**：長生無極

**説明**：典範的篆書。"䨺"字合於《説文》小篆形體。

**269. 長生無極瓦當**

**著録**：《鐵瓦》403頁

**字數**：4

**釋文**：長生無極

**説明**：典範的篆書。"䨺"字合於《説文》小篆形體。

**270. 長生無極瓦當**

**著録**：《鐵瓦》425頁

**字數**：4

**釋文**：長生無極

**説明**：典範的篆書。"䨺"字合於《説文》小篆形體。

**271. 長生無極瓦當**

**著録**：《鐵瓦》513頁

**字數**：4

**釋文**：長生無極

**説明**：典範的篆書。"䨺"字合於《説文》小篆形體。

**272. 長生無極瓦當**

**出土**：漢長安城遺址出土

**著録**：《傳當》560頁，圖一一〇八

**字數**：4

**釋文**：長生無檄〈極〉

**説明**：程敦《秦漢瓦當文字》卷二："極字可從敬得聲。此許叔重之所未録者。蓋東漢人未見之字也。"此説誤，"檄"實爲錯訛字。

**273. 長生無極瓦當**

**著録**：《傳當》561頁，圖一一〇九

**字數**：4

**釋文**：長生無極

**説明**：典範的篆書。"䨺"字合於《説文》小篆形體。

### 274. 長生無極瓦當

著録：《傳當》561 頁，圖一一一〇

字數：4

釋文：長生無極

### 275. 長生無極瓦當

出土：周至縣樓觀臺出土

著録：《傳當》563 頁，圖一一一三

字數：4

釋文：長生無極

説明：典範的篆書。"㝃"字合於《説文》小篆形體。

### 276. 長生無極瓦當

時代：西漢武帝時期

出土：茂陵附近採集

收藏：茂陵博物館

著録：《傳當》563 頁，圖一一一四

字數：4

釋文：長生無極

説明：典範的篆書。"㝃"字合於《説文》小篆形體。

### 277. 長生無極瓦當

收藏：安康地區博物館

著録：《傳當》564 頁，圖一一一五

字數：4

釋文：長生無極

説明：典範的篆書。

### 278. 長生無極瓦當

著録：《傳當》564 頁，圖一一一六

字數：4

釋文：長生無極

説明：典範的篆書。"㝃"字合於《説文》小篆形體。

### 279. 長生無極瓦當

著録：《傳當》565 頁，圖一一一七

字數：4

釋文：長生無極

### 280. 長生無極瓦當

著録：《傳當》565 頁，圖一一一八；《程當》20 頁

字數：4

釋文：長生無極

説明：典範的篆書。"㝃"字合於《説文》小篆形體。

### 281. 長生無極瓦當

出土：漢長安城遺址出土

著録：《傅當》566 頁，圖一一一九

字數：4

釋文：長生無極

説明：典範的篆書。

282. **長生無極瓦當**

著録：《傅當》567 頁，圖一一二二

字數：4

釋文：長生無極

説明：典範的篆書。反書。

283. **長生無極瓦當**

著録：《傅當》568 頁，圖一一二三

字數：4

釋文：長生無極

説明：典範的篆書。反書。“生”字倒書。

284. **長生無極瓦當**

著録：《程當》19 頁

字數：4

釋文：長生無極

説明：典範的篆書。

285. **長生無極瓦當**

著録：《程當》21 頁

字數：4

釋文：長生無極

説明：典範的篆書。“霦”字合於《説文》小篆形體。

286. **長生無極瓦當**

著録：《程當》22 頁

字數：4

釋文：長生無極

説明：典範的篆書。“霦”字合於《説文》小篆形體。

287. **長生無極瓦當**

著録：《程當》23 頁

字數：4

釋文：長生無極

説明：典範的篆書。“霦”字合於《説文》小篆形體。

288. **長生無極瓦當**

著録：《程當》24 頁

字數：4

釋文：長生無極

289. **長生無極瓦當**

著録：《鐵瓦》421 頁

字數：4

釋文：長生無極

説明：典範的篆書。

## 290. 長生無極瓦當

著録：《鐵瓦》475 頁

字數：4

釋文：長生無極

説明：典範的篆書。“羉”字合於《説文》小篆形體。

## 291. 長生無極瓦當

著録：《鐵瓦》539 頁

字數：4

釋文：長生無極

説明：典範的篆書。“羉”字合於《説文》小篆形體。

## 292. 長生無極瓦當

出土：1997—2000 年，在漢陽陵帝陵陵園南門遺址内出土

著録：陝西省考古研究院：《漢陽陵帝陵陵園南門遺址發掘簡報》，《考古與文物》2011 年第 5 期，第 10 頁，圖一一，1（T305③：8）

字數：4

釋文：長生無極

説明：“羉”字合於《説文》小篆形體。

## 293. 長生無極瓦當

時代：西漢

收藏：吉林大學

著録：王丹、于潤儀：《吉林大學藏漢至北魏時期的文字瓦當》，《北方文物》1989 年第 2 期，第 53 頁，圖一，5

字數：4

釋文：長生無極

## 294. 長生無極瓦當

時代：西漢

收藏：吉林大學

著録：王丹、于潤儀：《吉林大學藏漢至北魏時期的文字瓦當》，《北方文物》1989 年第 2 期，第 53 頁，圖一，7

字數：4

釋文：長生無極

説明：典範的篆書。“羉”字合於《説文》小篆形體。

## 295. 長生無極瓦當

著録：高文：《四川漢代瓦當》，《四川文物》1993 年第 2 期

字數：4

釋文：長生無極

説明：典範的篆書。"纍"字合於《説文》小篆形體。

## 296. 長生無極瓦當

出土：2002年夏，在西安市漢長安城城墻西南角遺址出土

著録：中國社會科學院考古研究所漢長安城工作隊：《西安市漢長安城城墻西南角遺址的鑽探與試掘》，《考古》2006年第10期，第46頁，圖六，5

字數：4

釋文：長生無極

説明：典範的篆書。"纍"字合於《説文》小篆形體。

## 297. 長生無極瓦當

出土：1955年、1956年，在華縣西關出土

著録：黄河水庫考古工作隊：《黄河三門峽水庫考古調查簡報》，《考古通訊》1956年第5期，第9頁，圖五，2

字數：4

釋文：長生無極

説明：典範的篆書。"纍"字合於《説文》小篆形體。

## 298. 長生無極瓦當

著録：《程當》27頁

字數：4

釋文：長生無極

## 299. 長生無極瓦當

時代：西漢元帝時期

出土：咸陽市元帝渭陵内出土

著録：李宏濤、王丕忠：《漢元帝渭陵調查記》，《考古與文物》1980年第1期

字數：4

釋文：長生無極

説明：典範的篆書。"纍"字合於《説文》小篆字形。

## 300. 長生無極瓦當

著録：《傳當》562頁，圖一一一一

字數：4

釋文：長生無極

説明：典範的篆書。"纍"字形體與《説文》小篆字形相同。

## 301. 長生無極瓦當

時代：東漢

出土：1989年夏，在陝西省185煤田

地質隊咸陽基地籌建處基建時發現的東漢墓葬M5出土

著録：陝西省考古研究所配合基建考古隊：《陝西省185煤田地質隊咸陽基地籌建處東漢墓發掘簡報》,《考古與文物》1993年第5期

字數：4

釋文：長生無極

説明：典範的篆書。

## 302. 長生無極瓦當

出土：1985年春在鄭州市西北郊區出土

著録：張松林：《鄭州市西北郊區考古調查簡報》,《中原文物》1986年第4期,圖版一,2

字數：4

釋文：長生無極

説明：典範的篆書。"橆"字形體合於《説文》小篆字頭。

## 303. 長生無極瓦當

出土：陝西淳化洪崖宫遺址出土

著録：姚生民：《陝西淳化程家堡村漢洪崖宫遺址》,《考古與文物》1992年第4期,第35頁,圖三,1

字數：4

釋文：長生無極

説明：典範的篆書。篆字隨形。

## 304. 長生無極瓦當

出土：徵集品

著録：曹明檀、趙叢蒼、王保平：《鳳翔雍城出土的秦漢瓦當》,《考古與文物》1985年第4期,第4頁,圖一,2

字數：4

釋文：長生無極

説明：典範的篆書。篆字隨形。

## 305. 長生無極瓦當

出土：1997年11月—1998年5月,在長安城桂宫二號建築遺址出土

著録：中國社會科學院考古研究所、日本奈良國立文化財研究所中日聯合考古隊：《漢長安城桂宫二號建築遺址發掘簡報》,《考古》1999年第1期,圖版陸,5(T7③:52)

字數：4

釋文：長生無極

説明：順時針旋讀。典範的篆書。篆字隨形。

**306. 長生無極瓦當**

**出土**：1998 年 10 月—1999 年 4 月，在長安城桂宫二號建築遺址 B 區出土

**著録**：中國社會科學院考古研究所、日本奈良國立文化財研究所中日聯合考古隊：《漢長安城桂宫二號建築遺址 B 區發掘簡報》，《考古》2000 年第 1 期，圖版叁，5（T8③：11）

**字數**：4

**釋文**：長生無極

**説明**：順時針旋讀。典範的篆書。篆字隨形。

**307. 長生無極瓦當**

**出土**：1981—1983 年，在漢長安城未央宫第二號遺址内出土

**著録**：中國社會科學院考古研究所漢城工作隊：《漢長安城未央宫第二號遺址發掘簡報》，《考古》1992 年第 8 期，圖版柒，2（T6③：141）

**字數**：4

**釋文**：長生無極

**説明**：典範的篆書。篆字隨形。

**308. 長生無極瓦當**

**出土**：1981—1983 年，在漢長安城未央宫第二號遺址内出土

**著録**：中國社會科學院考古研究所：《漢長安城未央宫——1980～1989 年考古發掘報告》，北京：中國大百科全書出版社，1996 年，圖版二五〇，6（2：T7③：150）

**字數**：4

**釋文**：長生無極

**説明**：篆字隨形。

**309. 長生無極瓦當**

**出土**：2002 年夏，在西安市漢長安城城墻西南角遺址出土

**著録**：中國社會科學院考古研究所漢長安城工作隊：《西安市漢長安城城墻西南角遺址的鑽探與試掘》，《考古》2006 年第 10 期，第 46 頁，圖六，1

**字數**：4

**釋文**：長生無極

**説明**：篆字隨形。

**310. 長生無極瓦當**

**出土**：1976 年，在陝西鳳翔凹里秦漢遺址内出土

**著録**：陝西省考古研究所雍城考古

隊：《陝西鳳翔凹里秦漢遺址調查簡報》，《考古與文物》1989年第4期，圖二，1（鳳凹：3）

字數：4

釋文：長生無極

説明：篆字隨形。

### 311. 長生無極瓦當

出土：1980年4—6月，在漢長安城未央宫前殿A區出土

著録：中國社會科學院考古研究所：《漢長安城未央宫——1980～1989年考古發掘報告》，北京：中國大百科全書出版社，1996年，第232頁，圖一〇四，6（1A：T1③：102）

字數：4

釋文：長生無□［極］

説明：篆字隨形。

### 312. 長毋相忘瓦當

著録：《窓齋》712頁

字數：4

釋文：長毋相忘

説明：篆隸混用："相忘"篆書，其餘兩字隸變。

### 313. 長毋相忘瓦當

出土：1984年淳化縣董家村採集

著録：《傅當》673頁，圖一三三三

字數：4

釋文：長毋相忘

説明：篆隸混用："相忘"篆書，其餘兩字隸變。

### 314. 長毋相忘瓦當

著録：《程當》105頁

字數：4

釋文：長毋相忘

説明：篆隸混用："相忘"篆書，其餘兩字隸變。

### 315. 長毋相忘瓦當

出土：1978—1979年，在陝西淳化縣北漢甘泉宫遺址内出土

著録：姚生民：《漢甘泉宫遺址勘察記》，《考古與文物》1980年第2期，第59頁，圖十二，8

字數：4

釋文：長毋相忘

説明：篆隸混用："相忘"篆書，其餘兩字隸變。

### 316. 長毋相忘瓦當

出土：1984 年淳化縣董家村採集

收藏：淳化縣文化館

著録：《傳當》673 頁，圖一三三四

字數：4

釋文：長毋相忘

説明：篆隸混用："相忘"篆書，其餘兩字隸變。

### 317. 長字殘瓦當

出土：1978—1979 年，在陝西淳化縣北漢甘泉宫遺址内出土

著録：姚生民：《漢甘泉宫遺址勘察記》，《考古與文物》1980 年第 2 期，第 59 頁，圖十二，4

字數：1

釋文：長

### 318. 長字殘瓦當

出土：漢長安城西北區陶俑作坊遺址出土

著録：周蘇平、王子今：《漢長安城西北區陶俑作坊遺址》，《文博》1985 年第 3 期，第 3 頁，圖四

字數：1

釋文：長

### 319. 常樂殘瓦當

時代：西漢高祖五年（前 202）至武帝元封元年（前 110）

出土：1985—1986 年，在福建崇安縣興田鄉城村西南部漢代城址東門外北崗高地出土

著録：福建省博物館、厦門大學人類學系考古專業：《崇安漢城北崗一號建築遺址》，《考古學報》1990 年第 3 期，第 352 頁，圖一二，11

字數：2

釋文：常樂

説明：典範的篆書。

### 320. 常樂瓦當

時代：西漢高祖五年（前 202）至武帝元封元年（前 110）

出土：1985—1986 年，在福建崇安縣興田鄉城村西南部漢代城址東門外北崗高地出土

著録：福建省博物館、厦門大學人類學系考古專業：《崇安漢城北崗一號建築遺址》，《考古學報》1990 年第 3 期，第 352 頁，圖一二，6

字數：2

釋文：常樂

説明：典範的篆書。

321. **常樂萬歲瓦當**

著録：《傳當》636 頁，圖一二六〇

字數：4

釋文：常樂萬歲

説明：典範的篆書。

322. **常樂萬歲瓦當**

時代：西漢高祖五年（前 202）至武帝元封元年（前 110）

出土：1985—1986 年，在福建崇安縣興田鄉城村西南部漢代城址東門外北崗高地出土

著録：福建省博物館：《崇安城村漢城探掘簡報》，《文物》1985 年第 11 期，第 43 頁，圖六，8（T170：③）；楊琮：《福建崇安城村古城遺址出土文字及考釋》，《東南文化》1993 年第 1 期，第 130 頁，圖 104；張其海、林忠干：《福建崇安漢城遺址出土的文字符號》，《考古與文物》1988 年第 4 期，第 66 頁，圖二，2

字數：4

釋文：常樂萬歲

説明：典範的篆書。

323. **常樂萬歲瓦當**

時代：西漢高祖五年（前 202）至武帝元封元年（前 110）

出土：1985—1986 年，在福建崇安縣興田鄉城村西南部漢代城址東門外北崗高地出土

著録：福建省博物館、厦門大學人類學系：《崇安漢城北崗二號建築遺址》，《文物》1992 年第 8 期，第 28 頁，圖一九，2（T40③：6）

字數：4

釋文：常樂萬歲

説明：反書。典範的篆書。

324. **常生無極瓦當**

時代：新莽時期

著録：《關中》294 頁

字數：4

釋文：常生無極

説明：典範的篆書。

325. **常生無極瓦當**

時代：王莽時期

著録：《傳當》566 頁，圖一一二〇；《陝當》72 頁，圖七二
字數：4
釋文：常(長)生無極
説明：典範的篆書。

### 326. 常生無極瓦當
時代：新莽時期
著録：《程當》26 頁
字數：4
釋文：常生無極
説明：典範的篆書。

### 327. 常生無極瓦當
時代：新莽時期
著録：《鐵瓦》397 頁
字數：4
釋文：常(長)生無極
説明：典範的篆書。

### 328. 常生無極瓦當
時代：王莽時期
著録：《傳當》567 頁，圖一一二一
字數：4
釋文：常(長)生無極
説明：典範的篆書。

### 329. 常字瓦當
著録：《傳當》380 頁，圖七五二
字數：1
釋文：常
説明：典範的篆書。

### 330. 萇(長)萬歲瓦當
著録：《傳當》675 頁，圖一三三八
字數：4
釋文：萇(長)藥(樂)萬歲
説明："長、樂"二字从艸作"萇、藥"，係受萬字感染，同化訛變。

### 331. 萇樂萬歲瓦當
著録：《傳當》652 頁，圖一二七二；《陝當》65 頁，圖六五
字數：4
釋文：萇(長)樂萬歲
説明："長"字从艸作"萇"，係受萬字感染，同化訛變。

### 332. 朝神之宫瓦當
出土：漢長安城遺址
著録：《傳當》464 頁，圖九一七
字數：4
釋文：朝神㞢(之)宫

### 333. 朝陽望峄瓦當

著録：《傅當》686頁，圖一三五九

字數：4

釋文：朝陽朢(望)峄

説明：典範的篆書。

### 334. 成山瓦當

出土：1990年前後，在陝西眉縣第五村成山宫遺址内出土

著録：趙叢蒼、劉懷君：《陝西眉縣成山宫遺址的調查》，《考古》1998年第6期，第86頁，圖四，7(眉總：722)

字數：2

釋文：成山

説明：成山宫遺址，在1981年全國第二次文物普查被發現，位於陝西眉縣縣城西南第五村鄉。1983年，眉縣文化館劉懷君先生在該遺址内發現有"成山"瓦當。1990年，西北大學趙叢蒼先生與劉懷君先生對該遺址進行田野調查，確認其爲秦漢成山宫遺址所在。2000年，出土數百枚瓦當。[①]

### 335. 成山瓦當

著録：《關中》926頁；《傅當》394頁，圖七七九

字數：2

釋文：成山

### 336. 成山瓦當

出土：眉縣秦漢遺址採集

著録：《傅當》394頁，圖七八〇

字數：2

釋文：成山

### 337. 承光瓦當

出土：漢長安城遺址出土

著録：《傅當》411頁，圖八一三；《琴歸》699頁

字數：2

釋文：承光

説明："承"字所从"収"形上有飾筆。

### 338. 澂邑漕倉殘瓦當

出土：1992年5月，在蒲城縣漢澂邑漕倉遺址内發現

① 王立軍：《成山宫秦漢瓦當研究》，西北大學考古學系、西北大學文化遺産與考古學研究中心編：《西部考古・第一輯——紀念西北大學考古學專業成立五十周年專刊》，西安：三秦出版社，2006年，第263—275頁。

著録：趙可、劉珠明：《蒲城縣發現漢澂邑漕倉遺址》，《考古與文物》1994年第4期，第106頁，圖一

字數：3

釋文：澂邑□[漕]倉

説明：隨體變形。

### 339. 澂邑漕倉瓦當

出土：蒲城縣西頭鄉漕倉遺址出土

著録：《傳當》481頁，圖九五一

字數：4

釋文：澂邑漕倉

説明：隨體變形。《漢銅選》515頁著録有宣帝時製池陽宫行鐙，銘文有"澂邑丞聖"。

### 340. 崇蛹嵯峨瓦當

著録：《傳當》700頁，圖一三八七

字數：4

釋文：崇蛹嵯峨

説明：較爲典範的篆書。陳直先生認爲是上林苑内繭館用瓦。①

### 341. 船室瓦當

時代：西漢中期

出土：1960年陝西韓城芝川漢扶荔宫遺址出土

著録：陝西省文物管理委員會：《陝西韓城芝川漢扶荔宫遺址的發現》，《考古》1961年第3期，第124頁，圖二，11

字數：2

釋文：船室

説明：整理報告云："意爲收藏船上用具之室。"

### 342. 純澤流施瓦當

時代：西漢武帝時期

出土：1975年8月，在陝西興平縣漢武帝茂陵陪葬冢霍光墓附近出土

著録：王志傑、朱捷元：《漢茂陵及其陪葬冢附近新發現的重要文物》，《文物》1976年第7期，第54頁，圖八；《傳當》693頁，圖一三七三

字數：4

釋文：屯(純)澤流施

### 343. 佽飛官當瓦當

著録：《傳當》487頁，圖九六三

① 陳直：《秦漢瓦當概述》，見氏著《摹廬叢著七種》，濟南：齊魯書社，1981年，第347頁。

**字數：**4

**釋文：**次(佽)蜚(飛)官當

**説明：**順時針旋讀。陳直先生説："《陝西金石志》卷五、十九頁，有'佽飛官當'瓦，余所見又有'次蜚官當'瓦，《簠齋藏古目》卷三，有'武衛次飛虎賁將印'。佽飛或作次蜚及次飛者，皆通用假借字。"[①]裘錫圭先生亦言："漢代文字資料裏，借'蜚'爲'飛'的現象極爲普遍。"[②]因此，本瓦當上的"次蜚"，即漢代史籍所載"佽飛"。"佽飛"爲内府屬下掌管弋射的機構，在宫苑園囿外還有外池，常參與軍事行動。其得名，或以爲由人名"兹非"之異，或以爲指"便利矰繳以弋鳧鴈"，或以爲謂"便利輕疾若飛"。

《漢書・百官公卿表》："武帝太初元年（引按：即前104）更名考工室爲考工，左弋爲佽飛，居室爲保宫，甘泉居室爲昆臺，永巷爲掖廷。佽飛掌弋射，有九丞兩尉，太官七丞，昆臺五丞，樂府三丞，掖廷八丞，宦者七丞，鉤盾五丞兩尉。"[③]《漢書・宣帝紀》記載，漢宣帝神爵元年（前61）三月："西羌反，發三輔中都官徒弛刑，及應募佽飛射士、羽林孤兒，胡越騎，三河、潁川、沛郡、淮陽、汝南材官，金城、隴西、天水、安定、北地、上郡騎士羌騎詣金城。"服虔曰："周時度江，越人在船下負船，將覆之。佽飛入水殺之。漢因以材力名官。"如淳曰："吕氏春秋荆有兹非，得寶劍於干將。度江中流，兩蛟繞舟。兹非拔寶劍赴江刺兩蛟殺之。荆王聞之，任以執圭。後世以爲勇力之官。兹、佽音相近。"臣瓚曰："本秦左弋官也，武帝改曰佽飛官，有一令九丞，在上林苑中結矰繳以弋鳧鴈，歲萬頭，以供祀宗廟。許慎曰'佽，便利也'。便利矰繳以弋鳧鴈，故曰佽飛。詩曰'抉拾既佽'者也。"師古曰："取古勇力人以名官，熊渠之類是也。亦因取其便利輕疾若飛，故號佽飛。弋鳧鴈事，自使佽飛爲之，非取飛鳥爲名。瓚説失之。佽音次。"[④]漢元帝初元二年（前47）三月，"詔罷黄門乘輿狗馬，水衡禁囿、宜春下苑、少府佽飛外池、嚴籞池田假與貧民"。如淳曰："《漢儀

---

① 陳直：《漢書新證》，北京：中華書局，2008年，第44—45頁。

② 裘錫圭：《文字學概要》（修訂本），北京：商務印書館，2013年，第179頁。

③《漢書》卷十九上，第731—732頁。

④《漢書》卷八，第261頁。

注》佽飛具矰繳以射鳧鴈，給祭祀，是故有池也。”[①]

**344. 大富昌瓦當**

**著録**：高文：《四川漢代瓦當》，《四川文物》1993 年第 2 期

**字數**：3

**釋文**：大富昌

**345. 大富昌瓦當**

**著録**：高文：《四川漢代瓦當》，《四川文物》1993 年第 2 期

**字數**：3

**釋文**：大富昌

**346. 大富貴瓦當**

**著録**：高文：《四川漢代瓦當》，《四川文物》1993 年第 2 期

**字數**：3

**釋文**：大富貴

**347. 大富吉瓦當**

**著録**：高文：《四川漢代瓦當》，《四川文物》1993 年第 2 期

**字數**：3

**釋文**：大富吉

**348. 大富吉瓦當**

**著録**：高文：《四川漢代瓦當》，《四川文物》1993 年第 2 期

**字數**：3

**釋文**：大富吉

**349. 大富瓦當**

**出土**：1980 年，在華陰縣磑峪公社段家城和王家城村北的瓦渣梁上的華倉遺址内發現

**收藏**：華倉考古隊

**著録**：陝西省考古研究所華倉考古隊：《漢華倉遺址勘查記》，《考古與文物》1981 年第 3 期，第 67 頁，圖十一，4；《傅當》432 頁，圖八五六

**字數**：2

**釋文**：大富

**説明**：典範的篆書。

**350. 大吉五五瓦當**

**著録**：《傅當》674 頁，圖一三三六

**字數**：4

**釋文**：大吉五五

① 《漢書》卷九，第 282 頁。

### 351. 大景深當瓦當

出土：陝西臨潼出土

著録：《傅當》466 頁，圖九二一

字數：4

釋文：大景深當

説明：典範的篆書。

### 352. 大樂昌富瓦當

出土：1991—1992 年，在天津市武清縣蘭城遺址内出土

收藏：天津市歷史博物館

著録：天津市歷史博物館考古部：《天津市武清縣蘭城遺址的鑽探與試掘》，《考古》2001 年第 9 期，第 46 頁，圖一二，1

字數：4

釋文：大樂昌富

### 353. 大萬樂當瓦當

著録：《程續》173 頁

字數：4

釋文：大萬樂當

説明：反書。

### 354. 大萬樂當瓦當

著録：《傅當》480 頁，圖九四九

字數：4

釋文：大萬樂當

説明：典範的篆書。反書。陳直先生考："曾見隴縣出'大萬樂當'瓦，又見漢長安城出'大萬樂舞'一瓦，皆爲樂府令官署用瓦。"

### 355. 大萬樂當瓦當

著録：《傅當》480 頁，圖九五〇

字數：4

釋文：大萬樂當

説明：典範的篆書。反書。

### 356. 大萬樂當瓦當

著録：《琴歸》737 頁

字數：4

釋文：大萬樂當

説明：典範的篆書。反書。

### 357. 大宜□子殘瓦當

出土：1976 年，在陝西鳳翔凹里秦漢遺址内出土

著録：陝西省考古研究所雍城考古隊：《陝西鳳翔凹里秦漢遺址調查簡報》，《考古與文物》1989 年第 4 期，圖二，2(鳳凹：23)

字數：3

釋文：大亘(宜)□子

説明：篆字隨形。

### 358. 大宜子孫瓦當

出土：漢長安城遺址出土

收藏：陝西歷史博物館

著録：《傅當》645 頁，圖一二七八；《陝當》106 頁，圖一〇六

字數：4

釋文：大亘(宜)子孫

### 359. 大字瓦當

著録：《程續》183 頁

字數：1

釋文：大

### 360. 當宜子孫瓦當

著録：《中國古代瓦當圖典》第 741 頁

字數：4

釋文：當宐(宜)子孫

説明：篆字隨形。

### 361. 當字殘瓦當

出土：1988 年，在貴州赫章可樂糧管所遺址 T6 出土

著録：張元：《貴州赫章可樂出土的西漢紀年銘文瓦當》，《考古》2008 年第 8 期，第 64 頁，圖一，7

字數：1

釋文：當

### 362. 當字殘瓦當

出土：1976 年，在陝西鳳翔凹里秦漢遺址内出土

著録：陝西省考古研究所雍城考古隊：《陝西鳳翔凹里秦漢遺址調查簡報》，《考古與文物》1989 年第 4 期，圖二，3(鳳凹：22)

字數：1

釋文：當

### 363. 道德順序瓦當

著録：《琴歸》721 頁

字數：4

釋文：道德順序

説明：較爲典範的篆書。四字邊緣處明顯隨體變形。另，東漢至三國鏡銘中多見“統德序道”一語，常與“敬奉賢良”或“衆神見(現)容”等搭配(如《圖

集》400、416、446 等)。

364. **道德順序瓦當**

時代:西漢武帝時期

出土:1975 年 8 月,在陝西興平縣漢武帝茂陵陪葬冢霍光墓附近出土

著録:王志傑、朱捷元:《漢茂陵及其陪葬冢附近新發現的重要文物》,《文物》1976 年第 7 期,第 55 頁,圖一〇;《傅當》697 頁,圖一三八一

字數:4

釋文:道德順序

説明:較爲典範的篆書。四字邊緣處明顯隨體變形。

365. **鼎胡延壽保瓦當**

著録:《傅當》733 頁,圖一四五一

字數:5

釋文:鼎胡(湖)延壽保

説明:反書。外圈四字旋讀。篆隸混用。

366. **鼎胡延壽保瓦當**

著録:《傅當》733 頁,圖一四五二

字數:5

釋文:鼎胡(湖)延壽保

説明:反書。外圈四字旋讀。篆隸混用。

367. **鼎胡延壽保瓦當**

著録:《鐵瓦》435 頁;《琴歸》661 頁

字數:5

釋文:鼎胡(湖)延壽保

説明:反書。外圈四字旋讀。篆隸混用。

368. **鼎胡延壽宫殘瓦當**

出土:1984 年 8 月,在藍田縣焦岱鎮鼎湖宫遺址出土

著録:曹永斌:《藍田縣焦岱鎮出土的一批漢代瓦當》,《文博》1987 年第 5 期,第 74 頁,拓片四

字數:3

釋文:鼎□延壽□

369. **鼎胡延壽宫瓦當**

出土:藍田縣焦岱鎮採集

收藏:陝西省考古研究所

著録:《傅當》731 頁,圖一四四七

字數:5

釋文:鼎胡(湖)延壽宫

説明:外圈四字順時針旋讀。篆隸混用。

### 370. 鼎胡延壽宫瓦當

**出土**：藍田縣焦岱鎮出土

**著録**：《傅當》731 頁，圖一四四八

**字數**：4

**釋文**：鼎胡(湖)延壽宫

### 371. 鼎胡延壽宫瓦當

**出土**：1984 年 8 月，在藍田縣焦岱鎮鼎湖宫遺址出土

**著録**：曹永斌：《藍田縣焦岱鎮出土的一批漢代瓦當》，《文博》1987 年第 5 期，第 74 頁，拓片二；《傅當》732 頁，圖一四四九

**字數**：5

**釋文**：鼎胡(湖)延壽宫

**説明**：此爲鼎湖宫遺址所出。在藍田縣還有同文採集品。

1991—1992 年，安徽滁州天長三角圩清理了 25 座戰國、西漢墓葬，其中 M1 爲"廣陵宦謁"桓平之墓，墓内出土一件熏爐，座底有銘文"鼎胡"二字。于璐、張默涵先生言："西漢的廣陵國，武帝元狩六年(前 117) 成立，宣帝五鳳四年(前 54)除，元帝初元二年(前 47)重立，居攝四年(9)又止。墓主桓平得到這件熏爐，可能源於賞賜或其他原因。"[①]羅振玉《貞松堂集古遺文》卷十三亦著録有"藍田鼎胡宫行燈"。

此外，傳世漢印有"藍田胡監"印，"藍田胡"當即"藍田鼎湖宫"之省。[②]瞿中溶認爲"藍田胡監"東漢官印，謂："後漢時羌人數犯法，三輔因復置都尉等官。則當時蓋於藍田特設此官以監羌胡者也。"[③]有學者信從之。[④] 然瞿説猜測成分較大，與前説相較可知其論不確。

《三輔黄圖》："鼎湖宫，在湖城縣界。"郭璞注："又一説在藍田，有亭。"又卷四引《漢書》："上林苑，東南至藍田宜春、鼎湖、御宿、昆吾。"鼎湖宫在上林苑東南邊。《史記・封禪書》："文成死明年，天子病鼎湖，甚。"陳直和何

① 于璐、張默涵：《中國國家博物館藏西漢上林苑銅器述論》，《中國國家博物館館刊》2015 年第 8 期，第 101—130 頁。

② 参陳直：《漢書新證》，天津：天津人民出版社，1959 年，第 263 頁；陳雍：《讀印雜記》，見氏著《考古雜俎》，天津：天津人民出版社，2016 年，第 402 頁。

③ (清) 瞿中溶：《集古官印考》卷六，同治十三年刻本，頁，圖一六。

④ 郭俊然：《印章、封泥所見的漢代中央職官雜考》，《玉溪師範學院學報》2014 年第 3 期，第 53 頁。

清谷先生對鼎湖宫都有過考證,[1]此不贅。

### 372. 鼎胡延壽宫瓦當

著録:《鐵瓦》385 頁

字數:5

釋文:鼎胡延壽宫

説明:篆隸混用。

### 373. 鼎胡延壽宫瓦當

出土:藍田縣焦岱鎮採集

著録:《傅當》732 頁,圖一四五〇

字數:5

釋文:鼎胡(湖)延壽宫

説明:篆隸混用。

### 374. 鼎胡延壽宫瓦當

著録:《琴歸》658 頁

字數:5

釋文:鼎胡延壽宫

説明:篆隸混用。

### 375. 鼎胡延壽宫瓦當

時代:西漢

收藏:吉林大學

著録:王丹、于潤儀:《吉林大學藏漢至北魏時期的文字瓦當》,《北方文物》1989 年第 2 期,第 53 頁,圖一,6

字數:5

釋文:鼎胡(湖)延壽宫

説明:篆隸混用。

### 376. 鼎胡延壽宫瓦當

著録:《琴歸》659 頁

字數:5

釋文:鼎胡延壽宫

説明:篆隸混用。"延壽"二字反書。

### 377. 鼎胡延壽宫瓦當

著録:《琴歸》660 頁

字數:5

釋文:鼎胡延壽宫

説明:篆隸混用。

### 378. 鼎胡延壽宫瓦當

出土:1984 年 8 月,在藍田縣焦岱鎮鼎湖宫遺址出土

① 俱可參見何清谷:《三輔黄圖校釋》,北京:中華書局,2005 年,第 214—215 頁及《三輔黄圖校注》,西安:三秦出版社,2006 年,第 255—256 頁。

著録：曹永斌：《藍田縣焦岱鎮出土的一批漢代瓦當》，《文博》1987 年第 5 期，第 74 頁，拓片三

字數：5

釋文：鼎胡(湖)延壽宫

### 379. 鼎胡延壽宫瓦當

出土：1984 年 8 月，在藍田縣焦岱鎮鼎湖宫遺址出土

著録：曹永斌：《藍田縣焦岱鎮出土的一批漢代瓦當》，《文博》1987 年第 5 期，第 74 頁，拓片五

字數：5

釋文：鼎胡(湖)延壽宫

### 380. 鼎胡延壽宫瓦當

出土：1984 年 8 月，在藍田縣焦岱鎮鼎湖宫遺址出土

著録：曹永斌：《藍田縣焦岱鎮出土的一批漢代瓦當》，《文博》1987 年第 5 期，第 74 頁，拓片六

字數：5

釋文：鼎胡(湖)延壽宫

### 381. 鼎湖延壽宫瓦當

出土：1984 年 8 月，在藍田縣焦岱鎮鼎湖宫遺址出土

著録：曹永斌：《藍田縣焦岱鎮出土的一批漢代瓦當》，《文博》1987 年第 5 期，第 74 頁，拓片一

字數：5

釋文：鼎胡(湖)延壽宫

### 382. 定字瓦當

出土：1984—1990 年，在廣東省五華縣漢代建築遺址中道路遺跡 L1 内出土

著録：廣東省文物考古研究所、廣東省博物館、五華縣博物館：《廣東五華獅雄山漢代建築遺址》，《文物》1991 年第 11 期，第 33 頁，圖一四；第 31 頁，圖九，5；第 32 頁，圖一〇，10 (L1:3)

字數：1

釋文：定

説明：典範的篆書。篆字隨形。

### 383. 東宫瓦當

著録：《傳當》395 頁，圖七八一

字數：2

釋文：東宫

説明：典範的篆書。

### 384. 東楊半瓦當

著録：《傅當》，補遺第 807 頁，圖九四

字數：2

釋文：東楊

### 385. 東字瓦當

時代：西漢武帝時期

出土：茂陵

著録：《傅當》373 頁，圖七三八

字數：1

釋文：東

### 386. 都司空瓦瓦當

出土：漢長安城遺址

收藏：陝西省考古研究所

著録：《傅當》476 頁，圖九四一

字數：4

釋文：都司空瓦

### 387. 都司空瓦瓦當

出土：漢長安城遺址

著録：《陝當》92 頁，圖九三；《傅當》477 頁，圖九四三

字數：4

釋文：都司空瓦

### 388. 都司空瓦瓦當

著録：《程當》151 頁

字數：4

釋文：都司空瓦

### 389. 都司空瓦瓦當

著録：《鐵瓦》429 頁

字數：4

釋文：都司空瓦

### 390. 都司空瓦瓦當

出土：2002 年夏，在西安市漢長安城城墻西南角遺址出土

著録：中國社會科學院考古研究所漢長安城工作隊：《西安市漢長安城城墻西南角遺址的鑽探與試掘》，《考古》2006 年第 10 期，第 46 頁，圖六，9

字數：4

釋文：都司空瓦

### 391. 都司空瓦瓦當

出土：漢長安城遺址

收藏：陝西省考古研究所

著録：《傅當》476 頁，圖九四二

字數：4

釋文：都司空瓦

### 392. 都司空瓦瓦當

著録：《琴歸》665 頁

字數：4

釋文：都司空瓦

### 393. 都司空瓦瓦當

著録：《鐵瓦》487 頁

字數：4

釋文：都司空瓦

### 394. 都司空瓦瓦當

著録：《琴歸》666 頁

字數：4

釋文：都司空瓦

説明："都"字簡省訛變从"杏"。

### 395. 斗肆廁當瓦當

著録：《中國古代瓦當圖典》第 752 頁；《傅當》488 頁，圖九六六；《中國瓦當藝術》448

字數：4

釋文：斗肆廁當

説明：首字初不識，據孫合肥先生意見改。[①]

### 396. 祋祤瓦當

著録：《傅當》444 頁，圖八八〇

字數：2

釋文：祋㴸

説明：篆字隨形。"栩"字訛从水旁。據《史記・孝景本紀》，景帝前元二年（前 155），"置南陵及内史祋祤爲縣。"《漢書・地理志》左馮翊有祋祤縣。東漢初年，祋祤縣被廢，後又在永元九年（97）復置。

### 397. 方春蕃萌瓦當

著録：《程續》203 頁

字數：4

釋文：方春蕃萌

説明：篆隸混用："春"字隸變，其餘三字篆書。篆字隨形。

### 398. 福字殘瓦當

時代：西漢中期後段至晚期前段，即宣帝至成帝早期

出土：1998 年 11 月—1999 年 1 月，在徐州拖龍山漢墓 M3 内出土

① 孫合肥：《〈中國瓦當藝術〉釋文校訂》，《中國文字研究》第二十三輯，上海：上海書店出版社，2016 年，第 62 頁。

著録：徐州博物館：《徐州拖龍山五座西漢墓的發掘》,《考古學報》2010 年第 1 期，第 103 頁，圖四(M3:36)

字數：1

釋文：福

### 399. 福字殘瓦當

時代：西漢中期後段至晚期前段，即宣帝至成帝早期

出土：1999 年 1 月，在徐州拖龍山漢墓 M6 内出土

著録：徐州博物館：《徐州拖龍山五座西漢墓的發掘》,《考古學報》2010 年第 1 期，第 109 頁，圖一五(M6:1)

字數：1

釋文：福

### 400. 臯福無疆瓦當

著録：《傅當》663 頁，圖一三一四

字數：4

釋文：臯福無畺(疆)

説明：典範的篆書。"臯"字反書。"臯福",即大福。《詩·秦風·駟驖》："駟驖孔臯，六轡在手。"毛傳："臯，大也。"

### 401. 富昌未央瓦當

著録：《傅當》681 頁，圖一三四九；《琴歸》676 頁

字數：4

釋文：富昌未央

### 402. 富貴昌宜瓦當

著録：《傅當》682 頁，圖一三五二

字數：4

釋文：富貴昌冝(宜)

### 403. 富貴千金殘瓦

著録：《關中》307 頁

字數：4

釋文：富貴千金

### 404. 富貴萬歲殘瓦當

出土：1983 年，在河北臨漳縣鄴南城遺址出土

著録：中國社會科學院考古研究所、河北省文物研究所鄴城考古工作隊：《河北臨漳縣鄴南城遺址勘探與發掘》,《考古》1997 年第 3 期，第 31 頁，圖三，2(85JYT154:12)

字數：2

釋文：富□□[貴萬]歲

## 405. 富貴萬歲殘瓦當

出土：1983年，在河北臨漳縣鄴南城遺址出土

著録：中國社會科學院考古研究所、河北省文物研究所鄴城考古工作隊：《河北臨漳縣鄴南城遺址勘探與發掘》，《考古》1997年第3期，圖三，7（85JYT101:13）

字數：2

釋文：□[富]貴萬□[歲]

## 406. 富貴萬歲瓦當

著録：《陝當》105頁，圖一〇五

字數：4

釋文：富員萬歲

説明："富"字上方訛如"尚"形。"貴"字訛如"員"形。"歲"字上部受"萬"字感染。

## 407. 富貴萬歲瓦當

著録：《傅當》662頁，圖一三一一

字數：4

釋文：富貴萬歲

説明："歲"字上部受"萬"字感染。

## 408. 富貴毋央瓦當

出土：三兆鎮北

收藏：劉軍山舊藏

著録：《陝當》52頁，圖五二；《關中》275頁；《傅當》684頁，圖一三五六

字數：4

釋文：富貴毋央

説明："富"字訛从"百"。

## 409. 改製漢飛鴻延年瓦當硯

收藏：天津博物館

著録：王念祥、張善文：《中國古硯譜》，北京：北京工藝美術出版社，2005年，圖版232

字數：2

釋文：延季(年)

説明：徑15.8、高1.9釐米。清代改製成硯臺使用。吉林大學藏有類似品（見《北方文物》1989年第2期，第53頁，圖一，13）。

## 410. 改製漢甘林瓦當硯

著録：王念祥、張善文：《中國古硯譜》，北京：北京工藝美術出版社，2005年，圖版229

字數：2

釋文：甘林

説明：徑13.5、高2.2釐米。

形制、文字與陝西淳化縣北漢甘泉宫遺址所出一件(《考古與文物》1980年第2期，第59頁，圖十二，10)最爲近似。清代改製成硯臺使用。

### 411. 改製漢延年半瓦當硯

收藏：天津博物館

著録：王念祥、張善文：《中國古硯譜》，北京：北京工藝美術出版社，2005年，圖版234

字數：2

釋文：延秊(年)

説明：徑13、高2.3釐米。清代改製成硯臺使用。與《傳當》847相近。

### 412. 甘林瓦當

出土：1979年淳化縣漢甘泉宫遺址採集

收藏：淳化縣文化館

著録：《傳當》406頁，圖八〇三

字數：2

釋文：甘林

### 413. 甘林瓦當

出土：淳化縣漢甘泉宫遺址出土

著録：《傳當》406頁，圖八〇四

字數：2

釋文：甘林

### 414. 甘林瓦當

出土：1979年淳化縣漢甘泉宫遺址採集

收藏：淳化縣文化館

著録：《傳當》407頁，圖八〇五

字數：2

釋文：甘林

### 415. 甘林瓦當

著録：《琴歸》657頁

字數：2

釋文：甘林

### 416. 甘林瓦當

出土：1978—1979年，在陝西淳化縣北漢甘泉宫遺址内出土

著録：姚生民：《漢甘泉宫遺址勘察記》，《考古與文物》1980年第2期，第59頁，圖十二，10

字數：2

**釋文**：甘林

### 417．甘林瓦當

**著録**：《程續》191 頁

**字數**：2

**釋文**：甘林

**説明**：豎讀。典範的篆書。

### 418．甘泉上林瓦當

**出土**：淳化縣甘泉宫遺址採集

**著録**：《傅當》463 頁，圖九一六

**字數**：4

**釋文**：甘泉上林

### 419．甘泉上林瓦當

**著録**：《程續》193 頁

**字數**：4

**釋文**：甘泉上林

### 420．甘泉上林瓦當

**著録**：《琴歸》656 頁

**字數**：4

**釋文**：甘泉上林

### 421．榦蓄不流瓦當

**出土**：漢長安城遺址出土

**著録**：《傅當》484 頁，圖九五八；《琴歸》722 頁

**字數**：4

**釋文**：榦(幹)簭(蓄)不竉(流)

**説明**：陳直先生認爲此瓦當文指"竹幹之材不能出售，當爲竹宫之瓦"。[①]傅嘉儀先生云："《漢書・百官表》'大司農屬官有榦官令'，晉灼注爲管竹簡幹之官長，此瓦或爲榦官令官署中所用。'竉'疑爲'鬻'之異文，謂竹簡之材不能估鬻也。"[②]《漢書・百官公卿表》："治粟内史，秦官，掌穀貨，有兩丞。景帝後元年更名大農令，武帝太初元年更名大司農。屬官有太倉、均輸、平準、都内、籍田五令丞，斡官、鐵市兩長丞。"如淳曰："斡音筦，或作幹。斡，主也，主均輸之事，所謂斡鹽鐵而榷酒酤也。"晉灼曰："此竹箭幹之官長也。均輸自有令。"顏師古曰："如説近是也。縱作幹讀，當以幹持財貨之事耳，非謂箭幹也。"[③]因此，《漢書》中的

---

① 《關中》，第 264 頁。
② 《傅當》，第 484 頁。
③ 《漢書》卷十九上，第 731 頁。

“幹官令”實與竹簳、箭簳無關。所以，將本瓦當四字含義理解成“竹簡之材不能估鬻”的説法恐怕也很難成立。

首字當隸定爲“榦”。《説文》：“築牆耑木也。从木倝聲。”大徐本徐鉉等注：“今别作幹，非是。”“榦、幹、榦”三字易混。《墨子·非命上》“上帝山川鬼神必有幹主”，孫詒讓《墨子閒詁》：“漢隸‘榦’、‘斡’皆作‘幹’。經典多通用。但此‘幹’字似當讀如字。”“榦主者，猶言宗主耳。”[①]次字从竹畜聲，當爲“蓄”字異體。“幹蓄”一詞見於唐代《張德墓誌銘》：“爾其洪源括地，長瀾浴日月之暉；茂族臨霄，層幹蓄風雲之氣。”[②]最後一字，从流从鬲。《説文·䰜部》“鬻”字字頭小篆作“[illegible]”，下有重文“[illegible]”，與“鬻”字形似。而前述破讀爲“不鬻”似不可信，故又疑此字讀爲“流”。瓦當文字“幹蓄不流”，或謂積蓄水源不使之外流溢出之意，與瓦當的功能有關。

《關中》263頁還著録有“永蓄不□”殘瓦當一件，文字含義亦當與此相近。

### 422. 高安萬世瓦當

著録：《傅當》708頁，圖一四〇二

字數：4

釋文：高安萬世

説明：反書。典範的篆書。

### 423. 高安萬世瓦當

著録：《傅當》709頁，圖一四〇三

字數：4

釋文：高安萬世

説明：典範的篆書。

### 424. 高安萬世瓦當

著録：《傅當》724頁，圖一四三四

字數：4

釋文：高安萬世

説明：典範的篆書。

### 425. 高安萬世瓦當

著録：《程當》157頁

字數：4

釋文：高安萬世

説明：典範的篆書。

---

① （清）孫詒讓撰，孫啓治點校：《墨子閒詁》卷九，北京：中華書局，2001年，第267頁。

② 吴鋼主編：《全唐文補遺》第七輯，西安：三秦出版社，2000年，第387頁。

## 426. 高安萬世瓦當

著録：《琴歸》711 頁

字數：4

釋文：高安萬世

説明：典範的篆書。

## 427. 高安萬世瓦當

著録：《鐵瓦》415 頁

字數：4

釋文：高安萬世

## 428. 高安萬世瓦當

出土：1985 年春在鄭州市西北郊區出土

著録：張松林：《鄭州市西北郊區考古調查簡報》,《中原文物》1986 年第 4 期,第 10 頁,圖十二

字數：4

釋文：高安萬世

説明：篆字隨形。

## 429. 高祖置堂瓦當

著録：《傅當》489 頁,圖九六八

字數：4

釋文：高祖置堂

## 430. 宫宜子孫瓦當

著録：《傅當》645 頁,圖一二七六

字數：4

釋文：宫宜子孫

説明：傅嘉儀先生謂"宫宜子孫"文意爲使子孫適其宫位。

## 431. 宫宜子孫瓦當

著録：《傅當》645 頁,圖一二七七

字數：4

釋文：宫宐(宜)子孫

## 432. 宫字瓦當

著録：《傅當》352 頁,圖六九七

字數：1

釋文：宫

説明：傅嘉儀先生説:"宫字宀部向下伸展,又有六條綫隨勢盤曲於其上,或斷或連,有輻射之感,似天子之惠澤普施於萬物。有説宫字上六條曲綫取《易經》卦象,乾、坤。"

## 433. 宫字瓦當

出土：20 世纪 80 年代,在陝西淳化縣下常社秦漢遺址發現

著録：姚生民：《陜西淳化縣下常社

秦漢遺址》,《考古》1990 年第 8 期,第 760 頁,圖六,4;《傳當》352 頁,圖六九八

**字數**:1

**釋文**:宫

### 434. 宫字瓦當

**著録**:《琴歸》663 頁

**字數**:1

**釋文**:宫

### 435. 宫字瓦當

**著録**:《傳當》353 頁,圖六九九

**字數**:1

**釋文**:宫

### 436. 宫字瓦當

**著録**:《傳當》353 頁,圖七〇〇

**字數**:1

**釋文**:宫

### 437. 宫字瓦當

**出土**:20 世纪 80 年代,在陝西淳化縣下常社秦漢遺址發現

**收藏**:淳化縣文化館

**著録**:姚生民:《陝西淳化縣下常社秦漢遺址》,《考古》1990 年第 8 期,第 760 頁,圖六,4;《傳當》354 頁,圖七〇一

**字數**:1

**釋文**:宀(宫)

**説明**:"宫"字下所从"吕"作"二"。傅嘉儀先生説:"這種寫法在秦始皇兵馬俑遺址出土的陶文中曾見。"①

### 438. 宫字瓦當

**出土**:韓城市城南芝川鎮出土

**收藏**:安康地區博物館

**著録**:《傳當》354 頁,圖七〇二

**字數**:1

**釋文**:宫

### 439. 宫字瓦當

**時代**:西漢中期

**出土**:1960 年陝西韓城芝川漢扶荔宫遺址出土

**著録**:陝西省文物管理委員會:《陝西韓城芝川漢扶荔宫遺址的發現》,《考古》1961 年第 3 期,第 124 頁,圖

① 《傳當》,第 354 頁。

二,4

**字數**：1

**釋文**：宫

### 440. 宫字瓦當

**出土**：周至縣長楊宫遺址出土

**著録**：《傅當》355 頁,圖七〇三

**字數**：1

**釋文**：宫

### 441. 宫字瓦當

**著録**：《傅當》,補遺第 792 頁,圖六四

**字數**：1

**釋文**：宫

### 442. 宫字瓦當

**出土**：陝西省周至縣長楊宫遺址

**著録**：劉合心：《長楊宫遺址出土的秦漢文物》,《文博》2004 年第 3 期,第 12 頁,圖 44

**字數**：1

**釋文**：宫

### 443. 宫字瓦當

**出土**：1960 年陝西韓城芝川漢扶荔宫遺址出土

**著録**：陝西省文物管理委員會：《陝西韓城芝川漢扶荔宫遺址的發現》,《考古》1961 年第 3 期,第 124 頁,圖二,4

**字數**：1

**釋文**：宫

### 444. 宫字瓦當

**出土**：1996 年,在陝西省澄城縣劉家窪鄉良周村秦漢遺址發現

**著録**：姜寶蓮、趙强：《陝西澄城良周秦漢宫殿遺址調查簡報》,《文博》1998 年第 4 期,第 11 頁,圖八,1

**字數**：1

**釋文**：宫

### 445. 官字瓦當

**收藏**：西北大學

**著録**：《傅當》355 頁,圖七〇四

**字數**：1

**釋文**：官

**説明**：典範的篆書。

### 446. 官字瓦當

**著録**：《琴歸》716 頁

**字數**：1

釋文：官

説明：典範的篆書。

### 447. 官字瓦當

出土：西漢長安城遺址出土

著録：《傳當》356頁，圖七〇五

字數：1

釋文：官

説明：典範的篆書。

### 448. 關字瓦當

出土：河南新安

著録：《傳當》368頁，圖七二八；《西漢宫殿官署的瓦當》，《考古》1959年第12期；《關中》927頁；《陝當》100頁，圖一〇〇

字數：1

釋文：關

### 449. 關字瓦當

時代：漢武帝時期

出土：函谷關遺址出土

著録：《傳當》365頁，圖七二三

字數：1

釋文：關

説明："關"字筆畫延伸訛變从"絲"。

### 450. 關字瓦當

時代：漢武帝時期

出土：河南新安

收藏：西安市文管會

著録：《傳當》365頁，圖七二四

字數：1

釋文：關

説明：典範的篆書。

### 451. 關字瓦當

出土：河南新安

著録：《傳當》366頁，圖七二五

字數：1

釋文：關

### 452. 關字瓦當

出土：河南新安

著録：《傳當》366頁，圖七二六

字數：1

釋文：關

### 453. 關字瓦當

出土：河南新安

著録：《傳當》367頁，圖七二七

字數：1

釋文：關

説明："關"字筆畫並連訛變从"廾"。

454. 關字瓦當

出土：河南新安

著録：《傳當》369 頁，圖七二九

字數：1

釋文：關

455. 關字瓦當

出土：河南新安

著録：《傳當》369 頁，圖七三〇

字數：1

釋文：關

説明："關"字筆畫延伸訛變从"絲"。

456. 關字瓦當

收藏：吉林大學

著録：王丹、于潤儀：《吉林大學藏漢至北魏時期的文字瓦當》，《北方文物》1989 年第 2 期，第 54 頁，圖二，9

字數：1

釋文：關

457. 關字瓦當

出土：1998 年 3—9 月，在黄河南岸的漢函谷關倉庫建築遺址内出土

著録：洛陽市第二文物工作隊：《黄河小浪底鹽東村漢函谷關倉庫建築遺址發掘簡報》，《文物》2000 年第 10 期，第 23 頁，圖二二；第 24 頁，圖二四，1

字數：1

釋文：關

説明："關"字筆畫並連訛變从"廾"。

458. 關字瓦當

時代：西漢

出土：1998 年 3—9 月，在黄河南岸的漢函谷關倉庫建築遺址内出土

著録：洛陽市第二文物工作隊：《黄河小浪底鹽東村漢函谷關倉庫建築遺址發掘簡報》，《文物》2000 年第 10 期，第 24 頁，圖二四，3

字數：1

釋文：關

説明："關"字筆畫並連訛變从"廾"。

459. 關字瓦當

時代：西漢

出土：1998 年 3—9 月，在黄河南岸的漢函谷關倉庫建築遺址内出土

著録：洛陽市第二文物工作隊：《黄

河小浪底鹽東村漢函谷關倉庫建築遺址發掘簡報》,《文物》2000 年第 10 期,第 23 頁,圖二三;第 24 頁,圖二四,2

**字數**:1

**釋文**:關

**説明**:“關”字筆畫並連訛變从“廾”。

## 460. 光耀宇宙瓦當

**著録**:《傅當》698 頁,圖一三八三

**字數**:4

**釋文**:光曮(耀)宇宙(宙)

## 461. 光耀宇宙瓦當

**時代**:西漢武帝時期

**出土**:1975 年 8 月,在陝西興平縣漢武帝茂陵陪葬冢霍光墓附近出土

**收藏**:茂陵博物館

**著録**:王志傑、朱捷元:《漢茂陵及其陪葬冢附近新發現的重要文物》,《文物》1976 年第 7 期,第 55 頁,圖九;《傅當》697 頁,圖一三八二;楊力民:《中國古代瓦當藝術》,上海:上海人民美術出版社,1986 年,第 138 頁;錢君匋、張星逸、徐明弄:《瓦當彙編》,上海:上海人民美術出版社,1988 年,第 57 頁;劉正成:《中國書法全集》第九册,榮寶齋,1992 年,第 155、248 頁;雷百璟:《西漢一文字瓦當考釋》,《文博》1993 年第 1 期,第 64 頁;王輝:《“光耀坎宇”瓦當考釋》,《文博》1993 年第 5 期,第 13—14 頁

**字數**:4

**釋文**:光曮(耀)宇宙(宙)

**説明**:趙平安師讀爲“光耀宇宙”。順時針旋讀。[①]

## 462. 漢并天下瓦當

**著録**:《傅當》494 頁,圖九七八;《陝當》42 頁,圖四二

**字數**:4

**釋文**:漢并天下

## 463. 漢并天下瓦當

**著録**:俞偉超:《漢長安城西北部勘查記》,《考古通訊》1956 年第 5 期,第 22 頁,圖三,1

**字數**:4

---

① 趙平安:《兩種漢代瓦當文字的釋讀問題》,見氏著《新出簡帛與古文字古文獻研究》,北京:商務印書館,2009 年,第 155—162 頁。

釋文：漢并天下

**464. 漢并天下瓦當**

時代：西漢高祖時期

著録：《陝當》43 頁

字數：4

釋文：漢并天下

**465. 漢并天下瓦當**

出土：西安漢長安城遺址出土

收藏：西安市文管會

著録：《傅當》492 頁，圖九七四

字數：4

釋文：漢并天下

説明：典範的篆書。

**466. 漢并天下瓦當**

著録：《傅當》493 頁，圖九七五

字數：4

釋文：漢并天下

説明：典範的篆書。

**467. 漢并天下瓦當**

著録：《傅當》493 頁，圖九七六

字數：4

釋文：漢并天下

**468. 漢并天下瓦當**

著録：《傅當》494 頁，圖九七七

字數：4

釋文：漢并天下

**469. 漢并天下瓦當**

收藏：陝西省考古研究所

著録：《傅當》495 頁，圖九七九

字數：4

釋文：漢并天下

**470. 漢并天下瓦當**

出土：淳化縣出土

著録：《琴歸》653 頁；《傅當》495 頁，圖九八〇

字數：4

釋文：漢并天下

説明：篆隸混用：除“下”字外，其餘三字皆隸變。因“并”字形訛變，《琴歸室瓦當文抄》誤釋爲“漢廉天下”。

**471. 漢并天下瓦當**

著録：《鐵瓦》503 頁

字數：4

釋文：漢并天下

説明：典範的篆書。

**472. 漢并天下瓦當**

**著録**:《琴歸》652 頁

**字數**:4

**釋文**:漢并天下

**説明**:典範的篆書。

**473. 漢并天下瓦當**

**出土**:陝西省周至縣長楊宫遺址

**著録**:劉合心:《長楊宫遺址出土的秦漢文物》,《文博》2004 年第 3 期,第 12 頁,圖 38

**字數**:4

**釋文**:漢并天下

**説明**:典範的篆書。

**474. 漢并天下瓦當**

**時代**:西漢初

**收藏**:吉林大學

**著録**:王丹、于潤儀:《吉林大學藏漢至北魏時期的文字瓦當》,《北方文物》1989 年第 2 期,第 53 頁,圖一,8

**字數**:4

**釋文**:漢并天下

**説明**:典範的篆書。

**475. 漢宫瓦當**

**著録**:《傅當》411 頁,圖八一三

**字數**:2

**釋文**:漢宫

**説明**:"漢"字增繁訛變从"廾"。

**476. 漢宫枍詣瓦當**

**著録**:《傅當》465 頁,圖九二〇

**字數**:4

**釋文**:漢宫枍詣

**説明**:《三輔黄圖》:"枍詣宫。枍詣,木名,宫中美木茂盛也。"何清谷先生校釋曰:"陳直曰:'西都賦云,"洞枍詣以與天梁"。濰縣陳氏藏有"枍詣宫當"瓦文,似爲僞作。'……此宫在前殿與天梁宫之間。"[①]陳直先生疑僞的"枍詣宫當"瓦當,尚未見,不知與此是否相類。此瓦當"漢"字增繁訛變从"廾"。"詣"字亦訛變从口、从白。

**477. 后寢半瓦**

**時代**:西漢

**著録**:《關中》230 頁,又見 923 頁

① 何清谷:《三輔黄圖校釋》卷三,北京:中華書局,2005 年,第 178 頁。

字數：2

釋文：后寑(寢)

説明：《關中》228頁還著録有一件"孝大"半瓦。據《傅當》圖一四四〇著録的"孝太后寑"瓦當，前者可與此半瓦其綴合爲"孝大(太)后寑(寢)"。"寑"字簡省訛變从"水"，類似"深"形。

### 478. 華倉瓦當

著録：《關中》253頁，又見932頁

字數：2

釋文：華倉

### 479. 崋倉瓦當

出土：1980年，在華陰縣磑峪公社段家城和王家城村北的瓦渣梁上的華倉遺址内發現

著録：陝西省考古研究所華倉考古隊：《漢華倉遺址勘查記》，《考古與文物》1981年第3期，第67頁，圖十一，3；《陜當》79頁，圖七九；《傅當》422頁，圖八三五

字數：2

釋文：崋倉

説明：傅嘉儀先生認爲是隸書，不確。

### 480. 崋倉瓦當

出土：崋倉遺址出土

著録：《傅當》，補遺第795頁，圖七〇

字數：2

釋文：崋倉

### 481. 崋倉瓦當

出土：華陰市

著録：《傅當》422頁，圖八三六

字數：2

釋文：崋倉

### 482. 淮南半瓦當

出土：漢長安城遺址出土

收藏：日照丁希農舊藏

著録：《關中》232頁；《傅當》420頁，圖八三二

字數：2

釋文：淮南□□

説明：陳直先生謂："爲淮南王在京師行宫之物。"①

① 陳直：《秦漢瓦當概述》，見氏著《摹廬叢著七種》，濟南：齊魯書社，1981年，第344頁。

### 483. 黃當萬歲瓦當

出土：陝西扶風採集

收藏：陝西歷史博物館

著録：《傳當》467 頁，圖九二四；《中國瓦當藝術》上册第 72 頁，圖一〇九

字數：5

釋文：黃當萬歲

説明：《傳當》釋爲“美陽當萬歲”，《中國瓦當藝術》第 72 頁釋爲“美陽萬當”。實爲反文，當釋爲“黃當萬歲”。“黃當”，或與《史記·孝武本紀》《史記·封禪書》《漢書·郊祀志》等文獻中記載的公孫卿加托申功所言“漢興復當黃帝之時”或“漢興正當黃帝之運”，將武帝與黃帝比附，以此成功慫恿武帝封禪泰山之事相關。

### 484. 黃金當璧之堂瓦當

著録：《傳當》，補遺第 809 頁，圖九九；《中國古代瓦當圖典》第 469 頁

字數：6

釋文：黃金當璧㞢(之)堂

説明：旋讀。“堂”字訛从“王”。

### 485. 黃林千羽胡宮世昌瓦當

著録：《傳當》748 頁，圖一四八二

字數：8

釋文：黃林千羽胡宮世昌

説明：順時針旋讀。篆隸混用：“黃、世”等字隸變，其餘篆書。

### 486. 黃山瓦當

出土：興平市北鄉出土

著録：《傳當》392 頁，圖七七五；《琴歸》717 頁；《鐵瓦》387 頁

字數：2

釋文：黃山

説明：篆隸混用：“黃”字隸變，“山”字作篆。

### 487. 黃山瓦當

著録：《琴歸》718 頁

字數：2

釋文：黃山

説明：篆隸混用：“黃”字隸變，“山”字作篆。

### 488. 黃山瓦當

出土：興平市侯村採集

著録：《傳當》392 頁，圖七七六

字數：2

釋文：黃山

説明：篆隸混用：“黃”字隸變，“山”字作篆。

**489. 黄山瓦當**

著録：《程當》125 頁

字數：2

釋文：黄山

説明：程敦注："俞太學得自興平。攷《漢地理志》槐里有黄山宫，孝惠二年起。此即其宫瓦。《長安志》云興平漢黄山宫在縣西南十里。"

**490. 黄山瓦當**

著録：《傅當》393 頁，圖七七七

字數：2

釋文：黄山

説明：篆隸混用："黄"字隸變，"山"字作篆。

**491. 黄山瓦當**

著録：《傅當》393 頁，圖七七八

字數：2

釋文：黄山

説明：篆隸混用："黄"字隸變，"山"字作篆。

**492. 黄堂萬歲瓦當**

著録：《傅當》705 頁，圖一三九六；《中國古代瓦當圖典》第 465 頁

字數：4

釋文：黄堂萬歲

説明：篆隸混用："黄"字隸變，其餘三字篆書。

**493. 吉月昭登瓦當**

著録：《傅當》667 頁，圖一三二二

字數：4

釋文：吉月昭(照)登(燈)

説明：篆字隨形。較爲典範的篆書。

**494. 吉月照燈瓦當**

著録：《傅當》668 頁，圖一三二三

字數：4

釋文：吉月照燈

説明：篆隸混用："月、照"二字隸變。"吉"字筆畫延伸訛如"告"字。

**495. 極字殘瓦當**

出土：2008 年，在西安漢長安城直城門遺址採集

著録：中國社會科學院考古研究所漢長安城工作隊：《西安漢長安城直城門遺址 2008 年發掘簡報》，《考古》2009 年第 5 期，第 57 頁，圖一〇，1(採：58)

字數：1

釋文：極

説明：篆字隨形。

### 496. 加(嘉)氣始降瓦當

著録：《傳當》695 頁，圖一三七七；《關中》251 頁

字數：4

釋文：加(嘉)氣始降

説明：篆隸混用："降、氣"二字隸變，其餘二字篆書。篆字隨形。

### 497. 加家瓦當

出土：渭南市辛市鄉出土

著録：《傳當》446 頁，圖八八三

字數：2

釋文：加家

説明：典範的篆書。左字从"宀"，當隸定爲"家"，是"冢"的錯訛字。

### 498. 嘉露沼沫瓦當

時代：西漢武帝時期

出土：茂陵縣採集

著録：《傳當》695 頁，圖一三七八

字數：4

釋文：加(嘉)露沼沫

説明：篆字隨形。典範的篆書。

### 499. 嘉氣始降瓦當

時代：西漢武帝時期

出土：1975 年 8 月，在陝西興平縣漢武帝茂陵陪葬冢霍光墓附近出土

著録：王志傑、朱捷元：《漢茂陵及其陪葬冢附近新發現的重要文物》，《文物》1976 年第 7 期，第 54 頁，圖七；《傳當》699 頁，圖一三八六

字數：4

釋文：加(嘉)氣始降

説明：篆隸混用："降、氣"二字隸變，其餘二字篆書。篆字隨形。

### 500. 甲天下瓦當

出土：淳化縣甘泉宫上林苑

著録：《傳當》455 頁，圖九〇〇；《程當》129 頁

字數：3

釋文：甲天下

説明：逆時針旋讀。

### 501. 甲天下瓦當

著録：《傳當》456 頁，圖九〇一

字數：3

**釋文**：甲天下

**説明**：逆時針旋讀。篆隸混用："甲"作隸書，其餘二字篆書。

## 502. 甲天下瓦當

**著録**：《琴歸》748 頁

**字數**：3

**釋文**：甲天下

**説明**：逆時針旋讀。篆隸混用："甲"作隸書，其餘二字篆書。

## 503. 監桑半瓦當

**著録**：《傅當》689 頁，圖一三六六；《陝當》111 頁，圖一一一；《關中》269 頁

**字數**：2

**釋文**：□□監桑

**説明**：篆字隨形。"桑"字訛从"卉"形。

陳直先生説："此殘瓦疑爲上林苑繭館之物。"①

## 504. 建始殘瓦當

**時代**：西漢成帝時期

**出土**：1992 年，在貴州赫章可樂糧管所遺址 T184H4 出土

**著録**：張元：《貴州赫章可樂出土的西漢紀年銘文瓦當》，《考古》2008 年第 8 期，第 64 頁，圖一，3

**字數**：2

**釋文**：建始

**説明**：目前所見時代最早的紀年瓦當。

## 505. 建章瓦當

**著録**：《傅當》407 頁，圖八〇六

**字數**：2

**釋文**：建章

## 506. 建字殘瓦當

**時代**：西漢成帝時期

**出土**：1988 年，在貴州赫章可樂糧管所遺址 T6 出土

**著録**：張元：《貴州赫章可樂出土的西漢紀年銘文瓦當》，《考古》2008 年第 8 期，第 64 頁，圖一，6

**字數**：1

**釋文**：建

**説明**：目前所見時代最早的紀年瓦當。

---

① 陳直：《秦漢瓦當概述》，見氏著《摹廬叢著七種》，濟南：齊魯書社，1981 年，第 348 頁。

### 507. 彊字殘瓦當

時代：西漢中期後段至晚期前段，即宣帝至成帝早期

出土：1999年1月，在徐州拖龍山漢墓M5内出土

著録：徐州博物館：《徐州拖龍山五座西漢墓的發掘》，《考古學報》2010年第1期，第109頁，圖一五(M5:7)

字數：1

釋文：彊

### 508. 畺字瓦當

著録：《傅當》385頁，圖七六二

字數：1

釋文：畺

説明：原釋“車”，今改釋爲“畺”。漢鏡銘文中，“無疆”的“疆”字常簡省爲“畺”作（巖窟・六神四獸明鏡，《篆隸》985頁）、（吾作鏡三，同前），且中豎貫穿，與瓦當上的這個字更爲相近。

### 509. 焦字瓦當

著録：《傅當》380頁，圖七五一；《琴歸》719頁

字數：1

釋文：焦

説明：《琴歸》釋爲“矦”，此從傅嘉儀先生釋。

### 510. 金字瓦當

出土：漢長安遺址出土

著録：《傅當》378頁，圖七四八

字數：1

釋文：金

### 511. 金字瓦當

著録：《傅當》379頁，圖七四九

字數：1

釋文：金

### 512. 金字瓦當

著録：《程續》185頁

字數：1

釋文：金

### 513. 津門瓦當

時代：東漢

出土：1992年8月，在河南洛陽市三樂食品總廠住宅樓建設工程中發掘的漢墓C3M226號中出土

收藏：河南洛陽考古隊

著録：洛陽市文物工作隊：《河南洛

陽市東漢孝女黄晨、黄芍合葬墓》，《考古》1997 年第 7 期，第 15 頁，圖五（M222：11）；《傅當》421 頁，圖八三三

**字數：**2

**釋文：**津門

**説明：**陳直先生稱："津門、夏門，皆東漢十二宫門之名。"[①]傅嘉儀先生説："瓦文爲篆書，造型優美，筆道遒勁，其風格與西漢文字瓦當迥然不同。"[②]

## 514. 禁圃瓦當

**時代：**西漢中期偏晚

**出土：**陝西省周至縣長楊宫遺址

**著録：**劉合心：《長楊宫遺址出土的秦漢文物》，《文博》2004 年第 3 期，第 12 頁，圖 43；《傅當》418 頁，圖八二八；張天恩：《"禁圃"瓦當及禁圃有關問題》，《考古與文物》2001 年第 5 期，第 55 頁，圖二

**字數：**2

**釋文：**禁圃

**説明：**篆隸混用："禁"字篆書，"圃"字隸書。

## 515. 京師倉當瓦當

**出土：**1980 年，在華陰縣磑峪公社段家城和王家城村北的瓦渣梁上的華倉遺址内發現

**收藏：**陝西省考古研究所

**著録：**陝西省考古研究所華倉考古隊：《漢華倉遺址勘查記》，《考古與文物》1981 年第 3 期，圖十一，1；《傅當》482 頁，圖九五四

**字數：**4

**釋文：**京師倉當

**説明：**傅嘉儀先生謂"瓦文作隸書"，不確。

## 516. 京師庾當瓦當

**出土：**華陰市磑峪鄉華倉遺址採集

**收藏：**西安市文管會

**著録：**《傅當》482 頁，圖九五三；《陝當》85 頁，圖八五

**字數：**4

**釋文：**京師庾當

**説明：**篆隸混用：除"京"字外，其餘三字皆爲隸書。"師"字右旁訛如

---

① 陳直：《秦漢瓦當概述》，見氏著《摹廬叢著七種》，濟南：齊魯書社，1981 年，第 346 頁。

②《傅當》，第 421 頁。

"木"形。

### 517. 京師庚當瓦當

**出土**：1980年，在華陰縣磑峪公社段家城和王家城村北的瓦渣梁上的華倉遺址内發現

**收藏**：陝西省華倉考古隊

**著録**：陝西省考古研究所華倉考古隊：《漢華倉遺址勘查記》，《考古與文物》1981年第3期，圖十一，2；《傅當》481頁，圖九五二

**字數**：4

**釋文**：京師庚當

**説明**：篆隸混用："庚"字隸變。篆字隨形。"京"字中豎筆畫延伸貫穿。

### 518. 酒張冢當瓦當

**著録**：《傅當》718頁，圖一四二二

**字數**：4

**釋文**：酒張冢當

**説明**：篆隸混用："酒、當"二字隸變。

### 519. 巨楊冢當瓦當

**出土**：1982年，鳳翔縣雍城遺址附近南指揮鄉東社採集

**收藏**：陝西雍城考古隊

**著録**：陝西省雍城考古隊：《一九八二年鳳翔雍城秦漢遺址調查簡報》，《考古與文物》1984年第2期，第24頁，圖二，4（82鳳東：13）；《傅當》715頁，圖一四一五

**字數**：4

**釋文**：巨楊冢當

**説明**：典範的篆書。袁仲一先生改釋爲"楊巨冢當"。[①] 考慮到漢代人常在自家姓氏前冠以"大"或"巨"字的情況，此仍從舊釋。

### 520. 巨楊冢當瓦當

**著録**：《琴歸》744頁

**字數**：4

**釋文**：巨楊冢當

**説明**：典範的篆書。

### 521. 巨楊冢當瓦當

**出土**：漢長安城遺址出土

**收藏**：安康地區博物館

**著録**：《傅當》715頁，圖一四一六

**字數**：4

---

① 袁仲一：《秦漢瓦當文字釋談七則》，《秦漢研究》2009年第3期，第9頁。

**釋文**：巨楊冢當

**説明**：典範的篆書。

## 522. 空字瓦當

**出土**：漢長安城遺址

**收藏**：西北大學

**著録**：《關中》929 頁；《傅當》386 頁，圖七六三

**字數**：1

**釋文**：空

**説明**：典範的篆書。

## 523. 來谷宮當瓦當

**收藏**：鳳翔縣文管所

**著録**：《傅當》460 頁，圖九〇九

**字數**：4

**釋文**：來谷宮當

**説明**：典範的篆書。

## 524. 蘭池宮當瓦當

**出土**：咸陽

**著録**：《傅當》462 頁，圖九一三

**字數**：4

**釋文**：蘭沱(池)宫當

**説明**：劉心源《古文審》卷七："今考《説文》滮下引詩'滮沱北流'。陂下云：'一曰沱也。'皆以沱爲池。古音支歌不分，故沱即池。又篆書它、也形近，隸變多混。"[①]吴大澂《説文古籀補》："池，古沱字。"陳夢家《禺邗王壺考釋》："金文沱池一字。"[②]石小力、禤健聰先生認爲："'沱'應即'池沼'之'池'本字，它旁隸變後訛與也旁同，遂成'池'字。"[③]因此，"沱"與"池"是古今字關係。瓦當上的字應該隸定爲"沱"。"蘭沱"，今作"蘭池"。典範的篆書。

## 525. 蘭池宫當瓦當

**出土**：咸陽

**著録**：《程當》123 頁；《傅當》462 頁，圖九一四

**字數**：4

**釋文**：蘭沱(池)宫當

**説明**：程敦："趙文學得自咸陽。攷《漢書·地理志》渭城有蘭池宫，不言

---

① 轉引自李圃主編：《古文字詁林》第 9 册，上海：上海教育出版社，2004 年，第 10 頁。

② 吴氏、陳氏之説，轉引自劉志基等主編：《古文字考釋提要綜覽》(第四册)，上海：上海人民出版社、上海書店出版社，2019 年，第 569、570 頁。

③ 曾憲通、陳偉武主編：《出土戰國文獻字詞集釋》第 11 册，北京：中華書局，2018 年，第 5607 頁。

何帝所起。又《楊僕傳》云受詔不至蘭池宫。如淳曰蘭池宫在渭城。《文選》李善注云咸陽縣東南二十里周氏陂南一里有漢蘭池宫。據此,則蘭池宫乃漢宫,非秦宫也。而《三輔黄圖》因《史記始皇本紀》有逢盗蘭池之説,遂與阿房、興樂並列而目爲秦宫矣。"典範的篆書。

### 526. 瑯玕萬延瓦當

出土:西安漢長安城遺址出土

著録:《傳當》486頁,圖九六二

字數:4

釋文:狼(瑯)干(玕)萬延

説明:典範的篆書。

### 527. 瑯玕萬延瓦當

著録:《程當》127頁

字數:4

釋文:狼(瑯)干(玕)萬延

説明:典範的篆書。

### 528. 樂昌半瓦當

出土:漢長安城遺址出土

收藏:西安市文管會

著録:《傳當》654頁,圖一二九五

字數:2

釋文:樂昌

### 529. 樂琅富貴瓦當

著録:《傳當》637頁,圖一二六一

字數:4

釋文:樂琅富貴

説明:篆隸混用:"貴"字隸變,其餘三字篆書。

### 530. 樂浪禮官瓦當

著録:《傳當》477頁,圖九四四

字數:4

釋文:樂浪禮官

説明:典範的篆書。

### 531. 樂歲半瓦當

時代:西漢高祖五年(前202)至武帝元封元年(前110)

出土:1985—1986年,在福建崇安縣興田鄉城村西南部漢代城址東門外北崗高地出土

著録:福建省博物館、厦門大學人類學系考古專業:《崇安漢城北崗一號建築遺址》,《考古學報》1990年第3期,第354頁,圖一二,9

字數：2

釋文：樂歲

説明：篆字隨形。

## 532. 樂未央瓦當

時代：西漢高祖五年（前 202）至武帝元封元年（前 110）

出土：1985—1986 年，在福建崇安縣興田鄉城村西南部漢代城址東門外北崗高地出土

著録：福建省博物館：《崇安城村漢城探掘簡報》，《文物》1985 年第 11 期，第 43 頁，圖六，6；張其海、林忠干：《福建崇安漢城遺址出土的文字符號》，《考古與文物》1988 年第 4 期，第 66 頁，圖二，1；楊琮：《福建崇安城村古城遺址出土文字及考釋》，《東南文化》1993 年第 1 期，第 130 頁，圖 102；《傅當》453 頁，圖八九八

字數：3

釋文：樂未央

説明：典範的篆書。

## 533. 樂哉破胡瓦當

著録：《傅當》497 頁，圖九八三

字數：4

釋文：樂栽破胡

説明："樂"字上方受字内感染，自體類化訛从三"日"形。"栽"字是"哉"之錯訛。

## 534. 樂哉萬歲瓦當

著録：《傅當》667 頁，圖一三二一

字數：4

釋文：樂哉萬歲

説明："哉"字反書。

## 535. 樂字半瓦當

著録：《傅當》，補遺第 794 頁，圖六九

字數：1

釋文：樂

## 536. 樂字瓦當

著録：《傅當》374 頁，圖七四〇

字數：1

釋文：樂

説明：典範的篆書。

## 537. 樂字瓦當

出土：漢長安遺址出土

著録：《傅當》375 頁，圖七四一

字數：1

釋文：樂

説明：典範的篆書。

## 538. 樂字瓦當

著録：《程續》207 頁

字數：1

釋文：樂

説明：典範的篆書。

## 539. 李字瓦當

出土：漢長安遺址出土

著録：《傳當》378 頁，圖七四七；《陜當》125 頁，圖一二五

字數：1

釋文：李

## 540. 醴泉流庭瓦當

時代：西漢武帝時期

出土：茂陵縣出土

著録：《傳當》696 頁，圖一三七九

字數：4

釋文：醴泉流庭

説明："庭"字反書。

## 541. 利昌未央瓦當

收藏：陜西歷史博物館

著録：《陜當》104 頁，圖一〇四；《傳當》677 頁，圖一三四二

字數：4

釋文：利昌未央

説明：反書。旋讀。

## 542. 梁宮瓦當

時代：西漢初

出土：陜西長安漢城

收藏：陳直摹廬藏瓦

著録：《關中》212 頁，又見 921 頁；《傳當》410 頁，圖八一二

字數：2

釋文：粱(梁)宮

説明：陳直先生謂："梁宮，即爲梁國子孫所居。"①

## 543. 臨廷瓦當

出土：華陰市

收藏：西安市文管會

著録：《關中》255 頁；《傳當》418 頁，圖八二七；《陜當》50 頁，圖五〇

字數：2

釋文：臨廷

---

①《關中》，第 213 頁。

説明：陳直先生謂此瓦當文字“筆畫粗鹵”。傅嘉儀先生則説：“篆書蒼樸遒勁，結字莊嚴肅穆。揣測二字含義，似與建築格局有關。”①

## 544. 靈冶半瓦

著録：《關中》934 頁

字數：2

釋文：霝(靈)冶□□

説明：首字，陳直先生釋“惠”，據思冶惠保瓦當(《傅當》1318、《中國瓦當藝術》556)，當是“霝”字，可讀爲“靈”。今徑改之。

## 545. 靈冶惠保瓦當

出土：漢長安城遺址出土

著録：《傅當》665 頁，圖一三一八；《中國瓦當藝術》556

字數：4

釋文：霝(靈)冶惠保

説明：篆字隨形。《傅當》釋爲“思冶惠保”，《中國瓦當藝術》釋爲“靈冶惠保”。含義不明，似爲吉語。

## 546. 流遠純美瓦當

時代：西漢武帝時期

出土：茂陵縣採集

收藏：茂陵博物館

著録：《傅當》694 頁，圖一三七五

字數：4

釋文：流遠屯(純)美

説明：“遠”字反書。孫合肥先生讀爲“純美流遠”，謂“讚美德行敦厚，長久流遠”。②

## 547. 六畜藩息瓦當

出土：淳化縣出土

收藏：淳化縣文化館

著録：《傅當》490 頁，圖九六九

字數：4

釋文：六畜藩息

説明：順時針旋讀。較爲典範的篆書。

## 548. 六畜蕃息殘瓦

著録：《關中》261 頁

字數：2

---

① 《傅當》，第 418 頁。

② 孫合肥：《〈中國瓦當藝術〉釋文校訂》，《中國文字研究》第二十三輯，上海：上海書店出版社，2016 年，第 64 頁。

釋文：六畜□□[蕃息]

説明：典範的篆書。

### 549. 六畜蕃息殘瓦當

著録：《程續》213 頁

字數：4

釋文：六畜蕃息

説明：逆時針旋讀，"息"字反書。

### 550. 六畜蕃息瓦當

著録：《傅當》491 頁，圖九七一

字數：4

釋文：六畜蕃息

説明：逆時針旋讀，"息"字反書。典範的篆書。

### 551. 六畜興旺瓦當

著録：《傅當》490 頁，圖九七〇；《中國古代瓦當圖典》723

字數：4

釋文：六畜興暀(旺)

説明：逆時針旋讀。較爲典範的篆書。《説文·日部》："暀，光美也。从日往聲。"其小篆形體與此瓦第四字相合。趙立光先生稱："或爲畜圈用瓦。"①

### 552. 陸字瓦當

出土：漢長安城遺址

著録：《關中》327 頁；《傅當》379 頁，圖七五〇

字數：1

釋文：陸

説明：典範的篆書。

### 553. 吕冢當瓦當

收藏：中國社會科學院考古所

著録：《傅當》454 頁，圖八九九

字數：3

釋文：吕冢當

### 554. 馬馬瓦當

出土：西安市西郊

著録：《傅當》444 頁，圖八七九

字數：2

釋文：馬馬

説明：反書。

### 555. 馬字瓦當

出土：漢長安遺址出土

① 趙力光：《中國古代瓦當圖典》，北京：文物出版社，1998 年，第 753 頁。

收藏：中國社會科學院考古研究所

著録：《傅當》377 頁，圖七四五；《關中》329 頁

字數：1

釋文：馬

## 556. 馬字瓦當

出土：漢長安遺址出土

收藏：陝西歷史博物館

著録：《傅當》376 頁，圖七四三；《陝當》48 頁，圖四八

字數：1

釋文：馬

説明：反書。

## 557. 馬字瓦當

出土：漢長安遺址出土

著録：《傅當》376 頁，圖七四四

字數：1

釋文：馬

## 558. 馬字瓦當

出土：漢長安遺址出土

著録：《傅當》377 頁，圖七四六

字數：1

釋文：馬

## 559. 貌宫瓦當

出土：1996 年，在陝西省澄城縣劉家窪鄉良周村秦漢遺址發現

收藏：陝西省文物總店

著録：姜寶蓮、趙强：《陝西澄城良周秦漢宫殿遺址調查簡報》，《文博》1998 年第 4 期，第 10 頁，圖七，6；《傅當》409 頁，圖八〇九

字數：2

釋文：貌宫

## 560. 眉字瓦當

著録：《關中》259 頁

字數：1

釋文：眉

説明：與《説文》小篆不同，下从“白”。

## 561. 眉字瓦當

出土：眉縣出土

著録：《傅當》370 頁，圖七三一

字數：1

釋文：眉

説明：典範的篆書。傅嘉儀：“疑爲官署或官署用瓦。”

## 562. 郿字瓦當

出土：寶雞市

收藏：西北大學

著録：《傅當》370 頁，圖七三二；《關中》257 頁，又見 928 頁

字數：1

釋文：郿

## 563. 郿字瓦當

出土：眉縣

著録：《傅當》371 頁，圖七三三

字數：1

釋文：郿

## 564. 郿字瓦當

出土：1990 年以來，在眉縣槐芽鎮西的趙家莊遺址附近採集

著録：劉懷君：《陝西眉縣兩處秦漢"眉邑"遺址的調查》，《考古與文物》2008 年第 2 期，第 30 頁，圖四，1（MZ 採：4）；《傅當》371 頁，圖七三四

字數：1

釋文：郿

## 565. 郿字瓦當

出土：1990 年以來，在陝西眉縣城關鎮西嶺遺址附近採集

收藏：眉縣文管所

著録：劉懷君：《陝西眉縣兩處秦漢"眉邑"遺址的調查》，《考古與文物》2008 年第 2 期，第 31 頁，圖七，1（MX 採：1）；《傅當》372 頁，圖七三五

字數：1

釋文：郿

## 566. 墓字瓦當

著録：《傅當》385 頁，圖七六一；《琴歸》747 頁

字數：1

釋文：墓

説明：篆字隨形。

## 567. 内掖椒風瓦當

出土：漢長安城遺址出土

著録：《傅當》485 頁，圖九六〇；《中國瓦當藝術》上册第 266 頁，圖四七九

字數：4

釋文：内掖朱(椒)風

説明：典範的篆書。"朱"字，《傅當》釋"株"，《中國瓦當藝術》徑釋"椒"，並説："《漢書·董賢傳》載，漢哀帝'召賢女弟，位次皇后，更名其舍爲椒風。以配椒

房'。班固《西都賦》中載有椒風殿,此殿爲漢武帝時未央宫后宫十四位之一。"

## 568. 年宫瓦當

**出土**:1962年陝西省鳳翔縣南古城北馬家莊西北出土

**收藏**:陝西省考古所

**著録**:《陝當》45頁,圖四五;《關中》226頁;陝西省社會科學院考古研究所鳳翔隊:《秦都雍城遺址勘查》,《考古》1963年第8期;徐錫臺、孫德潤:《鳳翔縣發現"年宫"與"棫"字的瓦當》,《文物》1963年第5期,第70頁,圖二

**字數**:2

**釋文**:年宫

**説明**:原整理報告:"祁"字被省略。《陝當》第45頁:"《鳳翔縣志》成西漢諸帝祀五畤者凡二十三次,此疑祀五畤時齋宿宫瓦。年宫,史失名,或云秦蘄年宫瓦,以瓦質驗之,非是。"《中國瓦當藝術》上册第91頁:"年宫爲史籍失載的秦漢離宫。"

## 569. 年宫瓦當

**出土**:1982年,在鳳翔雍城秦漢遺址發現

**著録**:陝西省雍城考古隊:《一九八二年鳳翔雍城秦漢遺址調查簡報》,《考古與文物》1984年第2期,圖版肆,5和圖二,2(82鳳東:12)

**字數**:2

**釋文**:年宫

## 570. 女陰官當瓦當

**時代**:西漢早期

**出土**:1990年3月,在安徽省阜陽市文昌閣建築工地内出土

**著録**:劉峰:《安徽省阜陽市發現漢代汝陰宫殿遺址》,《考古與文物》1996年第5期,第11頁,圖二,1;《傅當》487頁,圖九六四

**字數**:4

**釋文**:女(汝)陰官當

**説明**:典範的篆書。順時針旋讀。據《史記・高祖功臣侯者年表》,第一代汝陰侯夏侯嬰。司馬貞《索隱》:"汝陰縣屬汝南。"[①]該瓦當的出土地點既是西漢汝陰侯宫殿遺址,又是現今阜陽城區中心,故兩千多年來阜陽城址變化不大。

---

① 《史記》卷十八,第884頁。

### 571. 披香殿當瓦當

出土：西安漢長安城遺址出土

著録：《傳當》484 頁，圖九五九

字數：4

釋文：披香殿當

説明：篆字隨形。典範的篆書。《三輔黄圖》："在未央宫有披香殿。"

### 572. 平阿樂宫瓦當

著録：《傳當》457 頁，圖九〇四

字數：4

釋文：平阿樂宫

説明：較爲典範的篆書。

### 573. 平阿樂宫瓦當

著録：《傳當》457 頁，圖九〇三

字數：4

釋文：平阿樂宫

説明：順時針旋讀，互相十字交叉的兩個字分别平行。典範的篆書。

### 574. 平阿樂宫瓦當

出土：西安市渭河北採集

著録：《傳當》457 頁，圖九〇五；《程續》189 頁

字數：4

釋文：平阿樂宫

説明：順時針旋讀，互相十字交叉的兩個字分别平行。典範的篆書。

### 575. 平城瓦當

出土：2007 年，在山西省大同市操場城北部的北魏太官倉儲遺址中的漢代灰坑中發現

著録：山西省考古研究所、大同市考古研究所：《山西大同操場城北魏二號遺址發掘簡報》，《文物》2016 年第 4 期，第 13 頁，圖一八（H295:35）

字數：2

釋文：平城

説明：當心，豎讀。

### 576. 齊一宫當瓦當

時代：西漢高祖時期

出土：1976 年咸陽市長陵東北採集

收藏：咸陽市博物館

著録：王丕忠：《漢長陵附近出土的秦漢瓦當》，見《文物》編輯委員會編：《文物資料叢刊》第 6 輯，北京：文物出版社，1982 年，第 18 頁，圖二，1；《傳當》461 頁，圖九一二

字數：4

**釋文**：齊一宫當

**説明**：篆字隨形。

## 577. 齊園宫當瓦當

**時代**：西漢高祖時期

**出土**：20 世纪 70 年代，在咸陽漢高祖長陵陪葬墓附近採集

**收藏**：咸陽市博物館

**著録**：王丕忠：《漢長陵附近出土的秦漢瓦當》，見《文物》編輯委員會編：《文物資料叢刊》第 6 輯，北京：文物出版社，1982 年，第 18 頁，圖二，2；《傅當》461 頁，圖九一一；石興邦、馬建熙、孫德潤：《長陵建制及其有關問題——漢劉邦長陵勘察記存》，《考古與文物》1984 年第 2 期，第 38 頁，圖二，3

**字數**：4

**釋文**：齊園宫當

**説明**：篆字隨形。

## 578. 齊園瓦當

**時代**：西漢高祖時期

**出土**：20 世纪 70 年代，在咸陽漢高祖長陵陪葬墓附近採集

**收藏**：咸陽市博物館

**著録**：王丕忠：《漢長陵附近出土的秦漢瓦當》，見《文物》編輯委員會編：《文物資料叢刊》第 6 輯，北京：文物出版社，1982 年，第 18 頁，圖二，3；《傅當》395 頁，圖七八二；石興邦、馬建熙、孫德潤：《長陵建制及其有關問題——漢劉邦長陵勘察記存》，《考古與文物》1984 年第 2 期，第 38 頁，圖二，3

**字數**：2

**釋文**：齊園

**説明**：豎讀。典範的篆書。篆字隨形。

## 579. 蘄年宫當瓦當

**出土**：鳳翔縣孫家南頭堡子壕採集

**收藏**：陝西省雍城縣考古隊

**著録**：陝西省雍城考古隊：《一九八二年鳳翔雍城秦漢遺址調查簡報》，《考古與文物》1984 年第 2 期，圖版肆，4 和圖二，1（82 鳳孫：2）；《傅當》460 頁，圖九一〇

**字數**：4

**釋文**：蘄秊（年）宫當

**説明**：典範的篆書。蘄年宫，秦惠公時建，孝公時稱“槖泉宫”。《史記・秦始皇本紀》記載，長信侯嫪毐“將欲攻蘄年宫爲亂”。張守節《正義》引《括地志》云：“蘄年宫在岐州城西故

城内。”[①]山東臨淄出土有“蘄丞之印”封泥(《二十》三—GP—0920)。

### 580. 千金富貴半瓦當

**出土**:1978—1979年,在陕西淳化縣北漢甘泉宫遺址内出土

**著録**:姚生民:《漢甘泉宫遺址勘察記》,《考古與文物》1980年第2期,第59頁,圖十二,7

**字數**:4

**釋文**:千金

□[宜]富貴□[當]

**説明**:“富”字从“目”,“貴”字从“日”。

### 581. 千金宜富貴當瓦當

**著録**:《窓齋》709頁

**字數**:4

**釋文**:千金

亘(宜)富貴當

**説明**:外圈文字順時針旋讀。“富”字从“目”,“貴”字从“日”。

### 582. 千金宜富貴當瓦當

**著録**:《程續》197頁;《關中》306頁

**字數**:6

**釋文**:千金

亘(宜)富貴當

**説明**:外圈文字順時針旋讀。“富”字从“目”,“貴”字从“日”。

### 583. 千金宜富貴當瓦當

**出土**:西安市南郊出土

**收藏**:西北大學

**著録**:《傅當》739頁,圖一四六四

**字數**:6

**釋文**:千金

亘(宜)富貴當

**説明**:外圈文字順時針旋讀。“富”字从“目”,“貴”字从“日”。

### 584. 千金宜富貴當瓦當

**著録**:《琴歸》727頁

**字數**:6

**釋文**:千金

亘(宜)富貴當

**説明**:外圈文字順時針旋讀。“富”字从“目”,“貴”字从“日”。

---

① 《史記》卷六,第228頁。

### 585. 千金宜富貴當瓦當

出土：淳化縣出土

著録：《傳當》740頁，圖一四六五

字數：6

釋文：千枀

宜富貴當

説明：外圈文字順時針旋讀。"富"字从"目"，"貴"字从"日"，"金"字訛从"丞"形。

### 586. 千金宜富貴當瓦當

著録：《琴歸》726頁

字數：6

釋文：千枀

宜富貴當

説明：外圈文字順時針旋讀。"富"字从"目"，"貴"字从"日"，"金"字訛从"禾"。

### 587. 千年延壽瓦當

著録：《傳當》640頁，圖一二六七

字數：4

釋文：千秊(年)延壽

説明：順時針旋讀。

### 588. 千秋半瓦當

著録：《鐵瓦》463頁；《琴歸》693頁

字數：2

釋文：千秋

説明：篆字隨形。

### 589. 千秋半瓦當

時代：東漢

收藏：吉林大學

著録：王丹、于潤儀：《吉林大學藏漢至北魏時期的文字瓦當》，《北方文物》1989年第2期，第54頁，圖二，6

字數：2

釋文：千秋□□

説明：典範的篆書。

### 590. 千秋半瓦當

收藏：吉林大學

著録：王丹、于潤儀：《吉林大學藏漢至北魏時期的文字瓦當》，《北方文物》1989年第2期，第54頁，圖二，5

字數：2

釋文：千秋□□

説明：篆字隨形。

### 591. 千秋半瓦當

著録：《陝當》94頁，圖九四

字數：2

釋文：千秋

説明：豎讀。

### 592. 千秋半瓦當

時代：東漢

收藏：吉林大學

著録：王丹、于潤儀：《吉林大學藏漢至北魏時期的文字瓦當》，《北方文物》1989年第2期，第54頁，圖二，8

字數：2

釋文：千秋

説明：豎讀。"秋"字所从"禾"旁筆畫並連。

### 593. 千秋殘瓦當

出土：2002—2003年，在漢長安城長樂宫二號建築遺址内出土

著録：中國社會科學院考古研究所漢長安城工作隊：《漢長安城長樂宫二號建築遺址發掘報告》，《考古學報》2004年第1期，第73頁，圖一一，7(T7③:5)

字數：2

釋文：千秋□□

説明：篆字隨形。

### 594. 千秋長安瓦當

著録：《傳當》651頁，圖一二九〇

字數：4

釋文：千秋長安

説明：順時針旋讀。篆隸混用："千、安"二字作隸書。

### 595. 千秋利君長延年瓦當

著録：《鐵瓦》441頁；《琴歸》698頁

字數：7

釋文：千秋利君長延秊(季)

説明：豎讀。典範的篆書。

### 596. 千秋利君長延年瓦當

著録：《傳當》744頁，圖一四七三

字數：7

釋文：千秋利君長延秊(年)

説明：豎讀。典範的篆書。

### 597. 千秋利君瓦當

著録：《傳當》664頁，圖一三一六；《陝當》24頁，圖二四；《琴歸》697頁

字數：4

釋文：千秋利君

説明：篆隸混用："利"所从"刀"旁隸變。

**598. 千秋瓦當**

出土：陝西長安漢城出土

收藏：劉軍山舊藏

著録：《關中》309 頁

字數：2

釋文：千秋

説明：典範的篆書。篆字隨形。陳直先生言："兩字排比如三字，章法極妙。"

**599. 千秋瓦當**

出土：漢長安城遺址出土

收藏：西安市文管會

著録：《傅當》437 頁，圖八六五；《陝當》90 頁，圖九〇

字數：2

釋文：千秋

説明：典範的篆書。篆字隨形。

**600. 千秋瓦當**

著録：《琴歸》692 頁

字數：2

釋文：千秋

**601. 千秋瓦當**

出土：1981 年，在包頭召灣 M47 木槨墓中出土

著録：車日格：《淺談包頭出土的漢代瓦當》，《内蒙古文物考古》2000 年第 1 期，第 173 頁，圖一，5

字數：2

釋文：千秋

説明："秋"字从"千"，或受"千"字感染類化。

**602. 千秋萬年瓦當**

著録：《傅當》649 頁，圖一二八四

字數：4

釋文：千秋萬秊(年)

**603. 千秋萬世長樂未央昌瓦當**

著録：《傅當》751 頁，圖一四八七

字數：9

釋文：千秋萬世長樂未央昌

説明：外圈文字順時針旋讀。典範的篆書。篆字隨形。

**604. 千秋萬世長樂未央昌瓦當**

著録：《窓齋》705 頁

字數：9

釋文：千秋萬世長樂未央昌

説明：外圈文字旋讀兼對讀，兩兩相對。典範的篆書。篆字隨形。

## 605. 千秋萬世長樂未央昌瓦當

出土：漢長安城遺址出土

收藏：西安市文管會

著録：《傳當》751 頁，圖一四八八

字數：9

釋文：千秋萬世長樂未央昌

説明：外圈文字旋讀兼對讀，兩兩相對。典範的篆書。篆字隨形。

## 606. 千秋萬世長樂未央昌瓦當

著録：《傳當》752 頁，圖一四八九

字數：9

釋文：千秋萬世長樂未央昌

説明：外圈文字旋讀兼對讀，兩兩相對。典範的篆書。篆字隨形。

## 607. 千秋萬世瓦當

著録：《琴歸》694 頁；《鐵瓦》473 頁；《傳當》637 頁，圖一二六二

字數：4

釋文：千秋萬世

説明：逆時針旋讀。

## 608. 千秋萬世瓦當

著録：《傳當》649 頁，圖一二八五

字數：4

釋文：千秋萬世

## 609. 千秋萬世瓦當

著録：《傳當》652 頁，圖一二九二

字數：4

釋文：千秋萬世

説明：典範的篆書。

## 610. 千秋萬世瓦當

著録：《傳當》665 頁，圖一三一七；《琴歸》696 頁

字數：4

釋文：千秋萬世

## 611. 千秋萬世瓦當

著録：《傳當》672 頁，圖一三三二

字數：4

釋文：千秋萬世

説明：“秋”字从“木”。

## 612. 千秋萬世瓦當

著録：《傳當》686 頁，圖一三六〇

字數：4

釋文：千秋萬世

### 613. 千秋萬世瓦當

出土：1985 年春在鄭州市西北郊區出土

著録：張松林：《鄭州市西北郊區考古調查簡報》，《中原文物》1986 年第 4 期，第 10 頁，圖十一

字數：4

釋文：千秋萬世

説明：典範的篆書。篆字隨形。

### 614. 千秋萬歲□□未央瓦當

出土：漢長安城遺址出土

著録：《傅當》746 頁，圖一四七八

字數：6

釋文：千秋萬歲□□未央

説明：逆時針旋讀。典範的篆書。

### 615. 千秋萬歲安樂無極瓦當

著録：《傅當》747 頁，圖一四七九

字數：8

釋文：千秋萬歲安樂無極

説明：十字交叉豎讀。篆隸混用："安、無"等字作隸書。

### 616. 千秋萬歲半瓦當

著録：《傅當》627 頁，圖一二四一

字數：4

釋文：千秋萬歲

説明：自左向右横讀。

### 617. 千秋萬歲殘瓦當

出土：1980 年，在華陰縣磑峪公社段家城和王家城村北的瓦渣梁上的華倉遺址内發現

著録：陝西省考古研究所華倉考古隊：《漢華倉遺址發掘簡報》，《考古與文物》1982 年第 2 期，第 24 頁，圖八，5(80H8:1)

字數：3

釋文：千秋□[萬]歲

説明：自左向右豎讀。

### 618. 千秋萬歲殘瓦當

時代：西漢

出土：1955 年，在遼陽三道壕西漢村落遺址内出土

著録：東北博物館：《遼陽三道壕西漢村落遺址》，《考古學報》1957 年第 1 期，第 122 頁，圖三

字數：3

釋文：千□[秋]萬歲

619. **千秋萬歲殘瓦當**

出土：1976年7月，在潮格旗朝魯庫倫漢代石城遺址内出土

著録：蓋山林、陸思賢：《潮格旗朝魯庫倫漢代石城及其附近的長城》，見《中國長城遺跡調查報告集》，北京：文物出版社，1981年，第28頁，圖五

字數：3

釋文：千□[秋]萬歲

620. **千秋萬歲殘瓦當**

出土：1981年冬，在山東高密城陰城遺址出土

著録：李儲森：《山東高密城陰城調查簡報》，《考古與文物》1991年第5期，圖四，3

字數：2

釋文：□[千]秋□[萬]歲

621. **千秋萬歲殘瓦當**

出土：1995年11月，在岱廟仁安門發現

著録：高曉燕、秦彧：《泰安岱廟出土的漢唐瓦當》，《江漢考古》2000年第3期，第92頁，圖一，4

字數：2

釋文：□[千]秋萬□[歲]

622. **千秋萬歲富貴宜子孫瓦當**

著録：《傅當》748頁，圖一四八一

字數：8

釋文：千秋萬歲富貴宜不孫

説明：順時針旋讀。"子"字訛如"不"形。

623. **千秋萬歲年未央瓦當**

著録：《傅當》742頁，圖一四七〇

字數：7

釋文：千秋萬歲秊(年)未央

説明：旋讀兼對讀。

624. **千秋萬歲瓦當**

著録：《傅當》598頁，圖一一八四

字數：4

釋文：千秋萬歲

説明：反書。文字筆畫簡省嚴重："秋"訛从"未"，"萬"訛从"八"。

625. **千秋萬歲瓦當**

時代：西漢時期

**出土**：1987年，在天津軍糧城海口小東莊鄉西南埑村西漢遺址内出土

**著録**：天津市歷史博物館考古部：《天津軍糧城海口漢唐遺跡》，《考古》1993年第2期

**字數**：4

**釋文**：千秋萬歳

### 626. 千秋萬歳瓦當

**著録**：《陝當》87頁，圖八七

**字數**：4

**釋文**：千秋萬歳

**説明**：典範的篆書。篆字隨形。

### 627. 千秋萬歳瓦當

**收藏**：西安市文管會

**著録**：《傅當》590頁，圖一一六八

**字數**：4

**釋文**：千秋萬歳

**説明**："歳"字簡化訛變。

### 628. 千秋萬歳瓦當

**著録**：《傅當》590頁，圖一一六七

**字數**：4

**釋文**：千秋萬歳

**説明**："歳"字簡化訛變。

### 629. 千秋萬歳瓦當

**著録**：《琴歸》686頁

**字數**：4

**釋文**：千秋萬歳

**説明**："歳"字簡化訛變。

### 630. 千秋萬歳瓦當

**著録**：《傅當》591頁，圖一一六九

**字數**：4

**釋文**：不利萬歳

**説明**：十字交叉輻射。文字藝術化，尤其"千秋"二字都嚴重訛變。"千"字形體特殊，近似《説文》"櫱"字古文"不"。李春桃先生認爲，"不"字"可能以木質根部表'櫱'的'伐木餘'之意，似爲象形字"。[①] "秋"字訛从木从刀。

### 631. 千秋萬歳瓦當

**著録**：《傅當》591頁，圖一一七〇

**字數**：4

**釋文**：千秋萬歳

**説明**：十字交叉向心。

---

① 李春桃：《傳抄古文綜合研究》，吉林大學博士學位論文，2012年，第709頁。

632. **千秋萬歲瓦當**

**著録**：《傳當》592頁，圖一一七一

**字數**：4

**釋文**：天秋萬歲

**説明**：十字交叉向心。“千”訛成“天”形。

633. **千秋萬歲瓦當**

**著録**：《傳當》592頁，圖一一七二

**字數**：4

**釋文**：天秋萬歲

**説明**：十字交叉向心。“千”訛成“天”形。

634. **千秋萬歲瓦當**

**著録**：《傳當》593頁，圖一一七三

**字數**：4

**釋文**：千秋萬歲

**説明**：十字交叉向心。“千”訛如鳥形，“秋”已不成字。

635. **千秋萬歲瓦當**

**著録**：《傳當》593頁，圖一一七四

**字數**：4

**釋文**：千秋萬歲

**説明**：十字交叉豎讀。“千”訛如鳥形。

636. **千秋萬歲瓦當**

**著録**：《傳當》594頁，圖一一七五

**字數**：4

**釋文**：千秋萬歲

**説明**：順時針旋讀。

637. **千秋萬歲瓦當**

**著録**：《傳當》594頁，圖一一七六

**字數**：4

**釋文**：千秋萬歲

**説明**：十字交叉向心。“秋、萬”二字訛變劇烈。

638. **千秋萬歲瓦當**

**著録**：《傳當》595頁，圖一一七七

**字數**：4

**釋文**：千秋萬歲

**説明**：十字交叉向心。“秋”字寫法寫法怪異。

639. **千秋萬歲瓦當**

**著録**：《傳當》595頁，圖一一七八

**字數**：4

**釋文**：天秋萬歲

**640. 千秋萬歲瓦當**

著録：《傅當》596 頁，圖一一八〇

字數：4

釋文：千秋萬歲

説明：十字交叉向心。文字美術化，訛變劇烈。

**641. 千秋萬歲瓦當**

著録：《傅當》597 頁，圖一一八一

字數：4

釋文：天秋萬歲

説明：十字交叉向心。"秋"字所从"禾"旁筆畫並連。

**642. 千秋萬歲瓦當**

著録：《傅當》597 頁，圖一一八二

字數：4

釋文：千秋萬歲

**643. 千秋萬歲瓦當**

著録：《傅當》598 頁，圖一一八三

字數：4

釋文：千秋萬歲

**644. 千秋萬歲瓦當**

著録：《傅當》599 頁，圖一一八五

字數：4

釋文：千秋萬歲

**645. 千秋萬歲瓦當**

時代：西漢

收藏：吉林大學

著録：《傅當》599 頁，圖一一八六；王丹、于潤儀：《吉林大學藏漢至北魏時期的文字瓦當》，《北方文物》1989 年第 2 期，第 53 頁，圖一，15

字數：4

釋文：千秋萬歲

説明：篆字隨形。

**646. 千秋萬歲瓦當**

著録：《琴歸》691 頁

字數：4

釋文：千秋萬歲

説明：篆字隨形。

**647. 千秋萬歲瓦當**

收藏：西安市文管會

著録：《傅當》600 頁，圖一一八七；《陜當》86 頁，圖八六

字數：4

釋文：千秋萬歲

説明：典範的篆書。篆字隨形。

## 648. 千秋萬歲瓦當

出土：1980年，在華陰縣磑峪公社段家城和王家城村北的瓦渣梁上的華倉遺址内發現

著録：陝西省考古研究所華倉考古隊：《漢華倉遺址勘查記》，《考古與文物》1981年第3期，第68頁，圖十二，4；《傳當》600頁，圖一一八八

字數：4

釋文：千秋萬歲

説明：鳥蟲書。

## 649. 千秋萬歲瓦當

著録：《傳當》601頁，圖一一八九

字數：4

釋文：千秋萬歲

## 650. 千秋萬歲瓦當

出土：漢長安城遺址出土

著録：《傳當》601頁，圖一一九〇

字數：4

釋文：千秋萬歲

説明：典範的篆書。篆字隨形。

## 651. 千秋萬歲瓦當

著録：《傳當》602頁，圖一一九一；《程當》98頁

字數：4

釋文：千秋萬歲

## 652. 千秋萬歲瓦當

著録：《鐵瓦》489頁

字數：4

釋文：千秋萬歲

## 653. 千秋萬歲瓦當

出土：漢長安城遺址出土

收藏：平庵

著録：《傳當》602頁，圖一一九二

字數：4

釋文：千秋萬歲

## 654. 千秋萬歲瓦當

著録：《傳當》603頁，圖一一九三

字數：4

釋文：千秋萬歲

## 655. 千秋萬歲瓦當

出土：1955年10月，在西安西郊漢代建築遺址内發現

著録：雒忠如：《西安西郊發現漢代建築遺址》,《考古通訊》1957 年第 6 期,第 29 頁,圖一,7
字數：4
釋文：千秋萬歲

656. **千秋萬歲瓦當**
著録：《傳當》603 頁,圖一一九四
字數：4
釋文：千秋萬歲

657. **千秋萬歲瓦當**
著録：《傳當》604 頁,圖一一九五
字數：4
釋文：千秋萬歲
説明：“千秋”反書。

658. **千秋萬歲瓦當**
著録：《傳當》604 頁,圖一一九六
字數：4
釋文：千秋萬歲

659. **千秋萬歲瓦當**
著録：《傳當》605 頁,圖一一九七
字數：4
釋文：千秋萬歲

660. **千秋萬歲瓦當**
著録：《傳當》605 頁,圖一一九八
字數：4
釋文：千秋萬歲

661. **千秋萬歲瓦當**
著録：《傳當》606 頁,圖一一九九
字數：4
釋文：千秋萬歲

662. **千秋萬歲瓦當**
著録：《傳當》606 頁,圖一二〇〇
字數：4
釋文：千秋萬歲

663. **千秋萬歲瓦當**
著録：《傳當》607 頁,圖一二〇一
字數：4
釋文：千秋萬歲
説明：字體粗草。

664. **千秋萬歲瓦當**
著録：《傳當》607 頁,圖一二〇二
字數：4
釋文：千秋萬歲

665. **千秋萬歲瓦當**

著録:《傅當》608 頁,圖一二〇三

字數:4

釋文:千秋萬歲

666. **千秋萬歲瓦當**

著録:《傅當》608 頁,圖一二〇四

字數:4

釋文:千秋萬歲

説明:較爲典範的篆書。

667. **千秋萬歲瓦當**

著録:《傅當》609 頁,圖一二〇五

字數:4

釋文:千秋萬歲

説明:典範的篆書。

668. **千秋萬歲瓦當**

著録:《傅當》609 頁,圖一二〇六

字數:4

釋文:千秋萬歲

説明:順時針旋讀。

669. **千秋萬歲瓦當**

收藏:茂陵博物館

著録:《傅當》610 頁,圖一二〇七

字數:4

釋文:千秋萬歲

説明:典範的篆書。

670. **千秋萬歲瓦當**

收藏:安康地區博物館

著録:《傅當》610 頁,圖一二〇八

字數:4

釋文:千秋萬歲

671. **千秋萬歲瓦當**

著録:《傅當》611 頁,圖一二〇九

字數:4

釋文:千秋萬歲

説明:十字交叉向心。“秋”字簡省訛變。

672. **千秋萬歲瓦當**

著録:《傅當》611 頁,圖一二一〇

字數:4

釋文:千秋萬歲

説明:典範的篆書。篆字隨形。

673. **千秋萬歲瓦當**

著録:《傅當》612 頁,圖一二一一

字數:4

釋文：千秋萬歲

説明：典範的篆書。篆字隨形。

674. **千秋萬歲瓦當**

著録：《傅當》612 頁，圖一二一二

字數：4

釋文：千秋萬歲

説明："秋"字从"木"。"歲"字从"艸"，恐是受到"萬"字感染，類化訛變。

675. **千秋萬歲瓦當**

時代：東漢

收藏：吉林大學

著録：《傅當》629 頁，圖一二四六；王丹、于潤儀：《吉林大學藏漢至北魏時期的文字瓦當》，《北方文物》1989 年第 2 期，第 53 頁，圖一，14

字數：4

釋文：千秋萬歲

説明："秋"字从"木"。"歲"字从"艸"，恐是受到"萬"字感染，類化訛變。

676. **千秋萬歲瓦當**

著録：《傅當》613 頁，圖一二一三

字數：4

釋文：千秋萬歲

説明：十字交叉向心。

677. **千秋萬歲瓦當**

出土：漢建章宫遺址出土

收藏：平庵

著録：《傅當》613 頁，圖一二一四

字數：4

釋文：千秋萬歲

説明：典範的篆書。篆字隨形。

678. **千秋萬歲瓦當**

著録：《程當》99 頁

字數：4

釋文：千秋萬歲

説明：典範的篆書。篆字隨形。

679. **千秋萬歲瓦當**

著録：《傅當》614 頁，圖一二一五

字數：4

釋文：千秋萬歲

説明：典範的篆書。篆字隨形。

680. **千秋萬歲瓦當**

著録：《傅當》614 頁，圖一二一六

字數：4

釋文：千秋萬歲

説明：典範的篆書。篆字隨形。

### 681. 千秋萬歲瓦當

出土：漢建章宫遺址出土

收藏：平庵

著録：《傳當》615頁，圖一二一七

字數：4

釋文：千秋萬歲

説明：典範的篆書。篆字隨形。

### 682. 千秋萬歲瓦當

著録：《傳當》615頁，圖一二一八

字數：4

釋文：千秋萬歲

説明：典範的篆書。篆字隨形。

### 683. 千秋萬歲瓦當

出土：漢建章宫遺址出土

著録：《傳當》616頁，圖一二一九

字數：4

釋文：千秋萬歲

説明：典範的篆書。篆字隨形。

### 684. 千秋萬歲瓦當

出土：漢建章宫遺址出土

著録：《傳當》616頁，圖一二二〇

字數：4

釋文：千秋萬歲

説明：典範的篆書。篆字隨形。

### 685. 千秋萬歲瓦當

收藏：平庵

著録：《傳當》617頁，圖一二二一；《程當》92頁；《琴歸》687頁

字數：4

釋文：千秋萬歲

説明：篆字隨形。

### 686. 千秋萬歲瓦當

時代：西漢武帝時期

出土：茂陵出土

收藏：茂陵博物館

著録：《傳當》617頁，圖一二二二

字數：4

釋文：千秋萬歲

説明：典範的篆書。篆字隨形。

### 687. 千秋萬歲瓦當

著録：《傳當》618頁，圖一二二三

字數：4

釋文：千秋萬歲

説明：典範的篆書。篆字隨形。

688. **千秋萬歲瓦當**

著録：《傳當》618 頁，圖一二二四

字數：4

釋文：千秋萬歲

説明：典範的篆書。篆字隨形。

689. **千秋萬歲瓦當**

著録：《傳當》619 頁，圖一二二五

字數：4

釋文：千秋萬歲

説明：典範的篆書。篆字隨形。

690. **千秋萬歲瓦當**

著録：《傳當》619 頁，圖一二二六

字數：4

釋文：千秋萬歲

説明：典範的篆書。篆字隨形。

691. **千秋萬歲瓦當**

著録：《傳當》620 頁，圖一二二七；《琴歸》685 頁

字數：4

釋文：千秋萬歲

説明：典範的篆書。

692. **千秋萬歲瓦當**

著録：《傳當》620 頁，圖一二二八

字數：4

釋文：千秋萬歲

説明：逆時針旋讀，“萬歲”二字倒書。典範的篆書。

693. **千秋萬歲瓦當**

著録：《傳當》621 頁，圖一二二九

字數：4

釋文：千秋萬歲

説明：横讀。典範的篆書。

694. **千秋萬歲瓦當**

著録：《傳當》621 頁，圖一二三〇

字數：4

釋文：千秋萬歲

説明：典範的篆書。

695. **千秋萬歲瓦當**

著録：《傳當》622 頁，圖一二三一

字數：4

釋文：千秋萬歲

説明：典範的篆書。

696. **千秋萬歲瓦當**

著録：《傳當》622 頁，圖一二三二

字數：4

釋文：千秋萬歲

説明：典範的篆書。

697. **千秋萬歲瓦當**

著録：《傳當》623 頁，圖一二三四

字數：4

釋文：千秋萬歲

説明：自左向右豎讀。

698. **千秋萬歲瓦當**

著録：《傳當》624 頁，圖一二三五

字數：4

釋文：千秋萬歲

説明：自左向右豎讀。

699. **千秋萬歲瓦當**

著録：《傳當》626 頁，圖一二三九

字數：4

釋文：千秋萬歲

700. **千秋萬歲瓦當**

著録：《傳當》626 頁，圖一二四〇

字數：4

釋文：千秋萬歲

701. **千秋萬歲瓦當**

著録：《傳當》627 頁，圖一二四二

字數：4

釋文：千秋萬歲

702. **千秋萬歲瓦當**

收藏：羅振玉舊藏

著録：《傳當》628 頁，圖一二四三

字數：4

釋文：千秋萬歲

説明：文字粗草。

703. **千秋萬歲瓦當**

收藏：西安市文管會

著録：《傳當》628 頁，圖一二四四；《陝當》89 頁，圖八九

字數：4

釋文：千秋萬歲

説明：典範的篆書。篆字隨形。

### 704. 千秋萬歲瓦當

著録：《傅當》629 頁，圖一二四五；《琴歸》689 頁

字數：4

釋文：千秋萬歲

説明：篆字隨形。“歲”字从“艸”，恐是受“萬”字感染，類化訛變。

### 705. 千秋萬歲瓦當

出土：1994 年、1996 年，在陝西户縣兆倫村一處鑄錢遺址内出土

著録：陝西省文保中心兆倫鑄錢遺址調查組：《陝西户縣兆倫漢代鑄錢遺址調查報告》，《文博》1998 年第 3 期，第 26 頁，圖十四，5

字數：4

釋文：千秋萬歲

説明：篆字隨形。“歲”字从“艸”，恐是受“萬”字感染，類化訛變。

### 706. 千秋萬歲瓦當

收藏：安康地區博物館

著録：《傅當》630 頁，圖一二四七；《程當》96 頁

字數：4

釋文：千秋萬歲

説明：“秋”字訛从“木”。篆字隨形。

### 707. 千秋萬歲瓦當

著録：《傅當》630 頁，圖一二四八

字數：4

釋文：千秋萬歲

説明：逆時針旋讀。

### 708. 千秋萬歲瓦當

著録：《傅當》631 頁，圖一二四九

字數：4

釋文：千秋萬歲

### 709. 千秋萬歲瓦當

著録：《傅當》631 頁，圖一二五〇

字數：4

釋文：千秋萬歲

### 710. 千秋萬歲瓦當

著録：《傅當》632 頁，圖一二五一

字數：4

釋文：千秋萬歲

### 711. 千秋萬歲瓦當

著録：《傅當》632 頁，圖一二五二；《琴歸》683 頁

字數：4

釋文：千秋萬歲

### 712. 千秋萬歲瓦當

出土：漢未央宫中央官署遺址出土

著録：《漢長安城未央宫(下)》，圖版八三(3:T13③:19)

字數：4

釋文：千秋萬歲

### 713. 千秋萬歲瓦當

出土：1979年5月中旬，在内蒙古昭烏達盟寧城縣甸子公社黑成大隊古城遺址内發現

著録：馮永謙、姜念思：《寧城縣黑城古城遺址調查》，《考古》1982年第2期，第160頁，圖八，1；《傳當》633頁，圖一二五三

字數：4

釋文：千秋萬歲

説明：反書。

### 714. 千秋萬歲瓦當

著録：《傳當》633頁，圖一二五四

字數：4

釋文：千秋萬歲

説明：横讀。

### 715. 千秋萬歲瓦當

著録：《傳當》634頁，圖一二五六

字數：4

釋文：千秋萬歲

説明：典範的篆書。

### 716. 千秋萬歲瓦當

著録：《傳當》635頁，圖一二五七

字數：4

釋文：千秋萬歲

### 717. 千秋萬歲瓦當

出土：鳳翔縣豆腐村採集

收藏：鳳翔縣雍城文管所

著録：《傳當》635頁，圖一二五八

字數：4

釋文：千秋萬歲

説明：文字集中在當心。

### 718. 千秋萬歲瓦當

出土：丹鳳縣古城村商邑遺址出土

著録：《傳當》，補遺第804頁，圖八八

字數：4

釋文：千秋萬歲

説明：順時針旋讀。

### 719. 千秋萬歲瓦當

著録：《程當》91頁

字數：4
釋文：千秋萬歲
説明：典範的篆書。篆字隨形。

## 720. 千秋萬歲瓦當
著録：《程當》93 頁
字數：4
釋文：千秋萬歲
説明：典範的篆書。篆字隨形。

## 721. 千秋萬歲瓦當
著録：《程當》94 頁
字數：4
釋文：千秋萬歲
説明：典範的篆書。篆字隨形。

## 722. 千秋萬歲瓦當
著録：《程當》95 頁
字數：4
釋文：千秋萬歲
説明：篆字隨形。

## 723. 千秋萬歲瓦當
著録：《程當》97 頁
字數：4
釋文：千秋萬歲
説明：典範的篆書。篆字隨形。

## 724. 千秋萬歲瓦當
著録：《琴歸》688 頁；《鐵瓦》411 頁
字數：4
釋文：千秋萬歲
説明：典範的篆書。篆字隨形。

## 725. 千秋萬歲瓦當
著録：《琴歸》682 頁；《鐵瓦》451 頁
字數：4
釋文：千秋萬歲
説明：典範的篆書。篆字隨形。

## 726. 千秋萬歲瓦當
著録：《琴歸》690 頁
字數：4
釋文：千秋萬歲
説明：文字粗草，訛變劇烈。

## 727. 千秋萬歲瓦當
出土：1976 年 5—6 月，在遼寧省寧城縣老哈河上游的黑城古城遺址内發現
著録：昭烏達盟文物工作站、寧城縣文化館：《遼寧寧城縣黑城古城王莽

錢範作坊遺址的發現》,《文物》1977年第12期,第40頁,圖九,1

**字數**:4

**釋文**:千秋萬歲

### 728. 千秋萬歲瓦當

**出土**:1997—2000年,在漢陽陵帝陵陵園南門遺址内出土

**著録**:陝西省考古研究院:《漢陽陵帝陵陵園南門遺址發掘簡報》,《考古與文物》2011年第5期,第9頁,圖九,1(T209③:4)

**字數**:4

**釋文**:千秋萬歲

**説明**:典範的篆書。篆字隨形。

### 729. 千秋萬歲瓦當

**出土**:1997—2000年,在漢陽陵帝陵陵園南門遺址内出土

**著録**:陝西省考古研究院:《漢陽陵帝陵陵園南門遺址發掘簡報》,《考古與文物》2011年第5期,第9頁,圖九,2(T109③:1)

**字數**:4

**釋文**:千秋萬歲

**説明**:典範的篆書。篆字隨形。

### 730. 千秋萬歲瓦當

**出土**:1997—2000年,在漢陽陵帝陵陵園南門遺址内出土

**著録**:陝西省考古研究院:《漢陽陵帝陵陵園南門遺址發掘簡報》,《考古與文物》2011年第5期,第9頁,圖九,3(T211③:9)

**字數**:4

**釋文**:千秋萬歲

**説明**:典範的篆書。篆字隨形。"秋"字訛从"木"。

### 731. 千秋萬歲瓦當

**出土**:1997—2000年,在漢陽陵帝陵陵園南門遺址内出土

**著録**:陝西省考古研究院:《漢陽陵帝陵陵園南門遺址發掘簡報》,《考古與文物》2011年第5期,第9頁,圖九,4(T312③:41)

**字數**:4

**釋文**:千秋萬歲

**説明**:典範的篆書。篆字隨形。

### 732. 千秋萬歲瓦當

**時代**:西漢

**收藏**:吉林大學

**著録**：王丹、于潤儀：《吉林大學藏漢至北魏時期的文字瓦當》,《北方文物》1989年第2期,第53頁,圖一,19

**字數**：4

**釋文**：千秋萬歲

**説明**：篆字隨形。"秋"字訛从"木"。

### 733. 千秋萬歲瓦當

**時代**：西漢

**出土**：1979年4月,在凌源安杖子古城址内發掘出土

**著録**：遼寧省文物考古研究所：《遼寧凌源安杖子古城址發掘報告》,《考古學報》1996年第2期,第229頁,圖二八,2

**字數**：4

**釋文**：千秋萬歲

**説明**：反書。旋讀。

### 734. 千秋萬歲瓦當

**出土**：1993—1995年,在綏中縣石碑地秦漢宫城遺址内出土

**著録**：遼寧省文物考古研究所姜女石工作站：《遼寧綏中縣石碑地秦漢宫城遺址1993—1995年發掘簡報》,《考古》1997年第10期,第55頁,圖九,7(H1003:1)

**字數**：4

**釋文**：千秋萬歲

**説明**：横讀。篆字隨形。

### 735. 千秋萬歲瓦當

**出土**：1993—1995年,在綏中縣石碑地秦漢宫城遺址内出土

**著録**：遼寧省文物考古研究所姜女石工作站：《遼寧綏中縣石碑地秦漢宫城遺址1993—1995年發掘簡報》,《考古》1997年第10期,第55頁,圖九,8(H1008:1)

**字數**：4

**釋文**：千秋萬歲

**説明**："秋"字訛从"木"。

### 736. 千秋萬歲瓦當

**出土**：1993—1995年,在綏中縣石碑地秦漢宫城遺址内出土

**著録**：遼寧省文物考古研究所姜女石工作站：《遼寧綏中縣石碑地秦漢宫城遺址1993—1995年發掘簡報》,《考古》1997年第10期,第56頁,圖一〇,2(T0807②:1)

**字數**：4

釋文：千秋萬歲

説明：横讀。

### 737. 千秋萬歲瓦當

出土：1993—1995年，在綏中縣石碑地秦漢宫城遺址内出土

著録：遼寧省文物考古研究所姜女石工作站：《遼寧綏中縣石碑地秦漢宫城遺址1993—1995年發掘簡報》，《考古》1997年第10期，第56頁，圖一〇，6（H1008:1）

字數：4

釋文：千秋萬歲

### 738. 千秋萬歲瓦當

時代：西漢

出土：1955年，在遼陽三道壕西漢村落遺址内出土

著録：東北博物館：《遼陽三道壕西漢村落遺址》，《考古學報》1957年第1期，第122頁，圖三

字數：4

釋文：千秋萬歲

説明：篆字隨形。

### 739. 千秋萬歲瓦當

出土：2008年7月，在山西右玉縣中陵古城内出土

著録：山西省考古研究所、暨南大學歷史系考古專業：《山西右玉縣中陵古城的調查與試掘》，《考古》2011年第10期，第36頁，圖五，1

字數：4

釋文：千秋萬歲

説明：横讀。篆字隨形。

### 740. 千秋萬歲瓦當

出土：1980年，在華陰縣磑峪公社段家城和王家城村北的瓦渣梁上的華倉遺址内發現

著録：陝西省考古研究所華倉考古隊：《漢華倉遺址發掘簡報》，《考古與文物》1982年第2期，第24頁，圖八，4（80H12:2）

字數：4

釋文：千秋萬歲

### 741. 千秋萬歲瓦當

時代：西漢景帝時期

出土：1978年10—11月，在咸陽市漢景帝陽陵出土

著録：王丕忠、張子波、孫德潤：《漢景帝陽陵調查簡報》，《考古與文物》1980年第1期

**字數**：4

**釋文**：千秋萬歲

**説明**：典範的篆書。

### 742. 千秋萬歲瓦當

**出土**：陝西長安漢城出土

**收藏**：白祚舊藏

**著録**：《關中》313 頁

**字數**：4

**釋文**：千秋萬歲

**説明**：陰文，反書。典範的篆書。篆字隨形。

### 743. 千秋萬歲瓦當

**出土**：1959—1960 年，在南陽市北關漢代宛城内的西漢製陶作坊遺址内出土

**著録**：河南省文物研究所：《南陽瓦房莊漢代製陶、鑄銅遺址的發掘》，《華夏考古》1994 年第 1 期，第 37 頁，圖九，3（Y23:20）

**字數**：4

**釋文**：千秋萬歲

**説明**：順時針旋讀。

### 744. 千秋萬歲瓦當

**出土**：1993—1995 年，在綏中縣石碑地秦漢宫城遺址内出土

**著録**：遼寧省文物考古研究所姜女石工作站：《遼寧綏中縣石碑地秦漢宫城遺址 1993—1995 年發掘簡報》，《考古》1997 年第 10 期，第 56 頁，圖一〇，4（T0809②:1）

**字數**：4

**釋文**：千秋萬歲

### 745. 千秋萬歲瓦當

**出土**：1981 年，在包頭召灣 M47 木槨墓中出土

**著録**：車日格：《淺談包頭出土的漢代瓦當》，《内蒙古文物考古》2000 年第 1 期，第 173 頁，圖一，4

**字數**：4

**釋文**：千秋萬歲

### 746. 千秋萬歲瓦當

**出土**：1979 年，在昭烏達盟甸子公社老哈河上游的右北平郡遺址内出土

**著録**：内蒙古自治區原昭烏達盟文物工作站：《昭烏達盟漢代長城遺址調查報告》，《文物》1985 年第 4 期，第 78 頁，圖二三，1

**字數**：4

**釋文**：千秋萬歲

### 747. 千秋萬歲瓦當

**出土**：1981年冬，在山東高密城陰城遺址出土

**著録**：李儲森：《山東高密城陰城調查簡報》，《考古與文物》1991年第5期，圖四，2

**字數**：4

**釋文**：千秋萬歲

**説明**："千、秋"二字寫法特殊。

### 748. 千秋萬歲瓦當

**出土**：1995年11月，在岱廟仁安門發現

**著録**：高曉燕、秦彧：《泰安岱廟出土的漢唐瓦當》，《江漢考古》2000年第3期，第92頁，圖一，3

**字數**：4

**釋文**：千秋萬歲

**説明**：反書。"歲"字从"艸"。

### 749. 千秋萬歲瓦當

**出土**：1995年11月，在岱廟仁安門發現

**著録**：高曉燕、秦彧：《泰安岱廟出土的漢唐瓦當》，《江漢考古》2000年第3期，第92頁，圖一，5

**字數**：4

**釋文**：千秋萬歲

### 750. 千秋萬歲瓦當

**出土**：1999年下半年至2000年上半年，在長安城桂宮三號建築遺址内出土

**著録**：中國社會科學院考古研究所、日本奈良國立文化財研究所中日聯合考古隊：《漢長安城桂宮三號建築遺址發掘簡報》，《考古》2001年第1期，圖版拾貳，5（T1③:86）

**字數**：4

**釋文**：千秋萬歲

**説明**：典範的篆書。篆字隨形。

### 751. 千秋萬歲瓦當

**出土**：1986—1987年，在漢長安城未央宮第三號遺址内出土

**著録**：中國社會科學院考古研究所漢城工作隊：《漢長安城未央宮第三號遺址發掘簡報》，《考古》1989年第1期，第41頁，圖三，8

**字數**：4

釋文：千秋萬歲

説明：篆字隨形。

### 752. 千秋萬歲宜富安世瓦當

著録：《傳當》746 頁，圖一四七七

字數：8

釋文：千秋萬歲亘(宜)富安世

説明：逆時針旋讀。典範的篆書。“世”字筆畫延伸到扇面以外。

### 753. 千秋萬歲以保長年瓦當

出土：1959—1962 年，在山西夏縣禹王城遺址出土

著録：中國社會科學院考古研究所山西工作隊：《山西夏縣禹王城調查》，《考古》1963 年第 9 期，第 477 頁，圖六，5

字數：8

釋文：千秋萬歲目(以)保長季(年)

説明：豎讀。典範的篆書。篆字隨形。

### 754. 千秋萬歲餘未央瓦當

著録：《琴歸》681 頁；《傳當》742 頁，圖一四六九

字數：7

釋文：千秋萬歲餘未央

説明：順時針旋讀。

### 755. 千秋萬歲餘未央瓦當

時代：東漢

收藏：吉林大學

著録：王丹、于潤儀：《吉林大學藏漢至北魏時期的文字瓦當》，《北方文物》1989 年第 2 期，第 53 頁，圖一，3

字數：7

釋文：千秋萬歲餘未央

説明：順時針旋讀。

### 756. 千秋萬歲與地毋極瓦當

收藏：劉瑞庭舊藏，現藏西安市文管會

著録：《陝當》76 頁，圖七六；《關中》283 頁；《傳當》747 頁，圖一四八〇

字數：8

釋文：千秋萬歲輿地毋極

説明：豎讀。篆隸混用：“千、輿、毋”等字隸書。“與”訛成“輿”字。

### 757. 千秋萬歲與天地無極瓦當

收藏：故宫博物院

著録：《傳當》752 頁，圖一四九〇

字數：10

釋文：千秋萬歲與天地無極

説明：豎讀。篆隸混用："與"字隸書。

### 758. 千秋萬歲與天毋極瓦當

著録：《陝當》22 頁，圖二二；《傅當》745 頁，圖一四七六

字數：8

釋文：千秋萬歲與天毋極

説明：逆時針旋讀。"歲"字从"艸"，恐是受"萬"字感染，類化訛變。

### 759. 千秋萬歲與天無極瓦當

出土：漢長安城遺址出土

收藏：謝文清舊藏

著録：《傅當》745 頁，圖一四七五；《關中》281 頁

字數：8

釋文：千秋萬歲與天無極

説明：逆時針旋讀。陳直先生謂此"文字絶精之品"。①

### 760. 千歲瓦當

出土：藍田縣焦岱鎮出土

著録：《傅當》443 頁，圖八七八

字數：2

釋文：千歲

### 761. 千萬殘瓦當

出土：1978—1979 年，在陝西淳化縣北漢甘泉宫遺址内出土

著録：姚生民：《漢甘泉宫遺址勘察記》，《考古與文物》1980 年第 2 期，第 59 頁，圖十二，9

字數：2

釋文：千萬

### 762. 千萬殘瓦當

時代：西漢

收藏：吉林大學

著録：王丹、于潤儀：《吉林大學藏漢至北魏時期的文字瓦當》，《北方文物》1989 年第 2 期，第 54 頁，圖二，3

字數：2

釋文：千萬

### 763. 千萬富昌瓦當

著録：《傅當》，補遺第 801 頁，圖八二；高文：《四川漢代瓦當》，《四川文物》1993 年第 2 期

字數：4

① 《關中》，第 282 頁。

**釋文**：千万(萬)富昌

**説明**："千万"二字合文。高文釋"侯富昌",不確。

### 764. 千萬世瓦當

**著録**：《傅當》453 頁,圖八九七

**字數**：3

**釋文**：千萬世

**説明**：横讀。

### 765. 前堂食室瓦當

**著録**：《傅當》488 頁,圖九六五

**字數**：4

**釋文**：前堂食室

**説明**：篆字隨形。

### 766. 秦氏冢當瓦當

**著録**：《傅當》728 頁,圖一四四一

**字數**：4

**釋文**：秦氏冢當

**説明**：篆字隨形。"秦"字訛从"士"。

### 767. 青衣瓦當瓦當

**出土**：1979 年春,在四川省寶興縣城關鎮出土

**收藏**：寶興縣文管所

**著録**：《傅當》,補遺第 807 頁,圖九三

**字數**：2

**釋文**：青衣瓦當

**説明**：反書。篆隸混用。當地農民在改造梯田時發現兩件同模瓦當。楊文成先生認爲是"屬於漢代青衣羌人聚落遺址的文化遺存"。[1] 青衣羌爲西北羌族南下的一支,春秋時曾與蜀國抗衡。其本民族自稱"斯榆""徙""始陽"等,皆羌語"黄金"一詞的轉譯。秦漢時因該民族服飾尚青而稱之爲"青衣"。秦惠王時征服青衣羌國,秦漢時有青衣蠻夷邑國。除此瓦當外,漢印"青衣道令"(《增訂》378 頁)、漢碑楊君之銘和樊敏碑碑文都與青衣羌有關。[2]

### 768. 清涼有喜瓦當

**出土**：西安漢長安城遺址出土

**著録**：《傅當》486 頁,圖九六一

**字數**：4

**釋文**：清涼有憙(喜)

**説明**：典範的篆書。篆字隨形。

---

① 楊文成:《青衣羌人的"青衣瓦當"》,《四川文物》1995 年第 1 期,第 60—61 頁。

② 詳參李天明:《青衣江與青衣羌國考略》,《中國歷史地理論叢》1997 年第 1 期,第 81—86 頁。

769. **秋歲半瓦當**

著録：《傳當》634 頁，圖一二五五

字數：2

釋文：秋歲

説明：典範的篆書。

770. **秋歲半瓦當**

著録：《琴歸》699 頁

字數：2

釋文：秋歲

説明：典範的篆書。

771. **秋歲半瓦當**

著録：《鐵瓦》521 頁

字數：2

釋文：秋歲

説明：典範的篆書。

772. **秋萬歲樂殘瓦當**

著録：《傳當》749 頁，圖一四八四

字數：6

釋文：秋萬歲樂

773. **秋字殘瓦當**

出土：1976 年 7 月，在潮格旗朝魯庫倫漢代石城遺址内出土

著録：蓋山林、陸思賢：《潮格旗朝魯庫倫漢代石城及其附近的長城》，見《中國長城遺跡調查報告集》，北京：文物出版社，1981 年，第 28 頁，圖五

字數：1

釋文：秋

774. **秋字殘瓦當**

出土：1981—1983 年，在漢長安城未央宫第二號遺址内出土

著録：中國社會科學院考古研究所：《漢長安城未央宫——1980～1989 年考古發掘報告》，北京：中國大百科全書出版社，1996 年，第 210 頁，圖九二，4(2:T5③:157)

字數：1

釋文：秋

775. **曲成之亯瓦當**

著録：《傳當》717 頁，圖一四二〇；羅振玉：《唐風樓秦漢瓦當文字・卷一》十九

字數：4

釋文：曲成止(之)亯

説明：末字可隸定作"亯"，是"當"字之訛。

陳直先生說："曲成侯虫達後裔家墓上所用。"①

### 776. 仁義自成瓦當

**著録**：《傳當》694 頁，圖一三七六；《程當》101 頁

**字數**：4

**釋文**：仁義自成

**説明**：典範的篆書。

### 777. 日樂富昌瓦當

**出土**：渭南張村採集

**收藏**：渭南市文管會

**著録**：《傳當》659 頁，圖一三〇五

**字數**：4

**釋文**：囸(日)樂富昌

**説明**："日"字作"囸"，合於《説文》古文形體。

### 778. 日利常樂瓦當

**著録**：《傳當》672 頁，圖一三三一

**字數**：4

**釋文**：日利常(長)樂

**説明**：逆時針旋讀。"常"字所从"尚"旁簡省。

### 779. 榮字瓦當

**著録**：《傳當》381 頁，圖七五三

**字數**：1

**釋文**：榮

**説明**：秦漢時期實際行用的"榮"字中，罕見簡省从"火"者。此形近於傳抄古文中的[illegible]、[illegible]、[illegible]等形。②

### 780. 上林半瓦當

**時代**：西漢

**著録**：《傳當》397 頁，圖七八五；《陝當》82 頁，圖八二

**字數**：2

**釋文**：上林

**説明**：豎讀。典範的篆書。

### 781. 上林半瓦當

**時代**：西漢

**收藏**：吉林大學

**著録**：王丹、于潤儀：《吉林大學藏漢至北魏時期的文字瓦當》，《北方文物》1989 年第 2 期，第 54 頁，圖二，1

---

① 陳直：《秦漢瓦當概述》，見氏著《摹廬叢著七種》，濟南：齊魯書社，1981 年，第 357 頁。

② 徐在國：《傳抄古文字編》，北京：綫裝書局，2006 年，第 560 頁。

字數：2

釋文：上林

説明：豎讀。典範的篆書。

### 782. 上林半瓦當

著録：《傅當》397 頁，圖七八六；《程當》137 頁

字數：2

釋文：上林

説明：傅嘉儀先生謂："瓦文筆道富墨韻，爲同文半瓦當中最精彩者。""上"字末筆延伸。

### 783. 上林半瓦當

時代：西漢

出土：漢長安城遺址出土

收藏：西安市文管會

著録：《傅當》398 頁，圖七八七；王丹、于潤儀：《吉林大學藏漢至北魏時期的文字瓦當》，《北方文物》1989 年第 2 期，第 54 頁，圖二，2

字數：2

釋文：上林

### 784. 上林半瓦當

出土：漢長安城遺址出土

著録：《傅當》398 頁，圖七八八

字數：2

釋文：上林

説明：典範的篆書。

### 785. 上林半瓦當

出土：西安市西郊棗園採集

收藏：西安市文管會

著録：《傅當》400 頁，圖七九一

字數：2

釋文：上林

説明：典範的篆書。

### 786. 上林半瓦當

出土：漢長安城遺址出土

著録：《傅當》399 頁，圖七八九

字數：2

釋文：上林

説明：典範的篆書。

### 787. 上林半瓦當

出土：漢長安城遺址出土

著録：《傅當》399 頁，圖七九〇

字數：2

釋文：上林

説明：典範的篆書。

788. **上林半瓦當**

著録：《程當》136 頁

字數：2

釋文：上林

説明：典範的篆書。

789. **上林半瓦當**

著録：《鐵瓦》455 頁

字數：2

釋文：上林

説明：典範的篆書。

790. **上林半瓦當**

著録：《琴歸》655 頁

字數：2

釋文：上林

791. **上林農官瓦當**

時代：西漢

收藏：陝西歷史博物館

著録：《傅當》474 頁，圖九三八

字數：4

釋文：上林農(農)官

説明：典範的篆書。

792. **上林農官瓦當**

著録：《程當》155 頁

字數：4

釋文：上林農(農)官

説明：典範的篆書。

793. **上林農官瓦當**

收藏：安康地區博物館

著録：《傅當》474 頁，圖九三七；《陝當》80 頁，圖八〇

字數：4

釋文：上林農(農)官

説明：典範的篆書。

794. **上林農官瓦當**

著録：《傅當》475 頁，圖九三九

字數：4

釋文：上林農(農)官

説明：典範的篆書。

795. **上林瓦當**

出土：漢長安城遺址出土

著録：《傅當》402 頁，圖七九六

字數：2

釋文：上林

説明：豎讀。典範的篆書。

796. **上林瓦當**

出土：漢長安城遺址出土

收藏：西安市文管會

著録：《傅當》403頁，圖七九七

字數：2

釋文：上林

説明：豎讀。典範的篆書。

797. **上林瓦當**

出土：1962年7月，在長安縣窩頭寨漢代錢範遺址内出土

著録：陝西省博物館、文管會考古調查組：《長安窩頭寨漢代錢範遺址調查》，《考古》1972年第5期，第32頁，圖四，1

字數：2

釋文：上林

説明：豎讀。典範的篆書。

798. **上林瓦當**

時代：西漢

收藏：吉林大學

著録：王丹、于潤儀：《吉林大學藏漢至北魏時期的文字瓦當》，《北方文物》1989年第2期，第53頁，圖一，1；《陝當》83頁，圖八三

字數：2

釋文：上林

説明：豎讀。典範的篆書。

799. **上林瓦當**

出土：西安市西郊採集

著録：《傅當》405頁，圖八〇一；《陝當》84頁，圖八四

字數：2

釋文：上林

説明：豎讀。典範的篆書。

800. **上林瓦當**

出土：漢長安城遺址出土

著録：《傅當》400頁，圖七九二

字數：2

釋文：上林

説明：豎讀。典範的篆書。

801. **上林瓦當**

出土：漢長安城遺址出土

著録：《傅當》401頁，圖七九三

字數：2

釋文：上林

説明：豎讀。典範的篆書。傅嘉儀先生謂此“上”字“裝飾味濃”。

**802. 上林瓦當**

**出土**：西安市三橋鎮出土

**著録**：《傅當》401 頁，圖七九四

**字數**：2

**釋文**：上林

**説明**：豎讀。典範的篆書。

**803. 上林瓦當**

**出土**：西安市三橋鎮出土

**著録**：《傅當》402 頁，圖七九五

**字數**：2

**釋文**：上林

**説明**：豎讀。典範的篆書。

**804. 上林瓦當**

**出土**：西安市西郊出土

**著録**：《傅當》403 頁，圖七九八

**字數**：2

**釋文**：上林

**説明**：豎讀。典範的篆書。

**805. 上林瓦當**

**出土**：漢長安城遺址出土

**收藏**：西安市文管會

**著録**：《傅當》404 頁，圖七九九

**字數**：2

**釋文**：上林

**説明**：豎讀。典範的篆書。

**806. 上林瓦當**

**著録**：《程當》133 頁

**字數**：2

**釋文**：上林

**説明**：豎讀。典範的篆書。

**807. 上林瓦當**

**著録**：《鐵瓦》419 頁

**字數**：2

**釋文**：上林

**説明**：豎讀。典範的篆書。

**808. 上林瓦當**

**出土**：1955 年 10 月，在西安西郊漢代建築遺址内發現

**著録**：雒忠如：《西安西郊發現漢代建築遺址》，《考古通訊》1957 年第 6 期，第 29 頁，圖一，6

**字數**：2

**釋文**：上林

**説明**：豎讀。典範的篆書。

**809. 上林瓦當**

出土：漢長安城遺址出土

著録：《傳當》404 頁，圖八〇〇

字數：2

釋文：上林

説明：豎讀。典範的篆書。

**810. 上林瓦當**

出土：漢長安城遺址出土

收藏：陝西省考古研究所

著録：《傳當》405 頁，圖八〇二

字數：2

釋文：上林

説明：豎讀。典範的篆書。

**811. 上林瓦當**

著録：《程當》134 頁

字數：2

釋文：上林

説明：豎讀。典範的篆書。

**812. 上林瓦當**

著録：《程當》135 頁

字數：2

釋文：上林

説明：豎讀。典範的篆書。

**813. 上林瓦當**

出土：1994 年、1996 年，在陝西户縣兆倫村一處鑄錢遺址内出土

著録：陝西省文保中心兆倫鑄錢遺址調查組：《陝西户縣兆倫漢代鑄錢遺址調查報告》，《文博》1998 年第 3 期，第 26 頁，圖十四，6

字數：2

釋文：上林

説明：豎讀。典範的篆書。

**814. 上林瓦當**

著録：高文：《四川漢代瓦當》，《四川文物》1993 年第 2 期

字數：2

釋文：上林

説明：豎讀。典範的篆書。

**815. 上林瓦當**

著録：《琴歸》654 頁

字數：2

釋文：上林

説明：豎讀。典範的篆書。

**816. 神靈冢當瓦當**

著録：《琴歸》731 頁；《傳當》，補遺第

808 頁,圖九六

**字數**:4

**釋文**:神零(靈)冢當

**說明**:篆隸混用:"當"字作篆,其餘三字作隸書。次字,原多徑釋爲"靈"。

### 817. 神氣咸寧瓦當

**時代**:西漢武帝時期

**出土**:茂陵縣出土

**著録**:《傅當》696 頁,圖一三八〇

**字數**:4

**釋文**:神氣咸寧

**說明**:"氣"字簡省。

### 818. 濕倉備成殘瓦當

**出土**:1956 年,黄河水庫考古隊在三門峽以東平陸縣龍岩村附近採集

**著録**:中國科學院考古研究所:《三門峽漕運遺跡——黄河水庫考古報告之一》,北京:科學出版社,1959 年,第 38 頁,圖二

**字數**:2

**釋文**:濕□備□

**說明**:或補爲"濕倉備成",並認爲山西平陸龍岩遺址即漢代"濕倉"所在。[①] 山西省博物館藏有濕倉銅斛。

"備",可訓爲"皆"。"備成"成辭見於古書,如《後漢書·律曆志》:"日周于天,一寒一暑,四時備成,萬物畢改,攝提遷次,青龍移辰,謂之歲。"又《漢書·禮樂志》載《安世房中歌》:"忽成青玄,熙事備成。"顔師古注:"言還神禮畢,忽登青天而去,福熙之事皆備成也。熙與禧同。"銅鏡銘文中常有"子孫備具居中央"等句。"備具"與"備成"近義。

### 819. 石渠千秋瓦當

**出土**:西安漢長安城遺址出土

**著録**:《傅當》484 頁,圖九五七

**字數**:4

**釋文**:石渠千秋

**說明**:典範的篆書。"石渠",即石渠閣,西漢皇室藏書之處,在長安未央宫殿北。

### 820. 石室朝神宫瓦當

**著録**:《傅當》734 頁,圖一四五三

---

① 丘光明:《中國歷代度量衡考》,北京:科學出版社,1992 年,第 226 頁;丘光明、邱龍、楊平著:《中國科學技術史:度量衡卷》,北京:科學出版社,2001 年,第 229 頁。

字數：5

釋文：石室朝神宫

説明："朝"字所从"𠦝"旁簡化，與《説文》小篆作"𣉻"不同。"神"字左側筆畫並連，右側簡省。

## 821. 石室朝神宫瓦當

著録：《琴歸》662 頁

字數：5

釋文：石室朝神宫

説明："朝"字所从"𠦝"旁簡化，與《説文》小篆作"𣉻"不同。

## 822. 時序半瓦當

著録：《傅當》689 頁，圖一三六五；《關中》267 頁；《陝當》110 頁，圖一一〇

字數：2

釋文：時序

## 823. 始造富貴瓦當

著録：《傅當》659 頁，圖一三〇六

字數：4

釋文：始造富貴

説明：順時針旋讀。

## 824. 侍舍宜官瓦當

收藏：寶雞市博物館

著録：《傅當》671 頁，圖一三三〇

字數：4

釋文：侍舍宜(宜)官

## 825. 室昌瓦當

著録：《傅當》，補遺第 797 頁，圖七三；高文：《四川漢代瓦當》，《四川文物》1993 年第 2 期

字數：2

釋文：室昌

## 826. 壽成瓦當

著録：《傅當》391 頁，圖七七三

字數：2

釋文：壽成

説明：典範的篆書。"壽"字形體與《説文》小篆不同，此从"又"之變形。

## 827. 壽成瓦當

著録：《傅當》391 頁，圖七七四；羅振玉：《唐風樓秦漢瓦當文字·卷一》十八

字數：2

釋文：壽成

**説明**：典範的篆書。“壽”字形體與《説文》小篆不同，此从“又”。

## 828. 司隸君段瓦當

**著録**：《傅當》，補遺第800頁，圖八〇

**字數**：4

**釋文**：司隸君段

**説明**：第四字舊不識，近似“叚”形。石繼承先生指出，秦漢文字中，“叚、段”常常混同。[①]《後漢書》卷六十五載，段熲曾在建寧三年(170)左右和熹平二年(173)兩度出任司隸校尉一職。這位曾經征戰多年的名將，之後阿附宦官，得以“增封四千户，并前萬四千户”。[②] 據此推測，這件瓦當文字可釋爲“司隸君段”，或即段熲私宅用瓦。

## 829. 四極咸施瓦當

**著録**：《傅當》692頁，圖一三七一；《中國瓦當藝術》551

**字數**：4

**釋文**：四極咸㐌(施)

**説明**：篆字隨形。舊多釋爲“四極咸依”，《中國瓦當藝術》上册第315頁謂此“瓦文屬漢賦類吉語，頌揚漢王朝疆域廣大、天下順服”。但是，末字當从“㐌”，爲“施”字異體。類似形體見漢印(《增訂》306頁)。《史記·秦始皇本紀》載秦始皇之罘刻石，其辭中有“烹滅彊暴，振救黔首，周定四極。普施明法，經緯天下，永爲儀則”。[③] 該瓦當上的“咸施”即“普施”。

## 830. 四極咸依瓦當

**著録**：《傅當》693頁，圖一三七四；《中國瓦當藝術》552

**字數**：4

**釋文**：四極咸㐌(施)

**説明**：篆字隨形。

## 831. 四年殘瓦當

**出土**：1988年，在貴州赫章可樂糧管所遺址T5出土

**著録**：張元：《貴州赫章可樂出土的西漢紀年銘文瓦當》，《考古》2008年第8期，第64頁，圖一，5

**字數**：2

---

① 石繼承：《漢印文字研究》，上海：上海古籍出版社，2021年，第202—203頁。

②《後漢書》卷六十五，第2153頁。

③《史記》卷六，第249頁。

釋文：四年

## 832. 四夷盡服瓦當

出土：1981 年，在包頭召灣 M47 木槨墓中出土

收藏：内蒙古博物館

著録：車日格：《淺談包頭出土的漢代瓦當》，《内蒙古文物考古》2000 年第 1 期，第 173 頁，圖一，3；《傳當》497 頁，圖九八四

字數：4

釋文：四夷盡服

説明：篆隸混用："盡"字隸書，其餘三字篆書。"盡"字簡化从聿从皿。

## 833. 歲字殘瓦當

出土：1993—1994 年，在遼寧錦西市邰集屯小荒地秦漢古城址内發現

著録：吉林大學考古系、遼寧省文物考古研究所：《遼寧錦西市邰集屯小荒地秦漢古城址試掘簡報》，見王仲殊主編、《考古》雜誌社編：《考古學集刊》第 11 集，北京：中國大百科全書出版社，1997 年，第 147 頁，圖 11，6（T5⑦:1）

字數：1

釋文：歲

## 834. 歲字殘瓦當

出土：1976 年 7 月，在潮格旗朝魯庫倫漢代石城遺址内出土

著録：蓋山林、陸思賢：《潮格旗朝魯庫倫漢代石城及其附近的長城》，見《中國長城遺跡調查報告集》，北京：文物出版社，1981 年，第 28 頁，圖五

字數：1

釋文：歲

## 835. 歲字殘瓦當

出土：1960 年 4—5 月，在和林格爾縣土城子古城遺址内發現

著録：内蒙古考古研究所：《内蒙古和林格爾縣土城子古城發掘報告》，見《考古》編輯部編：《考古學集刊》第 6 集，北京：中國社會科學出版社，1989 年，第 194 頁，圖二一，7（T24:2:29）

字數：1

釋文：歲

## 836. 歲字殘瓦當

出土：1984 年 7 月，在神木縣瑶鎮漢代建築遺址内出土

**著録**：王建新：《神木縣瑶鎮漢代建築遺址調查記》,《考古與文物》1987年第5期,第101頁,圖一,3

**字數**：1

**釋文**：歲

### 837. 歲字殘瓦當

**出土**：1981—1983年,在漢長安城未央宫第二號遺址内出土

**著録**：中國社會科學院考古研究所：《漢長安城未央宫——1980～1989年考古發掘報告》,北京：中國大百科全書出版社,1996年,第210頁,圖九二,3(2:T5③:158)

**字數**：1

**釋文**：歲

### 838. 駘蕩萬年瓦當

**著録**：《傅當》463頁,圖九一五

**字數**：4

**釋文**：駘湯(蕩)萬年

**説明**：較爲典範的篆書。

《後漢書》載班固《西都賦》有"爾乃正殿崔巍,層構厥高,臨乎未央,經駘盪而出馺娑,洞枍詣與天梁,上反宇以蓋戴,激日景而納光"。李賢等注曰:"《關中記》建章宫有駘盪、馺娑、枍詣殿。天梁亦宫名也。"[①]《漢金》著録有駘蕩宫壺、駘蕩宫高行鐙(容庚疑僞)。此瓦即駘蕩宫建築用瓦。

### 839. 泰靈嘉神瓦當

**著録**：《關中》921頁

**字數**：4

**釋文**：泰霊(靈)嘉神

**説明**：反書。

### 840. 泰靈嘉神瓦當

**著録**：《傅當》703頁,圖一三九二;《琴歸》730頁

**字數**：4

**釋文**：泰霊(靈)嘉神

**説明**：篆隸混用:"泰"字隸變。

### 841. 泰靈嘉神瓦當

**著録**：《鐵瓦》445頁

**字數**：4

**釋文**：泰靈嘉神

**説明**：篆隸混用:"泰"字隸變。

---

① 《後漢書》卷四十上,第1346頁。

### 842. 泰靈嘉神瓦當

著録:《傳當》725 頁,圖一四三六

字數:4

釋文:泰靁(靈)嘉神

説明:篆隸混用:"泰"字隸變。

### 843. 天地相方與民世世中正永安瓦當

時代:西漢武帝時期

出土:1974 年 8 月,在茂陵瓦渣溝東邊發現

著録:王志傑、朱捷元:《漢茂陵及其陪葬冢附近新發現的重要文物》,《文物》1976 年第 7 期,第 54 頁,圖六;《傳當》758 頁,圖一五〇二

字數:12

釋文:天地相方與民世世中正永安

説明:順時針旋讀,内外圈連讀。

### 844. 天福瓦當

著録:《傳當》,補遺第 797 頁,圖七四

字數:2

釋文:天福

### 845. 天子千秋萬歲常樂未央瓦當

出土:貝加爾湖附近

著録:《傳當》753 頁,圖一四九一

字數:10

釋文:天子千火萬歲常樂未央

説明:先中間再兩側豎讀。篆隸混用:"天、常、央"等字隸書。"秋"訛作"火"。

### 846. 昀氏祠堂瓦當

出土:1992 年春,在天馬—曲村遺址内出土

著録:北京大學考古系、山西省考古研究所:《1992 年春天馬—曲村遺址墓葬發掘報告》,《文物》1993 年第 3 期,第 13 頁,圖六

字數:4

釋文:昀氏祠堂

説明:"堂"字下方訛變。

### 847. 屯美半瓦當

著録:《傳當》423 頁,圖八三七

字數:2

釋文:屯美

説明:《傳當》1375 著録有"流遠屯(純)美"瓦當。

### 848. 橐泉宫當瓦當

出土:鳳翔縣採集

收藏：陝西省考古研究所

著録：《傳當》458頁，圖九〇六

字數：4

釋文：橐泉宫當

説明：互相十字交叉的兩個字分别平行。典範的篆書。

### 849. 橐泉宫當瓦當

出土：鳳翔縣採集

收藏：陝西省考古研究所

著録：《傳當》459頁，圖九〇七；《鐵瓦》393頁

字數：4

釋文：橐泉宫當

### 850. 橐泉宫當瓦當

出土：鳳翔縣採集

收藏：陝西省考古研究所

著録：《傳當》459頁，圖九〇八

字數：4

釋文：橐泉宫當

説明：典範的篆書。

### 851. 橐泉宫當瓦當

出土：寶雞出土

著録：《傳當》，補遺第800頁，圖七九

字數：4

釋文：橐泉宫當

### 852. 萬昌半瓦當

著録：《傳當》653頁，圖一二九三

字數：2

釋文：萬昌

### 853. 萬年未央瓦當

時代：東漢

出土：洛陽

收藏：尤達綸

著録：《關中》339頁

字數：4

釋文：萬秊(年)未央

説明："央"字簡省訛變。

### 854. 萬年未央瓦當

出土：漢長安城遺址出土

著録：《傳當》638頁，圖一二六四

字數：4

釋文：萬年未央

説明："央"字簡省訛變。

### 855. 萬秋瓦當

著録：《傳當》443頁，圖八七七

字數：2

釋文：萬秋

説明：豎讀。典範的篆書。篆字隨形。

856. **萬秋瓦當**

著録：《琴歸》700 頁

字數：2

釋文：萬偢

説明：豎讀。典範的篆書。篆字隨形。

857. **萬世宫瓦當**

出土：1985 年春在鄭州市西北郊區出土

著録：張松林：《鄭州市西北郊區考古調查簡報》,《中原文物》1986 年第 4 期,第 10 頁,圖十

字數：3

釋文：萬世宫

説明：篆字隨形。

858. **萬世瓦當**

著録：《傅當》436 頁,圖八六四

字數：2

釋文：萬世

説明：豎讀。典範的篆書。篆字隨形。

859. **萬歲半瓦當**

著録：《傅當》441 頁,圖八七四

字數：2

釋文：萬歲

説明："萬"字簡省从"屮"。

860. **萬歲半瓦當**

著録：《傅當》442 頁,圖八七五

字數：2

釋文：萬歲

861. **萬歲半瓦當**

著録：《傅當》442 頁,圖八七六

字數：2

釋文：萬歲

862. **萬歲半瓦當**

著録：《琴歸》701 頁;《鐵瓦》457 頁

字數：2

釋文：萬歲

863. **萬歲半瓦當**

著録：《鐵瓦》501 頁

字數：2

釋文：萬歲

説明：典範的篆書。

864. 萬歲半瓦當

出土：1997 年，在福州市新店古城遺址内出土

著録：福建省博物館、福建省曇石山遺址博物館、福州市晉安區文管會：《福建福州市新店古城發掘簡報》，《考古》2001 年第 3 期，第 23 頁，圖二九，2

字數：2

釋文：萬歲

説明：篆字隨形。

865. 萬歲殘瓦當

時代：東漢

出土：1981 年冬鄱陽湖退水季節，在都昌縣鄡陽城址内出土

著録：都昌縣文物管理所：《鄡陽城址初步考察》，《考古》1983 年第 10 期，第 956 頁，圖三，2；周振華：《鄡陽城址初步考察》，《江西歷史文物》1983 年第 1 期，第 34 頁

字數：2

釋文：萬歲

866. 萬歲殘瓦當

出土：1993—1994 年，在遼寧錦西市邰集屯小荒地秦漢古城址内發現

著録：吉林大學考古系、遼寧省文物考古研究所：《遼寧錦西市邰集屯小荒地秦漢古城址試掘簡報》，見王仲殊主編、《考古》雜誌社編：《考古學集刊》第 11 集，北京：中國大百科全書出版社，1997 年，第 147 頁，圖 11，5（T10③:2）

字數：2

釋文：萬歲

867. 萬歲吉羊瓦當

出土：臨淄齊古城遺址出土

著録：《傅當》，補遺第 805 頁，圖九〇

字數：4

釋文：萬歲吉羊（祥）

説明："吉祥"兩字原缺釋。文字粗草，隸書風格。向當心交叉對讀。

868. 萬歲千秋瓦當

出土：陝西長安漢城出土

收藏：安康地區博物館

著録：《傅當》623 頁，圖一二三三；

《關中》311 頁

**字數**：4

**釋文**：萬歲千秋

**説明**：《傳當》釋爲“千秋萬歲”。今徑改之。“歲”字反書。“千”字作雙鉤篆。陳直先生稱此瓦當文字“章法極妙”。[①] 華倉遺址亦出土類似瓦當。

## 869. 萬歲千秋瓦當

**著録**：《傳當》646 頁，圖一二八〇

**字數**：4

**釋文**：萬歲千秋

**説明**：“歲”字从“艸”，恐是受“萬”字感染，類化訛變。

## 870. 萬歲千秋瓦當

**出土**：1980 年，在華陰縣磑峪公社段家城和王家城村北的瓦渣梁上的華倉遺址内發現

**著録**：陝西省考古研究所華倉考古隊：《漢華倉遺址勘查記》，《考古與文物》1981 年第 3 期，第 68 頁，圖十二，3

**字數**：4

**釋文**：萬歲千秋

**説明**：篆字隨形。“歲”字反書，與《傳當》1233 相類。原釋“千秋萬歲”，今徑改之。

## 871. 萬歲瓦當

**出土**：漢長安城遺址出土

**收藏**：陝西歷史博物館

**著録**：《傳當》438 頁，圖八六八；《陝當》88 頁，圖八八

**字數**：2

**釋文**：萬歲

**説明**：典範的篆書。篆字隨形。

## 872. 萬歲瓦當

**著録**：《傳當》437 頁，圖八六六

**字數**：2

**釋文**：萬歲

**説明**：“歲”字从“艸”，恐是受“萬”字感染，類化訛變。

## 873. 萬歲瓦當

**著録**：《傳當》438 頁，圖八六七；《陝當》91 頁，圖九一

**字數**：2

---

① 《關中》，第 310 頁。

釋文：萬歲

説明：典範的篆書。兩字借筆。

874. **萬歲瓦當**

時代：西漢高祖五年（前202）至武帝元封元年（前110）

出土：1985—1986年，在福建崇安縣興田鄉城村西南部漢代城址東門外北崗高地出土

著録：福建省博物館：《崇安城村漢城探掘簡報》，《文物》1985年第11期，第43頁，圖六，7；張其海、林忠干：《福建崇安漢城遺址出土的文字符號》，《考古與文物》1988年第4期，第66頁，圖二，3；楊琮：《福建崇安城村古城遺址出土文字及考釋》，《東南文化》1993年第1期，第130頁，圖101；《傅當》439頁，圖八六九

字數：2

釋文：萬歲

説明：反書。"歲"字下訛如"成"形。

875. **萬歲瓦當**

著録：《傅當》439頁，圖八七〇

字數：2

釋文：萬歲

説明：典範的篆書。篆字隨形。

876. **萬歲瓦當**

著録：《傅當》440頁，圖八七一

字數：2

釋文：萬歲

877. **萬歲瓦當**

著録：《傅當》440頁，圖八七二

字數：2

釋文：萬歲

説明："歲"字从"艸"，恐是受"萬"字感染，類化訛變。

878. **萬歲瓦當**

著録：《傅當》441頁，圖八七三

字數：2

釋文：萬歲

説明：典範的篆書。

879. **萬歲瓦當**

出土：1997年，在福州市新店古城遺址内出土

著録：福建省博物館、福建省曇石山遺址博物館、福州市晉安區文管會：《福建福州市新店古城發掘簡報》，《考

古》2001年第3期,第23頁,圖二九,1

**字數**:2

**釋文**:萬歲

**説明**:"歲"字下訛如"成"形。

### 880. 萬歲瓦當

**出土**:1975—1976年,在廣州市中心秦漢造船工場遺址7B層内出土

**著録**:廣州市文物管理處、中山大學考古專業75屆工農兵學員:《廣州秦漢造船工場遺址試掘》,《文物》1977年第4期,第3頁,圖四,1

**字數**:2

**釋文**:萬歲

**説明**:典範的篆書。

### 881. 萬歲瓦當

**時代**:西漢早期至中期

**出土**:廣東徐聞縣五里鎮仕尾村採集

**著録**:廣州市文物考古研究所、湛江市博物館、徐聞縣博物館:《廣東徐聞縣五里鎮漢代遺址》,《文物》2000年第6期,第40頁,圖八,1

**字數**:2

**釋文**:萬歲

**説明**:豎讀。

### 882. 萬歲萬歲瓦當

**著録**:《琴歸》702頁

**字數**:4

**釋文**:萬歲萬歲

**説明**:鏡像,陰刻。典範的篆書。

### 883. 萬歲萬歲瓦當

**著録**:《傅當》657頁,圖一三〇二

**字數**:4

**釋文**:萬歲萬歲

**説明**:鏡像對稱。

### 884. 萬歲未央瓦當

**著録**:《琴歸》679頁

**字數**:4

**釋文**:萬歲未央

**説明**:"歲"字上端寫法受"萬"字感染同化。"央"字中豎筆畫延伸貫穿。

### 885. 萬歲未央瓦當

**出土**:1997—2000年,在漢陽陵帝陵陵園南門遺址内出土

**著録**:陝西省考古研究院:《漢陽陵帝陵陵園南門遺址發掘簡報》,《考古與文物》2011年第5期,第10頁,圖一一,3(T204③:5);《陝當》92頁,圖

九二;《傳當》666 頁,圖一三二〇

**字數**:4

**釋文**:萬歲未央

**説明**:典範的篆書。篆字隨形。

## 886. 萬歲未央瓦當

**著録**:《傳當》660 頁,圖一三〇七;《琴歸》679 頁

**字數**:4

**釋文**:萬歲未央

**説明**:横讀。"央"字中豎筆畫延伸貫穿。

## 887. 萬歲未央瓦當

**著録**:《傳當》666 頁,圖一三一九

**字數**:4

**釋文**:萬歲朱灾

**説明**:"未央"二字訛如"朱灾"之形。

## 888. 萬歲未央瓦當

**著録**:《琴歸》680 頁

**字數**:4

**釋文**:萬歲未央

**説明**:十字交叉輻射。"萬"字簡省从"中"。

## 889. 萬歲未央瓦當

**出土**:1997 年,在福州市新店古城遺址内出土

**著録**:福建省博物館、福建省曇石山遺址博物館、福州市晉安區文管會:《福建福州市新店古城發掘簡報》,《考古》2001 年第 3 期,第 23 頁,圖二九,3

**字數**:4

**釋文**:萬歲未央

**説明**:自左向右横讀。文字筆畫延伸,但構形粗草。

## 890. 萬歲無極瓦當

**著録**:《傳當》669 頁,圖一三二六

**字數**:4

**釋文**:萬歲無極

**説明**:典範的篆書。

## 891. 萬歲冢當瓦當

**出土**:1982 年,鳳翔縣雍城遺址附近南指揮鄉採集

**收藏**:陝西省雍城考古隊

**著録**:陝西省雍城考古隊:《一九八二年鳳翔雍城秦漢遺址調查簡報》,《考古與文物》1984 年第 2 期,第 24

頁,圖二,5;《傳當》705 頁,圖一三九五

字數:4

釋文:萬歲冢當

説明:順時針旋讀。典範的篆書。篆字隨形。

892. **萬歲冢當瓦當**

著録:《程當》161 頁

字數:4

釋文:萬歲冢當

説明:順時針旋讀。典範的篆書。篆字隨形。

893. **萬歲冢當瓦當**

著録:《傳當》706 頁,圖一三九八

字數:4

釋文:萬歲冢當

説明:順時針旋讀。篆字隨形。

894. **萬歲冢當瓦當**

出土:華陰市出土

著録:《傳當》707 頁,圖一三九九

字數:4

釋文:萬歲冢當

895. **萬歲冢當瓦當**

著録:《傳當》708 頁,圖一四〇一

字數:4

釋文:萬歲冢當

説明:順時針旋讀。典範的篆書。篆字隨形。

896. **萬歲冢當瓦當**

著録:《琴歸》742 頁

字數:4

釋文:萬歲冢當

説明:順時針旋讀。典範的篆書。篆字隨形。

897. **萬歲冢當瓦當**

著録:《傳當》716 頁,圖一四一七

字數:4

釋文:萬歲冢當

説明:篆隸混用:"歲"字有篆意,其餘三字皆隸變。

898. **萬歲冢當瓦當**

著録:《傳當》717 頁,圖一四一九;《陜當》125 頁,圖一二五

字數:4

釋文：萬歲冢當

899. **萬歲冢當瓦當**

著録：《傅當》719 頁，圖一四二三

字數：4

釋文：萬歲冢當

説明：典範的篆書。

900. **萬歲冢當瓦當**

著録：《陝當》127 頁，圖一二七；《琴歸》743 頁

字數：4

釋文：萬歲冢當

説明：典範的篆書。篆字隨形。

901. **萬物咸成瓦當**

著録：《傅當》691 頁，圖一三六九

字數：4

釋文：萬物咸成

説明：篆字隨形。

902. **萬物咸成瓦當**

著録：《程當》103 頁

字數：4

釋文：萬物咸成

説明：典範的篆書。篆字隨形。

903. **萬字殘瓦當**

出土：1984 年 7 月，在神木縣瑶鎮漢代建築遺址内出土

著録：王建新：《神木縣瑶鎮漢代建築遺址調查記》，《考古與文物》1987 年第 5 期，第 101 頁，圖一，4

字數：1

釋文：萬

904. **萬字瓦當**

著録：《傅當》374 頁，圖七三九

字數：1

釋文：萬

905. **王當殘瓦當**

著録：《關中》234 頁

字數：2

釋文：王當

906. **王作所當瓦當**

出土：陝西省南鄭縣

著録：《關中》236 頁；袁仲一：《秦漢瓦當文字釋談七則》，《秦漢研究》2009 年第 3 期，第 9 頁

字數：4

釋文：王作所當

説明：舊釋“當王天命”或“當王天下”，袁仲一先生釋爲“王作所當”，認爲是王氏爲其房舍所作的瓦當。

### 907. 惟漢三年大并天下瓦當

時代：西漢初

出土：陝西省南鄭縣

著録：《關中》210 頁

字數：8

釋文：惟漢三年大并天下

説明：典範的篆書。篆字隨形。

### 908. 惟漢三年大并天下瓦當

時代：西漢初

出土：漢中漢王城故址出土

著録：《傅當》744 頁，圖一四七四

字數：8

釋文：惟漢三秊(年)大并天下

説明：典範的篆書。篆字隨形。

### 909. 爲有良人以以瓦當

著録：《傅當》741 頁，圖一四六八

字數：6

釋文：爲有良人以以(?)

説明：傅嘉儀先生曁讀此瓦，釋爲“以爲良人有以”，並稱其“章法罕奇”。

或可讀爲“爲有良人”或“有爲良人”。首尾兩“以”字爲裝飾性文字或無實義虚詞。“爲”字反書。

西漢時，“良人”可指宫中女官。《漢書・外戚傳》：“良人，視八百石，比左庶長。”[①]東漢時，“良人”亦可指賢臣。《後漢書・郎顗襄楷列傳》載郎顗曾上書推薦黄瓊，言：“善人爲國，三年乃立。天下莫不嘉朝廷有此良人，而復怪其不時還任。”[②]本當文字近似東漢風格，此處的“良人”恐與上列後一種用法有關。“爲有良人”指“因爲有賢臣在朝”；“有爲良人”即“有所作爲的賢臣”，與銅器銘文中的“時君子兮”(《漢銅選》672 頁)相近。

### 910. 維天降靈延元萬年天下康寧殘瓦當

著録：《鐵瓦》519 頁

字數：6

釋文：□[維]天降霊(靈)」□[延]元萬秊(年)」□□□□[天下康寧]

---

① 《漢書》卷九十七上，第 3935 頁。

② 《後漢書》卷三十下，第 1070 頁。

説明：竪讀。典範的篆書。

### 911. 維天降靈延元萬年天下康寧瓦當

出土：阿房宫遺址採集

收藏：西安市文管會

著録：《傅當》754 頁，圖一四九三

字數：12

釋文：維天降霊(靈)」延元萬秊(年)」天下康寧

説明：典範的篆書。

### 912. 維天降靈延元萬年天下康寧瓦當

著録：《陝當》20 頁，圖二〇

字數：12

釋文：維天降霊(靈)」延元萬秊(年)」天下康寧

説明：典範的篆書。

### 913. 維天降靈延元萬年天下康寧瓦當

出土：漢長安城遺址出土

收藏：西安市文管會

著録：《傅當》754 頁，圖一四九四；《陝當》19 頁，圖一九

字數：12

釋文：維天降霊(靈)」延元萬秊(年)」天下康寧

説明：竪讀。典範的篆書。

### 914. 維天降靈延元萬年天下康寧瓦當

著録：《傅當》755 頁，圖一四九七

字數：12

釋文：維天降霊(靈)」延元萬秊(年)」天下康寧

説明：竪讀。較爲典範的篆書。“霊”字簡省。

### 915. 維天降靈延元萬年天下康寧瓦當

著録：《傅當》756 頁，圖一四九八

字數：12

釋文：維天降霊(靈)」延元萬秊(年)」天下康寧

説明：竪讀。較爲典範的篆書。“霊”字簡省。

### 916. 維天降靈延元萬年天下康寧瓦當

著録：《傅當》756 頁，圖一四九九

字數：12

**釋文**：維天降霊(靈)」延元萬秊(年)」天下康寧

**説明**：竪讀。典範的篆書。"霊"字簡省。

## 917. 維天降靈延元萬年天下康寧瓦當

**出土**：漢建章宫遺址出土

**著録**：《傅當》757 頁,圖一五〇〇

**字數**：12

**釋文**：維天降霊(靈)」延元萬秊(年)」天下康寧

**説明**：竪讀。典範的篆書。

## 918. 維天降靈延元萬年天下康寧瓦當

**出土**：西安市大劉寨出土

**著録**：《傅當》757 頁,圖一五〇一

**字數**：12

**釋文**：維天降霊(靈)」延元萬秊(年)」天下康寧

**説明**：竪讀。典範的篆書。

## 919. 維天降靈延元萬年天下康寧瓦當

**著録**：《程當》15 頁

**字數**：12

**釋文**：維天降霊(靈)」延元萬秊(年)」天下康寧

**説明**：典範的篆書。"降"字簡省。

## 920. 維天降靈延元萬年天下康寧瓦當

**著録**：《程當》16 頁

**字數**：12

**釋文**：維天降□[霊(靈)]」延元萬秊(年)」天下康寧

**説明**：竪讀。典範的篆書。"秊"字上方訛變。

## 921. 維天降靈延元萬年天下康寧瓦當

**著録**：《程當》17 頁

**字數**：12

**釋文**：維天降霊(靈)」延元萬秊(年)」天下康寧

**説明**：竪讀。較爲典範的篆書。"霊"字簡省。

## 922. 維天降靈延元萬年天下康寧瓦當

**著録**：《琴歸》643 頁

**字數**：12

釋文：維天降霊(靈)」延元萬季(年)」天下康寧

説明：豎讀。較爲典範的篆書。

### 923. 維天降靈延元萬年天下康寧瓦當

著録：《鐵瓦》517 頁

字數：10

釋文：維天降霊(靈)」延元萬□[年]」天下□□[康寧]

説明：豎讀。較爲典範的篆書。

### 924. 維天降靈延元萬年天下康寧瓦當

著録：高文：《四川漢代瓦當》,《四川文物》1993 年第 2 期

字數：12

釋文：維天降霊(靈)」延元萬季(年)」天下康寧

説明：豎讀。較爲典範的篆書。

### 925. 維天降靈延元萬年天下康寧瓦當

著録：《琴歸》644 頁

字數：12

釋文：維天降霊(靈)」延元萬季(年)」天下康寧

説明：豎讀。較爲典範的篆書。

### 926. 維天降靈延元萬年天下康寧瓦當

收藏：安康宋雲石舊藏

著録：《傳當》755 頁，圖一四九五

字數：12

釋文：維天降霊(靈)」延元萬季(年)」天下康寧

説明：豎讀。較爲典範的篆書。

### 927. 維天降靈延元萬年天下康寧瓦當

著録：《傳當》755 頁，圖一四九六

字數：12

釋文：維天降霊(靈)」延元萬季(年)」天下康寧

説明：豎讀。

### 928. 維天降靈延元萬年天下康寧瓦當

出土：1985 年春在鄭州市西北郊區出土

著録：張松林：《鄭州市西北郊區考古調查簡報》,《中原文物》1986 年第 4 期，第 10 頁，圖九

字數：12

釋文：維天降霊(靈)|延元萬季(年)|天下康寧

説明：豎讀。原釋文作“維天辟靈”，不確。

## 929. 未央半瓦當

著録：《傅當》647頁，圖一二八二；《鐵瓦》469頁；《中國古代瓦當圖典》第468頁

字數：2

釋文：未央

説明：劉鶚釋爲“利□”，傅嘉儀釋爲“未央”，趙立光釋爲“利央”。此從傅先生説。

## 930. 未央殘瓦當

出土：陝西淳化洪崖宫遺址出土

著録：姚生民：《陝西淳化程家堡村漢洪崖宫遺址》，《考古與文物》1992年第4期，第35頁，圖三，7

字數：2

釋文：未央

## 931. 衛樂千秋瓦當

出土：長安縣紀陽鄉黄堆村出土

著録：《傅當》650頁，圖一二八八

字數：4

釋文：衛樂千秋

説明：先豎讀中間再横讀兩側。“衛”字中豎筆畫延伸貫穿。

## 932. 衛屯瓦當

出土：漢未央宫遺址出土

著録：《傅當》419頁，圖八三〇

字數：2

釋文：衛屯

説明：豎讀。

## 933. 衛屯瓦當

著録：《傅當》420頁，圖八三一

字數：2

釋文：衛屯

説明：豎讀。

## 934. 衛字殘瓦當

出土：1988—1989年，在漢長安城未央宫西南角樓遺址内出土

著録：中國社會科學院考古研究所漢城工作隊：《漢長安城未央宫西南角樓遺址發掘簡報》，《考古》1996年第3期，圖版肆，6(T1③:113)

字數：1

釋文：衛

**935. 衛字瓦當**

出土：漢長安城遺址出土

收藏：西安市文管會

著録：《陝當》99 頁，圖九九；《傅當》364 頁，圖七二一

字數：1

釋文：衛

**936. 衛字瓦當**

出土：西漢長安城遺址出土

收藏：西北大學

著録：《傅當》358 頁，圖七一〇

字數：1

釋文：衛

説明：中豎筆畫延伸貫穿。

**937. 衛字瓦當**

著録：《程當》143 頁

字數：1

釋文：衛

説明：中豎筆畫延伸貫穿。

**938. 衛字瓦當**

出土：1978—1979 年，在陝西淳化縣北漢甘泉宫遺址内出土

著録：姚生民：《漢甘泉宫遺址勘察記》，《考古與文物》1980 年第 2 期，第 59 頁，圖十二，12

字數：1

釋文：衛

**939. 衛字瓦當**

出土：周至縣長楊宫等遺址出土

著録：《傅當》360 頁，圖七一四

字數：1

釋文：衛

**940. 衛字瓦當**

出土：漢長安城遺址出土

著録：《傅當》361 頁，圖七一五

字數：1

釋文：衛

**941. 衛字瓦當**

出土：漢城前水興堡出土

收藏：陝西省考古研究所

著録：《傅當》361 頁，圖七一六；《陝當》98 頁，圖九八

字數：1

釋文：衛

942. **衛字瓦當**

出土：漢長安城遺址出土

著録：《傅當》362 頁，圖七一七

字數：1

釋文：衛

943. **衛字瓦當**

出土：漢長安城遺址出土

著録：《傅當》362 頁，圖七一八

字數：1

釋文：衛

944. **衛字瓦當**

出土：漢長安城遺址出土

著録：《傅當》363 頁，圖七一九

字數：1

釋文：衛

945. **衛字瓦當**

出土：漢長安城遺址出土

著録：《傅當》363 頁，圖七二〇

字數：1

釋文：衛

946. **衛字瓦當**

出土：漢長安城遺址出土

著録：《傅當》364 頁，圖七二二

字數：1

釋文：衛

947. **衛字瓦當**

出土：漢長安城遺址出土

著録：《傅當》，補遺第 793 頁，圖六五

字數：1

釋文：衛

948. **衛字瓦當**

著録：《程當》141 頁

字數：1

釋文：衛

949. **衛字瓦當**

著録：《程當》142 頁

字數：1

釋文：衛

950. **衛字瓦當**

著録：《程當》144 頁

字數：1

釋文：衛

**951. 衛字瓦當**

著録:《程當》145 頁

字數:1

釋文:衛

**952. 衛字瓦當**

著録:《程當》146 頁

字數:1

釋文:衛

**953. 衛字瓦當**

著録:《程當》147 頁

字數:1

釋文:衛

説明:中豎筆畫延伸貫穿。

**954. 衛字瓦當**

著録:《鐵瓦》453 頁

字數:1

釋文:衛

**955. 衛字瓦當**

著録:《鐵瓦》477 頁

字數:1

釋文:衛

**956. 衛字瓦當**

著録:《鐵瓦》529 頁

字數:1

釋文:衛

**957. 衛字瓦當**

著録:《琴歸》715 頁

字數:1

釋文:衛

**958. 衛字瓦當**

出土:1978—1979 年,在陝西淳化縣北漢甘泉宫遺址内出土

著録:姚生民:《漢甘泉宫遺址勘察記》,《考古與文物》1980 年第 2 期,第 59 頁,圖十二,11

字數:1

釋文:衛

**959. 衛字瓦當**

出土:1978—1979 年,在陝西淳化縣北漢甘泉宫遺址内出土

著録:姚生民:《漢甘泉宫遺址勘察記》,《考古與文物》1980 年第 2 期,第 59 頁,圖十二,13

字數：1

釋文：衛

## 960. 衛字瓦當

時代：西漢武帝時期

出土：1979—1980 年，在淳化縣漢雲陵遺址内出土

著録：姚生民：《漢雲陵、雲陵邑勘查記》，《考古與文物》1982 年第 4 期，第 42 頁，圖六，10

字數：1

釋文：衛

## 961. 衛字瓦當

著録：《程續》199 頁

字數：1

釋文：衛

## 962. 衛字瓦當

出土：陝西淳化洪崖宫遺址出土

著録：姚生民：《陝西淳化程家堡村漢洪崖宫遺址》，《考古與文物》1992 年第 4 期，第 35 頁，圖三，5

字數：1

釋文：衛

## 963. 無極瓦當

出土：漢長安城遺址出土

收藏：西安市文管會

著録：《傳當》435 頁，圖八六一；《關中》304 頁

字數：2

釋文：無極

説明：典範的篆書。篆字隨形。

## 964. 五穀滿倉瓦當

著録：《傳當》491 頁，圖九七二

字數：4

釋文：五穀滿倉

説明：篆隸互用："滿"字作隸書，其餘三字篆書。篆字隨形。

## 965. 西延冢當瓦當

出土：陝西漢城出土

著録：《關中》331 頁

字數：4

釋文：冢上瓦當

説明：篆字隨形。"冢"字从"罒"。"上"字从"山"。

陳直先生釋爲"西延冢當"，並説："漢西延冢當瓦，陶質灰黄，文四字'西延冢當'，漢城出土，劉瑞亭藏。'西

延'二字似芝英體。"此瓦與陝西省歷史博物館所藏一品"冢上瓦當"瓦當(見《傳當》1428、《陝當》131)文字相同。故陳直先生釋文有誤,今徑改之。

**966. 夏門瓦當**

**時代**:東漢

**著録**:《傳當》419頁,圖八二九

**字數**:2

**釋文**:夏門

**説明**:豎讀。陳直先生説:"津門、夏門,皆東漢十二宫門之名。"①

**967. 鮮神所食瓦當**

**著録**:《傳當》691頁,圖一三七〇

**字數**:4

**釋文**:鮮(仙)神所食

**968. 咸況承雨瓦當**

**時代**:西漢武帝時期

**出土**:茂陵縣出土

**著録**:《傳當》692頁,圖一三七二

**字數**:4

**釋文**:咸況承雨

**説明**:篆字隨形。

**969. 孝大半瓦**

**時代**:西漢

**收藏**:長安馬仲良舊藏

**著録**:《關中》228頁,又見922頁

**字數**:2

**釋文**:孝大

**説明**:《傳當》1440著録有"孝太后寢"瓦當。《關中》230頁還著録有"后寢"半瓦,與此瓦綴合,即爲"孝太后寢"。

**970. 孝太后寢瓦當**

**著録**:《傳當》727頁,圖一四四〇

**字數**:4

**釋文**:孝大(太)后寢(寢)

**971. 宣靈半瓦當**

**著録**:《傳當》725頁,圖一四三五;《程續》221頁

**字數**:2

**釋文**:宣靈

**972. 宣靈瓦當**

**著録**:《傳當》396頁,圖七八三

① 陳直:《秦漢瓦當概述》,見氏著《摹廬叢著七種》,濟南:齊魯書社,1981年,第346頁。

字數：2

釋文：宣霊(靈)

## 973. 延年半瓦當

出土：漢長安城遺址出土

著録：《傳當》423 頁，圖八三八；《陜當》53 頁，圖五三；《程續》219 頁；《琴歸》704 頁

字數：2

釋文：延秊(年)

説明：二字簡省訛變。

## 974. 延年半瓦當

著録：《陜當》54 頁，圖五四

字數：2

釋文：延秊(年)

## 975. 延年半瓦當

出土：漢長安城遺址出土

收藏：西安市文管會

著録：《傳當》424 頁，圖八三九

字數：2

釋文：延年

## 976. 延年半瓦當

出土：漢長安城遺址出土

著録：《傳當》424 頁，圖八四〇

字數：2

釋文：延年

## 977. 延年半瓦當

出土：漢長安城遺址出土

收藏：西安市文管會

著録：《傳當》425 頁，圖八四一

字數：2

釋文：延年

説明：二字簡省訛變。

## 978. 延年半瓦當

出土：漢長安城遺址出土

收藏：西安市文管會

著録：《傳當》426 頁，圖八四三

字數：2

釋文：延年

## 979. 延年半瓦當

出土：西安西郊棗園採集

收藏：西安市文管會

著録：《傳當》426 頁，圖八四四

字數：2

釋文：延年

**980. 延年半瓦當**

**著録**：《傅當》427 頁，圖八四五

**字數**：2

**釋文**：延年

**981. 延年半瓦當**

**著録**：《傅當》427 頁，圖八四六

**字數**：2

**釋文**：㢟秊(年)

**説明**："延"訛作"㢟"。

**982. 延年半瓦當**

**出土**：漢長安城遺址出土

**收藏**：陝西省考古研究所

**著録**：《傅當》428 頁，圖八四七

**字數**：2

**釋文**：延年

**983. 延年半瓦當**

**出土**：1962 年 7 月，在長安縣窩頭寨漢代錢範遺址内出土

**著録**：陝西省博物館、文管會考古調查組：《長安窩頭寨漢代錢範遺址調查》，《考古》1972 年第 5 期，第 32 頁，圖四，4

**字數**：2

**釋文**：延秊(年)

**984. 延年半瓦當**

**著録**：《琴歸》703 頁

**字數**：2

**釋文**：延秊(年)

**985. 延年瓦當**

**著録**：《傅當》428 頁，圖八四八

**字數**：2

**釋文**：延年

**986. 延年瓦當**

**著録**：《傅當》429 頁，圖八四九

**字數**：2

**釋文**：延年

**987. 延年瓦當**

**著録**：《傅當》429 頁，圖八五〇

**字數**：2

**釋文**：延年

**988. 延年瓦當**

**出土**：漢長安城遺址出土

**著録**：《傅當》430 頁，圖八五一

**字數**：2

**釋文**：延年

**989. 延年瓦當**

著録:《琴歸》706 頁

字數:2

釋文:延秊(年)

**990. 延年瓦當**

出土:漢長安城遺址出土

收藏:西北大學

著録:《傳當》430 頁,圖八五二

字數:2

釋文:延年

説明:二字相互借筆。

**991. 延年瓦當**

著録:《琴歸》705 頁

字數:2

釋文:延秊(年)

**992. 延年瓦當**

著録:《鐵瓦》377 頁

字數:2

釋文:延秊(年)

**993. 延年瓦當**

著録:《程續》179 頁

字數:2

釋文:延秊(年)

説明:典範的篆書。

**994. 延年瓦當(硯臺)**

時代:西漢

收藏:吉林大學

著録:王丹、于潤儀:《吉林大學藏漢至北魏時期的文字瓦當》,《北方文物》1989 年第 2 期,第 53 頁,圖一,13

字數:2

釋文:延秊(年)

説明:曾被改作硯臺使用。天津博物館亦藏類似品。[①]

**995. 延年延年瓦當**

著録:《傳當》648 頁,圖一二八三

字數:4

釋文:延年延年

説明:鏡像對稱。

**996. 延年益壽瓦當**

著録:《琴歸》707 頁;《鐵瓦》499 頁

字數:4

釋文:延秊(年)益壽

---

① 王念祥、張善文:《中國古硯譜》,北京:北京工藝美術出版社,2005 年,圖版 232。

**説明**：典範的篆書。篆字隨形。

### 997. 延年益壽瓦當

**著録**：《鐵瓦》471 頁

**字數**：4

**釋文**：延秊(年)益壽

### 998. 延年益壽瓦當

**時代**：西漢

**著録**：《傅當》583 頁，圖一一五四

**字數**：4

**釋文**：延年益壽

**説明**：篆隸混用："年、壽"作隸書。

### 999. 延年益壽瓦當

**著録**：《傅當》585 頁，圖一一五七；《陜當》56 頁，圖五六

**字數**：4

**釋文**：延秊(年)益壽

**説明**：篆隸混用："壽"字作隸書，其餘三字篆書。

### 1000. 延年益壽瓦當

**出土**：1955 年 10 月，在西安西郊漢代建築遺址内發現

**著録**：雒忠如：《西安西郊發現漢代建築遺址》，《考古通訊》1957 年第 6 期，第 29 頁，圖一，5

**字數**：4

**釋文**：延秊(年)益壽

**説明**：篆隸混用："年、壽"作隸書。

### 1001. 延年益壽瓦當

**著録**：《傅當》584 頁，圖一一五五

**字數**：4

**釋文**：処〈延〉年益壽

**説明**：篆隸混用："延"作篆書，其餘三字隸書。"延"訛作"処"。

### 1002. 延年益壽瓦當

**著録**：《傅當》584 頁，圖一一五六

**字數**：4

**釋文**：延秊(年)益壽

**説明**：篆隸混用："秊"作篆書，其餘三字隸書。

### 1003. 延年益壽瓦當

**著録**：《程當》82 頁

**字數**：4

**釋文**：延秊(年)益壽

**説明**：篆隸混用："秊"作篆書，其餘三字隸書。

**1004．延年益壽瓦當**

**著録**：《傅當》585 頁，圖一一五八

**字數**：4

**釋文**：延年益壽

**説明**：篆隸混用："延、益"作篆書，其餘兩字隸書。

**1005．延年益壽瓦當**

**收藏**：陝西省考古研究所

**著録**：《傅當》586 頁，圖一一五九

**字數**：4

**釋文**：延年益壽

**説明**：典範的篆書。篆字隨形。

**1006．延年益壽瓦當**

**收藏**：安康地區博物館

**著録**：《傅當》586 頁，圖一一六〇

**字數**：4

**釋文**：延秊(年)益壽

**説明**：篆隸混用："延、秊"作篆書，其餘兩字隸書。

**1007．延年益壽瓦當**

**著録**：《傅當》587 頁，圖一一六一

**字數**：4

**釋文**：延秊(年)益壽

**説明**：篆隸混用："延、秊"作篆書，其餘兩字隸書。

**1008．延年益壽瓦當**

**著録**：《程當》85 頁

**字數**：4

**釋文**：延秊(年)益壽

**説明**：篆隸混用："延、秊"作篆書，其餘兩字隸書。

**1009．延年益壽瓦當**

**著録**：《傅當》587 頁，圖一一六二

**字數**：4

**釋文**：延年益壽

**説明**：篆字隨形。

**1010．延年益壽瓦當**

**收藏**：茂陵博物館

**著録**：《傅當》588 頁，圖一一六三

**字數**：4

**釋文**：延年益壽

**説明**："延"字从"乏"形。

**1011．延年益壽瓦當**

**著録**：《傅當》588 頁，圖一一六四；《程當》80 頁

**字數**：4

釋文：延年益壽

説明："延"所从"廴"旁簡省从"彳"，形體與鼎湖延壽宫瓦當相近。[①]

1012. **延年益壽瓦當**

收藏：西安市文管會

著録：《傅當》589頁，圖一一六五

字數：4

釋文：延秊（年）益壽

説明：典範的篆書。

1013. **延年益壽瓦當**

著録：《傅當》589頁，圖一一六六

字數：4

釋文：延秊（年）益壽

説明：典範的篆書。

1014. **延年益壽瓦當**

著録：《程當》79頁

字數：4

釋文：延秊（年）益壽

説明：典範的篆書。篆字隨形。

1015. **延年益壽瓦當**

著録：《程當》83頁

字數：4

釋文：延秊（年）益壽

説明：篆字隨形。

1016. **延年益壽瓦當**

著録：《程當》84頁

字數：4

釋文：延秊（年）益壽

1017. **延年益壽瓦當**

著録：《鐵瓦》405頁，又見535頁

字數：4

釋文：延秊（年）益壽

説明：典範的篆書。篆字隨形。

1018. **延年益壽瓦當**

著録：《鐵瓦》535頁

字數：4

釋文：延秊（年）益壽

説明：典範的篆書。篆字隨形。

1019. **延年益壽瓦當**

著録：《鐵瓦》537頁

字數：4

釋文：延秊（年）益壽

① 曹永斌：《藍田縣焦岱鎮出土的一批漢代瓦當》，《文博》1987年第5期，第74頁。

説明：典範的篆書。篆字隨形。

### 1020. 延年益壽瓦當

出土：1962年7月，在長安縣窩頭寨漢代錢範遺址内出土

著録：陝西省博物館、文管會考古調查組：《長安窩頭寨漢代錢範遺址調查》，《考古》1972年第5期，第32頁，圖四，2

字數：4

釋文：延秊(年)益壽

説明：篆隸混用："延"字篆書，其餘三字隸書。

### 1021. 延壽長久瓦當

收藏：西安市文管會

著録：《陝當》58頁，圖五八；《關中》273頁；《傅當》653頁，圖一二九四

字數：4

釋文：延壽長久

説明：陳直先生云："文字豐腴寬博，當爲武帝時物。"①

### 1022. 延壽長相思瓦當

出土：漢長安城遺址出土

收藏：安康宋雲石舊藏

著録：《傅當》735頁，圖一四五五；《琴歸》710頁

字數：5

釋文：延壽長相思

説明：典範的篆書。篆字隨形。

### 1023. 延壽長相思瓦當

著録：《傅當》735頁，圖一四五六

字數：5

釋文：延壽長相思

説明：典範的篆書。篆字隨形。

### 1024. 延壽萬歲常與天久長瓦當

時代：新莽時期

著録：《琴歸》709頁；《傅當》749頁，圖一四八五

字數：9

釋文：延壽萬歲常與天久長

説明：豎讀。典範的篆書。

### 1025. 延壽萬歲瓦當

出土：漢長安城遺址出土

收藏：安康地區博物館

著録：《傅當》654頁，圖一二九六

① 《關中》，第273頁。

**字數**：4

**釋文**：延壽萬歲

### 1026. 延壽萬歲瓦當

**著録**：《傅當》658 頁，圖一三〇四；《陝當》57 頁，圖五七

**字數**：4

**釋文**：延壽萬歲

### 1027. 延壽萬歲瓦當

**著録**：《傅當》683 頁，圖一三五四

**字數**：4

**釋文**：延壽萬歲

### 1028. 延壽萬歲瓦當

**著録**：《琴歸》708 頁；《鐵瓦》479 頁

**字數**：4

**釋文**：延壽萬歲

### 1029. 延壽萬歲瓦當

**著録**：《程當》87 頁

**字數**：4

**釋文**：延壽萬歲

### 1030. 延壽王瓦瓦當

**出土**：1999 年 4 月，在洛陽市新安縣游溝村東北一基建工程中發現的西漢建築遺址内出土

**著録**：梁曉景：《新發現的西漢“尹壽亦王”銘文瓦當》，《文物》2000 年第 10 期，第 44 頁，圖二和第 43 頁，圖一，7；陸錫興：《漢“王父延壽”瓦當考釋》，見氏著《急就集》，北京：中國社會科學出版社，2001 年，第 259—263 頁；陳根遠：《洛陽新出西漢瓦當銘文芻議》，《文物》2001 年第 3 期，第 68 頁

**字數**：4

**釋文**：延壽王瓦

**説明**：原釋作“尹壽亦王”，陸錫興先生改釋爲“王父延壽”，不確。此據陳根遠先生意見改。

### 1031. 延元萬年瓦當

**收藏**：謝文清舊藏

**著録**：《關中》285 頁

**字數**：4

**釋文**：延元萬秊(年)

### 1032. 延元萬年瓦當

**收藏**：中國社會科學院考古所

**著録**：《傅當》639 頁，圖一二六五；

《關中》285 頁

字數：4

釋文：延元萬年

説明：文字粗草。篆字隨形。

### 1033. 延字殘瓦當

著録：俞偉超：《漢長安城西北部勘查記》,《考古通訊》1956 年第 5 期,第 22 頁,圖三,2

字數：1

釋文：延

### 1034. 嚴氏富貴瓦當

著録：《傅當》712 頁,圖一四一〇;《關中》319 頁

字數：4

釋文：嚴氏富貴

### 1035. 揜依中庭瓦當

出土：漢建章宫遺址出土

著録：《傅當》465 頁,圖九一九

字數：4

釋文：揜依中庭

説明："庭"字訛从"疋"。

### 1036. 揜依中庭瓦當

著録：《程續》201 頁

字數：4

釋文：揜依中庭

説明：程敦言:"依與扆通。《士虞禮》注:'户牖之間謂之依是也。'揜依中庭者,揜依即扆,謂設扆之庭也。説雖典覈,然近泥矣,故無取焉。"[①]陳直先生説:"中庭當指掖庭而言。"[②]"庭"字訛从"疋"。

### 1037. 央字瓦當

著録：《傅當》375 頁,圖七四二

字數：1

釋文：央

説明：典範的篆書。

### 1038. 泱茫無垠瓦當

著録：《傅當》688 頁,圖一三六四

字數：4

釋文：泱茫無垠

説明：篆字隨形。"垠"字訛从"日"。

---

① 《程續》,第 202 頁。

② 陳直:《秦漢瓦當概述》,見氏著:《摹廬叢著七種》,濟南:齊魯書社,1981 年,第 346 頁。

**1039. 楊氏瓦當**

**收藏**：劉軍山藏

**著録**：《關中》325 頁；《傅當》445 頁，圖八八一；《陝當》124 頁，圖一二四

**字數**：2

**釋文**：楊氏

**説明**：反書。

**1040. 宜富昌瓦當**

**著録**：《傅當》451 頁，圖八九三

**字數**：3

**釋文**：冝(宜)富昌

**説明**：末字，傅嘉儀先生釋爲“貴”，認爲其字作省筆，實則不然，即“昌”字。此爲“昌”涉上字“富”从“田”感染之例，亦見於湖南資興東漢墓内出土的陽嘉二年磚。[①]

**1041. 宜富昌瓦當**

**著録**：高文：《四川漢代瓦當》，《四川文物》1993 年第 2 期

**字數**：3

**釋文**：冝(宜)富昌

**説明**：疑與《傅當》893 爲同一件。就此拓片看，末字是“昌”無疑。

**1042. 宜相半瓦當**

**著録**：《關中》247 頁

**字數**：2

**釋文**：□□冝(宜)相

**1043. 益壽殘瓦當**

**出土**：2008 年，在西安漢長安城直城門遺址採集

**著録**：中國社會科學院考古研究所漢長安城工作隊：《西安漢長安城直城門遺址 2008 年發掘簡報》，《考古》2009 年第 5 期，第 57 頁，圖一〇，2(採：56)

**字數**：2

**釋文**：益壽

**1044. 益延壽瓦當**

**出土**：陝西省鳳翔縣

**著録**：《關中》222 頁

**字數**：3

**釋文**：益延壽

**説明**：豎讀。典範的篆書。

---

① 湖南省博物館：《湖南資興東漢墓》，《考古學報》1984 年第 4 期，第 68 頁，圖一八。

**1045. 益延壽瓦當**

出土：淳化縣漢甘泉宫遺址出土

著録：《傳當》449 頁，圖八九〇

字數：3

釋文：益延壽

説明：篆字隨形。

**1046. 益延壽瓦當**

出土：淳化縣漢甘泉宫遺址出土

著録：《傳當》450 頁，圖八九一

字數：3

釋文：益延壽

説明：篆字隨形。

**1047. 益延壽瓦當**

出土：淳化縣漢甘泉宫遺址出土

收藏：西安市文物庫房

著録：《傳當》450 頁，圖八九二

字數：3

釋文：益延壽

説明：豎讀。典範的篆書。

**1048. 億年無疆瓦當**

時代：王莽時期

著録：《陝當》102 頁，圖一〇二；《傳當》702 頁，圖一三九〇

字數：4

釋文：億秊(年)無疆

説明：典範的篆書。

黄小松先生認爲是"王莽妻億年陵瓦"。[①]

**1049. 億年無疆瓦當**

時代：王莽時期

著録：《琴歸》712 頁

字數：4

釋文：億秊(年)無疆

説明：典範的篆書。

**1050. 億年無疆瓦當**

時代：王莽時期

著録：《鐵瓦》447 頁

字數：4

釋文：億秊(年)無疆

説明：典範的篆書。

**1051. 億年無疆瓦當**

時代：王莽時期

著録：《陝當》103 頁，圖一〇三；《傳

① 《陝當》，第 102 頁。

當》702 頁，圖一三九〇
字數：4
釋文：億秊(年)無疆
説明：典範的篆書。

**1052. 億年無疆瓦當**
時代：王莽時期
著録：《傅當》703 頁，圖一三九一；《傅當》702 頁，圖一三九〇
字數：4
釋文：億秊(年)無疆
説明：典範的篆書。

**1053. 億年無疆瓦當**
時代：王莽時期
著録：《程當》77 頁；《傅當》702 頁，圖一三九〇
字數：4
釋文：億秊(年)無疆
説明：典範的篆書。

**1054. 億年無疆瓦當**
時代：王莽時期
出土：咸陽市元帝渭陵内出土
著録：李宏濤、王丕忠：《漢元帝渭陵調查記》，《考古與文物》1980 年第 1 期，第 40 頁，圖四；《傅當》702 頁，圖一三九〇
字數：4
釋文：億年無匱(疆)

**1055. 億年無疆瓦當**
出土：1985 年春在鄭州市西北郊區出土
著録：張松林：《鄭州市西北郊區考古調查簡報》，《中原文物》1986 年第 4 期，圖版一，1
字數：4
釋文：億秊(年)無疆
説明：典範的篆書。

**1056. 殷氏冢當瓦當**
時代：東漢
收藏：劉軍山藏
著録：《關中》321 頁；《陝當》129 頁，圖一二九
字數：4
釋文：殷氏冢當
説明：典範的篆書。篆字隨形。

**1057. 殷氏冢當瓦當**
收藏：陝西歷史博物館

著録：《傳當》713頁，圖一四一一

字數：4

釋文：殷氏冢當

説明：典範的篆書。篆字隨形。

### 1058. 殷氏冢當瓦當

時代：東漢

收藏：劉軍山藏

著録：《關中》322頁；《傳當》713頁，圖一四一二

字數：4

釋文：殷氏冢當

説明：典範的篆書。篆字隨形。

### 1059. 嬰桃轉舍瓦當

出土：淳化縣甘泉宫遺址出土

著録：《傳當》479頁，圖九四八；《程續》195頁；《八瓊室金石補證》卷七

字數：4

釋文：嬰(櫻)桃轉(傳)舍

説明：反書。《八瓊室金石補證》釋爲"嬰(鸚)轉(囀)柞舍"。

### 1060. 嬰桃轉舍瓦當

出土：淳化縣甘泉宫遺址出土

著録：《傳當》479頁，圖九四七；《八瓊室金石補證》卷七

字數：4

釋文：嬰(櫻)桃轉(傳)舍

説明：反書。

### 1061. 永保國邑瓦當

時代：東漢

出土：洛陽

收藏：謝文清舊藏，現藏陝西歷史博物館

著録：《關中》337頁；《傳當》655頁，圖一二九八；《陝當》107頁，圖一〇七

字數：4

釋文：永保國邑

説明：舊釋"永保國阜"。此從趙平安師意見改。[①]

### 1062. 永保千秋瓦範

著録：《傳當》，補遺第806頁，圖九一

字數：4

釋文：永保千秋

### 1063. 永承大靈瓦當

著録：《傳當》699頁，圖一三八五；

---

① 趙平安：《兩種漢代瓦當文字的釋讀問題》，見氏著《新出簡帛與古文字古文獻研究》，北京：商務印書館，2009年，第155—162頁。

《關中》930 頁

**字數**：4

**釋文**：永承大霊(靈)

**説明**："承"字反書。

### 1064. 永奉無疆殘瓦當

**出土**：1994 年、1996 年，在陝西户縣兆倫村一處鑄錢遺址内出土

**著録**：陝西省文保中心兆倫鑄錢遺址調查組：《陝西户縣兆倫漢代鑄錢遺址調查報告》，《文博》1998 年第 3 期，第 26 頁，圖十四，4

**字數**：3

**釋文**：永奉無□[疆]

### 1065. 永奉無疆瓦當

**著録**：《傅當》722 頁，圖一四二九

**字數**：4

**釋文**：永奉無疆

**説明**：篆字隨形。

### 1066. 永奉無疆瓦當

**著録**：《傅當》722 頁，圖一四三〇

**字數**：4

**釋文**：永奉無疆

**説明**：典範的篆書。篆字隨形。

### 1067. 永奉無疆瓦當

**出土**：漢長安城遺址出土

**著録**：《傅當》723 頁，圖一四三一

**字數**：4

**釋文**：永奉無疆

**説明**：典範的篆書。篆字隨形。

### 1068. 永奉無疆瓦當

**出土**：漢長安城遺址採集

**收藏**：吉林大學

**著録**：《傅當》724 頁，圖一四三三；王丹、于潤儀：《吉林大學藏漢至北魏時期的文字瓦當》，《北方文物》1989 年第 2 期，第 53 頁，圖一，16

**字數**：4

**釋文**：永奉無疆

**説明**：典範的篆書。篆字隨形。

### 1069. 永奉無疆瓦當

**出土**：漢長安城遺址出土

**著録**：《傅當》723 頁，圖一四三二

**字數**：4

**釋文**：永奉無疆

**説明**：典範的篆書。篆字隨形。

**1070. 永奉無疆瓦當**

著録：《程當》109 頁

字數：4

釋文：永奉無疆

説明：典範的篆書。篆字隨形。

**1071. 永奉無疆瓦當**

著録：《程當》110 頁

字數：4

釋文：永奉無疆

説明：篆字隨形。

**1072. 永奉無疆瓦當**

著録：《程當》111 頁

字數：4

釋文：永奉無疆

説明：篆字隨形。

**1073. 永奉無疆瓦當**

著録：《鐵瓦》423 頁

字數：4

釋文：永奉無疆

説明：篆字隨形。

**1074. 永奉無疆瓦當**

著録：《鐵瓦》527 頁

字數：4

釋文：永奉無疆

説明：篆字隨形。

**1075. 永奉無疆瓦當**

著録：《鐵瓦》509 頁

字數：4

釋文：永奉無疆

説明：篆字隨形。

**1076. 永奉無疆瓦當**

著録：《琴歸》713 頁

字數：4

釋文：永奉無疆

説明：篆字隨形。

**1077. 永奉無疆瓦當**

出土：1997—2000 年，在漢陽陵帝陵陵園南門遺址内出土

著録：陝西省考古研究院：《漢陽陵帝陵陵園南門遺址發掘簡報》，《考古與文物》2011 年第 5 期，第 10 頁，圖一一，2（YDN：78）

字數：4

釋文：永奉無疆

説明：篆字隨形。

**1078. 永奉無疆瓦當**

著録:《鐵瓦》495 頁

字數:4

釋文:永奉無疆

**1079. 永年未央瓦當**

時代:西漢末期

著録:《關中》287 頁

字數:4

釋文:永季(年)未央

**1080. 永世千秋瓦當**

著録:《傅當》680 頁,圖一三四七

字數:4

釋文:永枼(世)千秋

説明:典範的篆書。篆字隨形。

傅嘉儀先生釋爲"永葉千秋",並認爲"葉"乃繁茂昌盛之意。此字當隸爲"枼"。而裘錫圭先生説:"{世}應該是從{葉}分化出來的一個詞。從字形上看,'世'也應該是由'枼'分化出來的。"[①]因此,本當上的"枼"不必讀爲"葉","永枼"即"永世"。

**1081. 永受嘉福當**

著録:《程續》175 頁

字數:4

釋文:永受嘉福

説明:鳥蟲書。

**1082. 永受嘉福瓦當**

出土:咸陽出土

收藏:陝西歷史博物館

著録:《傅當》656 頁,圖一二九九;《陝當》23 頁,圖二三

字數:4

釋文:永受嘉福

説明:鳥蟲書。

《陝當》認爲是秦瓦。王丹、于潤儀先生歸入漢瓦。[②]

**1083. 永受嘉福瓦當**

著録:《程當》107 頁

字數:4

釋文:永受嘉福

説明:鳥蟲書。

---

① 裘錫圭:《文字學概要》(修訂本),北京:商務印書館,2013 年,第 121 頁。

② 王丹、于潤儀:《吉林大學藏漢至北魏時期的文字瓦當》,《北方文物》1989 年第 2 期,第 53 頁。

**1084. 永受嘉福瓦當**

著録：《鐵瓦》431 頁

字數：4

釋文：永受嘉福

説明：鳥蟲書。

**1085. 永受嘉福瓦當**

時代：東漢

收藏：吉林大學

著録：王丹、于潤儀：《吉林大學藏漢至北魏時期的文字瓦當》，《北方文物》1989 年第 2 期，第 53 頁，圖一，18

字數：4

釋文：永受嘉福

説明：鳥蟲書。

**1086. 永受嘉福瓦當**

著録：《傅當》656 頁，圖一三〇〇

字數：4

釋文：永受嘉福

説明：鳥蟲書。

**1087. 永受嘉福瓦當**

著録：《琴歸》645 頁

字數：4

釋文：永受嘉福

説明：鳥蟲書。

**1088. 永簹不□殘瓦當**

著録：《關中》263 頁，又見 935 頁

字數：3

釋文：永簹(蓄)不□

説明：《傅當》958 著録有"幹蓄不流"瓦當，或謂積蓄水源不使之外流溢出之意，與瓦當的功能有關。此瓦含義應與之相近。

**1089. 永延弘遠瓦當**

著録：《傅當》698 頁，圖一三八四

字數：4

釋文：永延弘遠

説明：典範的篆書。篆字隨形。

**1090. 涌泉混流瓦當**

著録：《傅當》701 頁，圖一三八八；《關中》249 頁

字數：4

釋文：涌泉混流

説明：篆字隨形。

**1091. 有萬喜瓦當**

出土：淳化縣漢甘泉宮遺址出土

著録：《傅當》451 頁，圖八九四

字數：3

釋文：有萬憙(喜)

説明：典範的篆書。

### 1092. 有萬喜瓦當

著録：《程當》159 頁

字數：3

釋文：有萬憙(喜)

説明：典範的篆書。

### 1093. 有萬喜瓦當

出土：淳化縣漢甘泉宫遺址出土

收藏：安康地區博物館

著録：《傅當》452 頁，圖八九五

字數：4

釋文：有萬憙(喜)

説明：典範的篆書。

### 1094. 有萬喜瓦當

出土：淳化縣漢甘泉宫遺址出土

著録：《傅當》452 頁，圖八九六；《窓齋》708 頁

字數：3

釋文：有萬憙(喜)

説明：典範的篆書。

天津博物館藏有一件清人改製的瓦當硯，背面拓片同此。[①]

### 1095. 酉字瓦當

出土：漢長安城遺址

著録：《傅當》373 頁，圖七三七

字數：1

釋文：酉

説明：典範的篆書。

### 1096. 右將瓦當

著録：《傅當》413 頁，圖八一八；《程續》187 頁；《琴歸》667 頁

字數：2

釋文：右將

説明：典範的篆書。篆字隨形。“右中郎將”之簡。

### 1097. 右將瓦當

著録：《傅當》414 頁，圖八一九

字數：2

釋文：右將

説明：篆字隨形。

① 王念祥、張善文：《中國古硯譜》，北京：北京工藝美術出版社，2005 年，圖版 231。

**1098. 右將瓦當**

出土：漢長安城遺址出土

收藏：陝西省考古研究所

著録：《傅當》414 頁，圖八二〇

字數：2

釋文：右將

説明：篆字隨形。

**1099. 右將瓦當**

著録：《傅當》415 頁，圖八二一；《鐵瓦》533 頁

字數：2

釋文：右將

説明：篆字隨形。"將"字从"屮"。

**1100. 右將瓦當**

著録：《鐵瓦》417 頁

字數：2

釋文：右將

説明：篆字隨形。"將"字从"屮"。

**1101. 右將瓦當**

著録：《傅當》415 頁，圖八二二

字數：2

釋文：右將

説明：篆字隨形。

**1102. 右將瓦當**

著録：《程續》187 頁

字數：2

釋文：右將

説明：篆字隨形。

**1103. 右空瓦當**

出土：漢長安城遺址出土

收藏：安康地區博物館

著録：《傅當》417 頁，圖八二五；《陝當》96 頁，圖九六

字數：2

釋文：右空

説明：豎讀。典範的篆書。

與武帝時期的石刻文字風格相近。如傅嘉儀所説："筆道闊厚，與茂陵石刻文字的風格極似。""右空"，當是"右司空"之簡稱。

**1104. 右空瓦當**

著録：《琴歸》668 頁

字數：2

釋文：右空

説明：豎讀。典範的篆書。

**1105. 右空瓦當**

**出土**：漢長安城遺址出土

**著録**：《傅當》416 頁，圖八二三

**字數**：2

**釋文**：右空

**説明**：豎讀。典範的篆書。

**1106. 右空瓦當**

**出土**：漢長安城遺址出土

**著録**：《傅當》416 頁，圖八二四

**字數**：2

**釋文**：右空

**説明**：豎讀。典範的篆書。

**1107. 右空瓦當**

**出土**：漢長安城遺址出土

**著録**：《傅當》，補遺第 796 頁，圖七一

**字數**：2

**釋文**：右空

**説明**：豎讀。典範的篆書。

**1108. 右空瓦當**

**著録**：《程當》153 頁

**字數**：2

**釋文**：右空

**説明**：豎讀。典範的篆書。

**1109. 右空瓦當**

**出土**：1998 年 10 月—1999 年 4 月，在長安城桂宫二號建築遺址 B 區出土

**著録**：中國社會科學院考古研究所、日本奈良國立文化財研究所中日聯合考古隊：《漢長安城桂宫二號建築遺址 B 區發掘簡報》，《考古》2000 年第 1 期，圖版叁，6（T8③：5）

**字數**：2

**釋文**：右空

**説明**：豎讀。典範的篆書。

**1110. 羽陽臨渭瓦當**

**出土**：寶雞玉陽宫遺址

**著録**：《傅當》473 頁，圖九三六

**字數**：4

**釋文**：羽陽臨渭

**説明**：典範的篆書。篆字隨形。“陽”字簡省，“臨”字筆畫並連。

**1111. 羽陽臨渭瓦當**

**著録**：《琴歸》649 頁

**字數**：4

**釋文**：羽陽臨渭

**説明**：典範的篆書。篆字隨形。“陽”字簡省，“臨”字筆畫並連。

**1112. 羽陽千秋瓦當**

時代：西漢初

出土：陝西寶雞東闗出土

著録：《闗中》214 頁

字數：4

釋文：羽陽千秋

説明：篆隸混用："羽"字隸書，其餘三字篆書。

**1113. 羽陽千秋瓦當**

時代：西漢初

出土：陝西寶雞東闗出土

收藏：西安謝文清舊藏

著録：《陝當》15 頁，圖一五；《傳當》472 頁，圖九三三；《闗中》218 頁，又見 924 頁

字數：4

釋文：羽陽千秋

説明：較爲典範的篆書。篆字隨形。

**1114. 羽陽千秋瓦當**

出土：寶雞羽陽宫遺址

收藏：陝西歷史博物館

著録：《傳當》471 頁，圖九三二；《陝當》16 頁，圖一六

字數：4

釋文：羽陽千秋

説明：篆隸混用："羽"字隸書，其餘三字篆書。

**1115. 羽陽千歲瓦當**

出土：寶雞羽陽宫遺址出土

著録：《傳當》468 頁，圖九二六

字數：4

釋文：羽陽千歲

説明：篆字隨形。"陽、歲"簡省訛變。

**1116. 羽陽千歲瓦當**

出土：寶雞羽陽宫遺址

著録：《傳當》469 頁，圖九二七

字數：4

釋文：羽陽千歲

説明：典範的篆書。篆字隨形。

**1117. 羽陽千歲瓦當**

著録：《傳當》469 頁，圖九二八

字數：4

釋文：羽陽千歲

説明：篆字隨形。"陽、歲"簡省訛變。

**1118. 羽陽千歲瓦當**

著録：《陝當》14 頁，圖一四

字數：4

釋文：羽陽千歲

説明：典範的篆書。篆字隨形。

1119. **羽陽千歲瓦當**

出土：寶雞羽陽宫遺址

著録：《傳當》471 頁，圖九三一

字數：4

釋文：羽陽千歲

説明：典範的篆書。篆字隨形。

1120. **羽陽千歲瓦當**

著録：《琴歸》651 頁

字數：4

釋文：羽陽千歲

説明：典範的篆書。篆字隨形。"陽、歲"簡省訛變。

1121. **羽陽千歲瓦當**

出土：寶雞火車站採集

著録：曹明檀、趙叢蒼、王保平：《鳳翔雍城出土的秦漢瓦當》，《考古與文物》1985 年第 4 期，第 4 頁，圖一，1

字數：4

釋文：羽陽千歲

説明：典範的篆書。篆字隨形。原整理報告評價其"字體嚴謹秀麗，筆畫纖細清晰"。

1122. **羽陽萬歲瓦當**

出土：寶雞羽陽宫遺址

收藏：陝西歷史博物館

著録：《傳當》472 頁，圖九三四

字數：4

釋文：羽陽萬歲

説明：典範的篆書。篆字隨形。

1123. **羽陽萬歲瓦當**

出土：寶雞玉陽宫遺址

著録：《傳當》473 頁，圖九三五

字數：4

釋文：羽陽萬歲

説明：典範的篆書。篆字隨形。

1124. **羽陽萬歲瓦當**

著録：《琴歸》650 頁

字數：4

釋文：羽陽萬歲

説明：典範的篆書。篆字隨形。

1125. **與地相長瓦當**

時代：西漢

收藏：吉林大學

著録：王丹、于潤儀：《吉林大學藏漢至北魏時期的文字瓦當》，《北方文物》1989年第2期，第53頁，圖一，12；《傅當》678頁，圖一三四三

字數：4

釋文：興地相長

説明："與"字訛爲"興"。

## 1126. 與崋無極瓦當

出土：1980年，在華陰縣磑峪公社段家城和王家城村北的瓦渣梁上的華倉遺址内發現

收藏：華倉考古隊

著録：陝西省考古研究所華倉考古隊：《漢華倉遺址勘查記》，《考古與文物》1981年第3期，第67頁，圖十一，9；《傅當》507頁，圖一〇〇三；《關中》238頁

字數：4

釋文：與崋無極

説明：篆字隨形。

## 1127. 與崋無極瓦當

時代：西漢武帝時期

著録：《關中》239頁

字數：4

釋文：與崋無極

説明：典範的篆書。篆字隨形。

## 1128. 與崋無極瓦當

出土：華陰市華倉遺址出土

著録：《傅當》508頁，圖一〇〇五；《關中》240頁

字數：4

釋文：與崋無極

説明：篆字隨形。

## 1129. 與崋無極瓦當

時代：西漢武帝時期

收藏：吉林大學

著録：《關中》241頁；王丹、于潤儀：《吉林大學藏漢至北魏時期的文字瓦當》，《北方文物》1989年第2期，第53頁，圖一，10

字數：4

釋文：與崋無極

説明：篆字隨形。

## 1130. 與崋無極瓦當

出土：1980年，在華陰縣磑峪公社段家城和王家城村北的瓦渣梁上的華倉

遺址内發現

**收藏**：陝西省崋倉考古隊

**著録**：陝西省考古研究所華倉考古隊：《漢華倉遺址勘查記》,《考古與文物》1981 年第 3 期,第 67 頁,圖十一,5;《陝當》78 頁,圖七八;陝西省考古研究所華倉考古隊：《漢華倉遺址發掘簡報》,《考古與文物》1982 年第 2 期,第 24 頁,圖八,2(80T3③:4);《傳當》511 頁,圖一〇一一

**字數**：4

**釋文**：與崋無極

**説明**：篆字隨形。

### 1131. 與崋無極瓦當

**出土**：1980 年,在華陰縣磑峪公社段家城和王家城村北的瓦渣梁上的華倉遺址内發現

**著録**：陝西省考古研究所華倉考古隊：《漢華倉遺址勘查記》,《考古與文物》1981 年第 3 期,第 67 頁,圖十一,6;《傳當》503 頁,圖九九五

**字數**：4

**釋文**：與崋無極

**説明**：篆字隨形。"崋"字訛變,寫法特殊。

### 1132. 與崋無極瓦當

**出土**：華陰市華嶽廟王到村出土

**著録**：《傳當》502 頁,圖九九三

**字數**：4

**釋文**：與崋無極

### 1133. 與崋無極瓦當

**出土**：華陰市出土

**著録**：《傳當》502 頁,圖九九四

**字數**：4

**釋文**：與崋無極

**説明**：反書。

### 1134. 與崋無極瓦當

**出土**：華陰市華倉遺址出土

**收藏**：陝西省崋倉考古隊

**著録**：《傳當》503 頁,圖九九六

**字數**：4

**釋文**：與崋無極

**説明**：篆字隨形。

### 1135. 與崋無極瓦當

**著録**：《傳當》504 頁,圖九九七

**字數**：4

**釋文**：與崋無極

**説明**：篆字隨形。"崋"字末筆收尾

反折。

1136. **與畢無極瓦當**

**出土**：華陰市華倉遺址出土

**著録**：《傳當》511 頁，圖一〇一二

**字數**：4

**釋文**：與畢無極

**説明**：篆字隨形。"畢"字末筆收尾反折。

1137. **與畢無極瓦當**

**著録**：《傳當》504 頁，圖九九八

**字數**：4

**釋文**：與畢無極

**説明**：篆字隨形。

1138. **與畢無極瓦當**

**出土**：1980 年，在華陰縣磑峪公社段家城和王家城村北的瓦渣梁上的華倉遺址内發現

**收藏**：西嶽廟文管所

**著録**：《傳當》505 頁，圖九九九；陝西省考古研究所華倉考古隊：《漢華倉遺址發掘簡報》，《考古與文物》1982 年第 2 期，第 24 頁，圖八，3（81T7③：55）；陝西省考古研究所華倉考古隊：《漢華倉遺址勘查記》，《考古與文物》1981 年第 3 期，第 67 頁，圖十一，8

**字數**：4

**釋文**：與畢無極

**説明**：較爲典範的篆書。篆字隨形。

1139. **與畢無極瓦當**

**收藏**：安康地區博物館

**著録**：《傳當》505 頁，圖一〇〇〇

**字數**：4

**釋文**：與畢無極

**説明**：篆字隨形。

1140. **與畢無極瓦當**

**出土**：華陰市出土

**著録**：《傳當》507 頁，圖一〇〇四

**字數**：4

**釋文**：與畢無極

**説明**：篆字隨形。

1141. **與畢無極瓦當**

**出土**：華陰市出土

**著録**：《傳當》506 頁，圖一〇〇一

**字數**：4

**釋文**：與畢無極

**説明**：篆字隨形。

### 1142. 與華無極瓦當

出土：1955—1956 年，在華陰王家寨出土

著録：黄河水庫考古工作隊：《黄河三門峽水庫考古調查簡報》，《考古通訊》1956 年第 5 期，第 9 頁，圖五，1

字數：4

釋文：與華無極

説明：篆字隨形。

### 1143. 與華無極瓦當

出土：華陰市出土

著録：《傳當》506 頁，圖一〇〇二

字數：4

釋文：與華無極

説明：篆字隨形。

### 1144. 與華無極瓦當

出土：1980 年，在華陰縣磑峪公社段家城和王家城村北的瓦渣梁上的華倉遺址内發現

收藏：西嶽文管所

著録：陝西省考古研究所華倉考古隊：《漢華倉遺址勘查記》，《考古與文物》1981 年第 3 期，第 67 頁，圖十一，7；陝西省考古研究所華倉考古隊：《漢華倉遺址發掘簡報》，《考古與文物》1982 年第 2 期，第 24 頁，圖八，1（80H4:1）；《傳當》508 頁，圖一〇〇六

字數：4

釋文：與華無極

### 1145. 與華無極瓦當

出土：華陰市華倉遺址出土

收藏：殘瓦樓

著録：《傳當》509 頁，圖一〇〇七

字數：4

釋文：與華無極

説明：篆字隨形。

### 1146. 與華無極瓦當

出土：華陰市華倉遺址出土

著録：《傳當》509 頁，圖一〇〇八

字數：4

釋文：與華無極

説明：篆字隨形。

### 1147. 與華無極瓦當

出土：華陰市華倉遺址出土

著録：《傳當》510 頁，圖一〇〇九

字數：4

釋文：與華無極

説明：篆字隨形。

### 1148. 與華無極瓦當

出土：華陰市華倉遺址出土

著録：《傳當》510 頁，圖一〇一〇

字數：4

釋文：與華無極

説明：篆字隨形。

### 1149. 與華無極瓦當

出土：1980 年，在華陰縣磑峪公社段家城和王家城村北的瓦渣梁上的華倉遺址内發現

著録：陝西省考古研究所華倉考古隊：《漢華倉遺址勘查記》，《考古與文物》1981 年第 3 期，第 67 頁，圖十一，10；《傳當》512 頁，圖一〇一三

字數：4

釋文：與華無極

説明：篆字隨形。

### 1150. 與華相宜瓦當

出土：華陰市漢化倉遺址出土

著録：《關中》243 頁；《傳當》500 頁，圖九八九

字數：4

釋文：與華相宜(宜)

### 1151. 與華相宜瓦當

出土：華陰市漢化倉遺址出土

著録：《關中》244 頁；《傳當》498 頁，圖九八六

字數：4

釋文：與華相宜(宜)

説明：隸書風格明顯。

### 1152. 與華相宜瓦當

出土：華陰市漢化倉遺址出土

著録：《關中》245 頁；《傳當》499 頁，圖九八七

字數：4

釋文：與華相宜(宜)

### 1153. 與華相宜瓦當

出土：華陰市漢化倉遺址出土

收藏：陝西省考古所

著録：《傳當》498 頁，圖九八五；《陝當》77 頁，圖七七

字數：4

釋文：與華相宜(宜)

説明：篆字隨形。

**1154. 與畢相宜瓦當**

**收藏**：安康地區博物館

**著録**：《傅當》499頁，圖九八八

**字數**：4

**釋文**：與畢相亘(宜)

**説明**：篆字隨形。

**1155. 與畢相宜瓦當**

**出土**：華陰市漢化倉遺址出土

**著録**：《傅當》500頁，圖九九〇

**字數**：4

**釋文**：與畢相亘(宜)

**1156. 與畢相宜瓦當**

**出土**：華陰市漢化倉遺址出土

**收藏**：故宫博物院

**著録**：《傅當》501頁，圖九九一

**字數**：4

**釋文**：與畢相亘(宜)

**説明**：反書，旋讀。“亘”字倒置。

**1157. 與畢相宜瓦當**

**著録**：《傅當》501頁，圖九九二

**字數**：4

**釋文**：與畢相亘(宜)

**説明**：反書，旋讀。“亘”字倒置。

**1158. 與天久長瓦當**

**著録**：《傅當》679頁，圖一三四五

**字數**：4

**釋文**：與天九長

**説明**：典範的篆書。篆字隨形。傅嘉儀先生釋爲“與天長久”，即順時針旋讀，現按照常見的對讀方式，改釋爲“與天久長”。

**1159. 與天久長瓦當**

**著録**：《琴歸》648頁

**字數**：4

**釋文**：與天九長

**説明**：典範的篆書。篆字隨形。“久”字錯訛如“九”形。

**1160. 與天久長瓦當**

**著録**：《傅當》679頁，圖一三四六

**字數**：4

**釋文**：與天久長

**説明**：篆隸混用：“天”字隸書。

**1161. 與天久長瓦當**

**出土**：1997—2000年，在漢陽陵帝陵陵園南門遺址内出土

**著録**：陝西省考古研究院：《漢陽陵

帝陵陵園南門遺址發掘簡報》,《考古與文物》2011 年第 5 期,第 10 頁,圖一一,4(T212③:18)

字數:4

釋文:與天久長

説明:典範的篆書。

### 1162. 與天瓦當

出土:漢長安城遺址出土

著録:《傅當》434 頁,圖八六〇

字數:2

釋文:與天

説明:典範的篆書。

### 1163. 與天瓦當

出土:2002—2003 年,在漢長安城長樂宫二號建築遺址内出土

著録:中國社會科學院考古研究所漢長安城工作隊:《漢長安城長樂宫二號建築遺址發掘報告》,《考古學報》2004 年第 1 期,第 74 頁,圖一二(T9③:1)

字數:2

釋文:與天

### 1164. 與天毋極瓦當

出土:東柏梁村漢城遺址出土

著録:《傅當》578 頁,圖一一四四;《關中》301 頁

字數:4

釋文:與天毋極

説明:"毋"字繁化从"刀"。

### 1165. 與天毋極瓦當

出土:漢建章宫遺址出土

著録:《傅當》579 頁,圖一一四五;《陝當》75 頁,圖七五

字數:4

釋文:與天毋極

### 1166. 與天毋極瓦當

出土:周至縣長楊宫遺址出土

著録:《傅當》579 頁,圖一一四六

字數:4

釋文:與天毋極

### 1167. 與天毋極瓦當

著録:《窓齋》710 頁

字數:4

釋文:與天毋極

説明:"極"字反書,簡省訛變。

### 1168. 與天毋極瓦當

收藏:安康地區博物館

著録：《傅當》580 頁，圖一一四七

字數：4

釋文：與天毋極

説明："極"字反書，簡省訛變。

**1169. 與天毋極瓦當**

出土：周至縣長楊宫遺址出土

著録：《傅當》580 頁，圖一一四八

字數：4

釋文：與天毋極

**1170. 與天毋極瓦當**

著録：《琴歸》647 頁

字數：4

釋文：與天毋極

**1171. 與天毋極瓦當**

出土：陝西省周至縣長楊宫遺址

著録：劉合心：《長楊宫遺址出土的秦漢文物》，《文博》2004 年第 3 期，第 12 頁，圖 40

字數：4

釋文：與天毋極

説明：典範的篆書。篆字隨形。

**1172. 與天毋極瓦當**

出土：漢建章宫遺址出土

收藏：延尖閣

著録：《傅當》581 頁，圖一一四九

字數：4

釋文：與天毋極

説明："與"字訛从"文"。

**1173. 與天毋極瓦當**

出土：漢建章宫遺址出土

著録：《傅當》581 頁，圖一一五〇

字數：4

釋文：與天毋極

説明："毋"字筆畫延伸，上部如从"刀"形。這種形體與傳抄古文中"毋"字形體（《四》1・24），[①]有一定相似性。而《傅當》1144 上"毋"字右側从"刀"，或是這種形體上的"刀"形析斷移位所致。

**1174. 與天毋極瓦當**

著録：《程當》72 頁

字數：4

釋文：與天毋極

① 徐在國：《傳抄古文字編》，北京：綫裝書局，2006 年，第 1260 頁。

**1175. 與天毋極瓦當**

著録:《傳當》582 頁,圖一一五一

字數:4

釋文:與天毋極

**1176. 與天毋極瓦當**

出土:陝西省周至縣長楊宫遺址

著録:劉合心:《長楊宫遺址出土的秦漢文物》,《文博》2004 年第 3 期,第 12 頁,圖 39;《傳當》582 頁,圖一一五二

字數:4

釋文:與天毋極

説明:"與"字訛从"目"。

**1177. 與天毋極瓦當**

著録:《傳當》583 頁,圖一一五三

字數:4

釋文:與天毋極

**1178. 與天無極殘瓦當**

出土:1990 年以來,在眉縣槐芽鎮西的趙家莊遺址附近採集

著録:劉懷君:《陝西眉縣兩處秦漢"眉邑"遺址的調查》,《考古與文物》2008 年第 2 期,第 31 頁,圖五,3(MZ 採:8)

字數:3

釋文:與□[天]無極

説明:"與、無"二字皆簡省。

**1179. 與天無極殘瓦當**

時代:西漢景帝時期

出土:1978 年 10—11 月,在咸陽市漢景帝陽陵出土

收藏:西安市文管會

著録:王丕忠、張子波、孫德潤:《漢景帝陽陵調查簡報》,《考古與文物》1980 年第 1 期

字數:2

釋文:與□[天]無□[極]

**1180. 與天無極殘瓦當**

出土:1996 年,在陝西省澄城縣劉家窪鄉良周村秦漢遺址發現

著録:姜寶蓮、趙强:《陝西澄城良周秦漢宫殿遺址調查簡報》,《文博》1998 年第 4 期,第 11 頁,圖八,3

字數:2

釋文:與□[天]無□[極]

**1181. 與天無極殘瓦當**

出土:1996 年,在陝西省澄城縣劉家

窪鄉良周村秦漢遺址發現

**著録**：姜寶蓮、趙强：《陝西澄城良周秦漢宫殿遺址調查簡報》,《文博》1998年第4期,第11頁,圖八,4

**字數**：2

**釋文**：與□[天]無□[極]

**説明**：反書。

**1182. 與天無極殘瓦當**

**出土**：1996年,在陝西省澄城縣劉家窪鄉良周村秦漢遺址發現

**著録**：姜寶蓮、趙强：《陝西澄城良周秦漢宫殿遺址調查簡報》,《文博》1998年第4期,第11頁,圖八,5

**字數**：2

**釋文**：□[與]天□[無]極

**1183. 與天無極殘瓦當**

**出土**：1996年,在陝西省澄城縣劉家窪鄉良周村秦漢遺址發現

**著録**：姜寶蓮、趙强：《陝西澄城良周秦漢宫殿遺址調查簡報》,《文博》1998年第4期,第11頁,圖八,6

**字數**：2

**釋文**：與□[天]無□[極]

**1184. 與天無極殘瓦當**

**出土**：1987年10月—1988年5月,在漢長安城未央宫第四號遺址内出土

**著録**：中國社會科學院考古研究所：《漢長安城未央宫——1980～1989年考古發掘報告》,北京：中國大百科全書出版社,1996年,第167頁,圖六三,6(4:T5④:23)

**字數**：3

**釋文**：與天□[無]極

**1185. 與天無極瓦當**

**出土**：1990年以來,在眉縣槐芽鎮西的趙家莊遺址附近採集

**著録**：劉懷君：《陝西眉縣兩處秦漢"眉邑"遺址的調查》,《考古與文物》2008年第2期,第31頁,圖五,2(MZ採：7)

**字數**：4

**釋文**：與天無亟(極)

**説明**：較典範的篆書。

**1186. 與天無極瓦當**

**著録**：《關中》302頁

**字數**：4

**釋文**：與天無極

1187. **與天無極瓦當**

著録：《傳當》576 頁，圖一一三九；《關中》302 頁

字數：4

釋文：與天無極

1188. **與天無極瓦當**

著録：《陝當》73 頁，圖七三

字數：4

釋文：與天無極

説明：典範的篆書。篆字隨形。

1189. **與天無極瓦當**

著録：《陝當》74 頁，圖七四

字數：4

釋文：與天無極

説明：典範的篆書。篆字隨形。

1190. **與天無極瓦當**

著録：《傳當》569 頁，圖一一二五

字數：4

釋文：與天無極

説明：典範的篆書。篆字隨形。

1191. **與天無極瓦當**

著録：《程當》73 頁

字數：4

釋文：與天無極

説明："與"字訛从"己"。篆字隨形。

1192. **與天無極瓦當**

出土：漢長安城遺址出土

著録：《傳當》569 頁，圖一一二六

字數：4

釋文：與天無極

説明："與"字訛从"爻"。篆字隨形。

1193. **與天無極瓦當**

著録：《傳當》570 頁，圖一一二七

字數：4

釋文：與天無極

説明："與"字訛从"日"。

1194. **與天無極瓦當**

著録：《傳當》570 頁，圖一一二八

字數：4

釋文：與天無極

説明：典範的篆書。

1195. **與天無極瓦當**

出土：西安市北郊東賀村出土

著録：《傳當》571 頁，圖一一二九

字數：4

釋文：與天無極

説明：典範的篆書。篆字隨形。

1196. **與天無極瓦當**

出土：漢長安城遺址出土

著録：《傅當》571 頁，圖一一三〇

字數：4

釋文：與天無極

説明：典範的篆書。篆字隨形。

1197. **與天無極瓦當**

著録：《程當》69 頁

字數：4

釋文：與天無極

説明：篆字隨形。

1198. **與天無極瓦當**

著録：《傅當》572 頁，圖一一三一

字數：4

釋文：與天無亟（極）

説明：篆字隨形。

1199. **與天無極瓦當**

出土：漢長安城遺址出土

著録：《傅當》572 頁，圖一一三二

字數：4

釋文：與天無極

説明："天"字中豎筆畫貫穿。"極"字反書。

1200. **與天無極瓦當**

著録：《傅當》573 頁，圖一一三三

字數：4

釋文：與天無極

説明："極"字反書。

1201. **與天無極瓦當**

出土：漢長安城遺址出土

著録：《傅當》573 頁，圖一一三四

字數：4

釋文：與天無極

説明：典範的篆書。篆字隨形。

1202. **與天無極瓦當**

出土：漢長安城遺址出土

著録：《傅當》574 頁，圖一一三五

字數：4

釋文：與天無極

説明：典範的篆書。篆字隨形。

1203. **與天無極瓦當**

著録：《傅當》574 頁，圖一一三六；

《程當》74 頁

字數：4

釋文：與天無極

説明："與"字上部筆畫並連訛變如"曲"形。篆字隨形。

1204. **與天無極瓦當**

出土：漢長安城遺址出土

著録：《傅當》575 頁，圖一一三七

字數：4

釋文：與天無極

1205. **與天無極瓦當**

出土：寶雞出土

著録：《傅當》575 頁，圖一一三八

字數：4

釋文：與天無亟(極)

1206. **與天無極瓦當**

出土：漢長安城遺址出土

著録：《傅當》576 頁，圖一一四〇

字數：4

釋文：與天無極

説明：篆字隨形。

1207. **與天無極瓦當**

著録：《傅當》577 頁，圖一一四一

字數：4

釋文：與天無極

説明："與"字訛从"日"。

1208. **與天無極瓦當**

時代：西漢中期

出土：1960 年陝西韓城芝川漢扶荔宫遺址出土

著録：陝西省文物管理委員會：《陝西韓城芝川漢扶荔宫遺址的發現》，《考古》1961 年第 3 期，第 124 頁，圖二，12；《傅當》577 頁，圖一一四二

字數：4

釋文：與天無極

1209. **與天無極瓦當**

出土：漢長安城遺址出土

著録：《傅當》578 頁，圖一一四三

字數：4

釋文：與天無極

説明：順時針旋讀。

1210. **與天無極瓦當**

著録：《程當》70 頁

字數：4

釋文：與天無亟(極)

**1211. 與天無極瓦當**

著録:《程當》71 頁

字數:4

釋文:與天無極

説明:"與"所从"牙"形受"臼"形感染,字體類化。

**1212. 與天無極瓦當**

著録:《程當》75 頁

字數:4

釋文:與天無極

**1213. 與天無極瓦當**

著録:《琴歸》646 頁;《鐵瓦》443 頁

字數:4

釋文:與天無極

説明:典範的篆書。篆字隨形。

**1214. 與天無極瓦當**

出土:1997—2000 年,在漢陽陵帝陵陵園南門遺址内出土

著録:陝西省考古研究院:《漢陽陵帝陵陵園南門遺址發掘簡報》,《考古與文物》2011 年第 5 期,第 10 頁,圖一〇,1(T205③:6)

字數:4

釋文:與天無極

説明:篆字隨形。

**1215. 與天無極瓦當**

出土:1997—2000 年,在漢陽陵帝陵陵園南門遺址内出土

著録:陝西省考古研究院:《漢陽陵帝陵陵園南門遺址發掘簡報》,《考古與文物》2011 年第 5 期,第 10 頁,圖一〇,2(T310③:71)

字數:4

釋文:與天無極

説明:篆字隨形。

**1216. 與天無極瓦當**

時代:西漢

收藏:吉林大學

著録:王丹、于潤儀:《吉林大學藏漢至北魏時期的文字瓦當》,《北方文物》1989 年第 2 期,第 53 頁,圖一,11

字數:4

釋文:與天無極

説明:篆字隨形。

**1217. 與天無極瓦當**

出土:1994 年、1996 年,在陝西户縣

兆倫村一處鑄錢遺址内出土

著録：陝西省文保中心兆倫鑄錢遺址調查組：《陝西户縣兆倫漢代鑄錢遺址調查報告》，《文博》1998 年第 3 期，第 26 頁，圖十四，7

字數：4

釋文：與天無極

説明：篆字隨形。

### 1218. 與天無極瓦當

出土：1996 年，在陝西省澄城縣劉家窪鄉良周村秦漢遺址發現

著録：姜寶蓮、趙强：《陝西澄城良周秦漢宫殿遺址調查簡報》，《文博》1998 年第 4 期，第 11 頁，圖八，2

字數：4

釋文：與天無極

説明：篆字隨形。

### 1219. 與天無極瓦當

出土：1984 年 7 月，在神木縣瑶鎮漢代建築遺址内出土

著録：王建新：《神木縣瑶鎮漢代建築遺址調查記》，《考古與文物》1987 年第 5 期，第 101 頁，圖一，2

字數：4

釋文：與天無極

### 1220. 與天無極瓦當

時代：西漢宣帝時期

出土：1982—1983 年，在西安雁塔區曲江鄉三兆鎮的杜陵陵園東門遺址出土

著録：中國社會科學院考古研究所杜陵工作隊：《1982—1983 年西漢杜陵的考古工作收穫》，《考古》1984 年第 10 期，第 889 頁，圖三

字數：4

釋文：與天無極

### 1221. 與天無極瓦當

出土：1999 年下半年至 2000 年上半年，在長安城桂宫三號建築遺址内出土

著録：中國社會科學院考古研究所、日本奈良國立文化財研究所中日聯合考古隊：《漢長安城桂宫三號建築遺址發掘簡報》，《考古》2001 年第 1 期，圖版拾貳，4（T1③:41）

字數：4

釋文：與天無亟（極）

説明：篆字隨形。

**1222. 與天無極瓦當**

**出土**：1973年2月，在西安三橋北的漢建章宫遺址發現

**著録**：黑光：《西安漢太液池出土一件巨形石魚》，《文物》1975年第6期，第91頁，圖二

**字數**：4

**釋文**：與天無亟(極)

**1223. 與天無極瓦當**

**出土**：2000年秋冬至2001春，在長安城桂宫四號建築遺址内出土

**著録**：中國社會科學院考古研究所、日本奈良國立文化財研究所中日聯合考古隊：《漢長安城桂宫四號建築遺址發掘簡報》，《考古》2002年第1期，圖版叁，4(T3③:22)

**字數**：4

**釋文**：與天無亟(極)

**1224. 與天無極瓦當**

**出土**：2002—2003年，在漢長安城長樂宫二號建築遺址内出土

**著録**：中國社會科學院考古研究所漢長安城工作隊：《漢長安城長樂宫二號建築遺址發掘報告》，《考古學報》2004年第1期，第73頁，圖一一，8(T8③:4)

**字數**：4

**釋文**：與天無極

**説明**：篆字隨形。

**1225. 與字殘瓦當**

**出土**：1959—1962年，在山西夏縣禹王城遺址出土

**著録**：中國社會科學院考古研究所山西工作隊：《山西夏縣禹王城調查》，《考古》1963年第9期，第477頁，圖六，4

**字數**：1

**釋文**：與□□□

**1226. 郁夷瓦當**

**出土**：2003年，在寶雞縣寧王遺址附近徵集

**著録**：董衛劍：《從寧王遺址出土的"郁夷"瓦當探討郁夷縣故城與平陽故城的關係》，《考古與文物》2005年第3期，第46頁，圖三，1(寧征2003:1)

**字數**：2

**釋文**：郁夷

**説明**：豎讀。典範的篆書。篆字

隨形。

88頁著録有雝棫陽鼎。

### 1227. 郁夷瓦當

**出土**：2002年，在寶雞縣寧王遺址附近採集

**著録**：董衛劍：《從寧王遺址出土的"郁夷"瓦當探討郁夷縣故城與平陽故城的關係》，《考古與文物》2005年第3期，第46頁，圖三，2(寧採2002:13)

**字數**：2

**釋文**：郁夷

**説明**：豎讀。典範的篆書。篆字隨形。

### 1228. 棫陽瓦當

**出土**：1982年鳳翔縣城雍城遺址採集

**收藏**：雍城考古隊

**著録**：陝西省雍城考古隊：《一九八二年鳳翔雍城秦漢遺址調查簡報》，《考古與文物》1984年第2期，圖版肆，6和圖二，3(82鳳東：11)；《傅當》390頁，圖七七二

**字數**：2

**釋文**：棫陽

**説明**：文字在外圈，豎讀。《漢銅選》88頁著録有雝棫陽鼎。

### 1229. 棫陽瓦當

**著録**：《傅當》390頁，圖七七一

**字數**：2

**釋文**：棫陽

**説明**：文字在外圈，豎讀。

### 1230. 棫字殘瓦當

**出土**：1962年陝西省鳳翔縣南古城北馬家莊西北出土

**收藏**：陝西省考古所

**著録**：徐錫臺、孫德潤：《鳳翔縣發現"年宫"與"棫"字的瓦當》，《文物》1963年第5期，第70頁，圖二

**字數**：1

**釋文**：棫

**説明**："棫陽"之殘。1982年出土有"棫陽"瓦當，[①]與此大類。《漢銅選》88頁還著録有雝棫陽鼎。

### 1231. 則初半瓦當

**著録**：《關中》265頁，又見933頁

**字數**：2

**釋文**：則□[寺]初□[宫]

---

① 陝西省雍城考古隊：《一九八二年鳳翔雍城秦漢遺址調查簡報》，《考古與文物》1984年第2期。

説明：篆字隨形。據"則寺初宫"瓦當(《傳當》923)補。

### 1232. 則寺初宫瓦當

著録：《傳當》467頁，圖九二三

字數：5

釋文：則寺初宫

### 1233. 張是冢當瓦當

時代：西漢初年

著録：《傳當》716頁，圖一四一八；《關中》317頁

字數：4

釋文：張是(氏)冢當

説明：典範的篆書。

### 1234. 召陵宫當瓦當

時代：新莽時期

著録：《傳當》464頁，圖九一八

字數：4

釋文：召陵宫當

説明：典範的篆書。

### 1235. 趙君冢當瓦當

著録：《傳當》707頁，圖一四〇〇

字數：4

釋文：趙君冢當

説明："冢"字从"罒"。篆字隨形。

### 1236. 折風闕當瓦當

著録：《琴歸》739頁；《傳當》468頁，圖九二五

字數：4

釋文：斲(折)風闕當

説明：篆字隨形。篆隸混用："闕"字作隸書，其餘篆書。"斲"字寫法合於《説文》小篆字頭。

據《三輔黄圖》卷二，建章宫正門曰閶闔，左鳳闕，右神明臺，"門内北起别風闕，高五十丈，對峙井幹樓，高五十丈"。何清谷先生云："别風闕在閶闔門内，又見文選卷二西京賦：'閶闔之内，别風、嶕嶢。'其闕高出宫墻，闕上有銅鳳凰，下有'轉樞'裝置，銅鳳凰迎風轉動，可以用來辨别風向，因名别風闕，又稱鳳凰闕。廟記曰：'鳳凰闕，一名别風闕。'《史記》卷十二《孝武本紀》索隱引《關中記》曰：'一名别風，言别四方之風。'《藝文類聚》卷六十二居處部二引《關中記》曰：'閶闔門内東出，有折風闕，一名别風闕。'《漢代考古學概説》八二頁收有'折風闕當'拓

片,‘折風’,取隨風轉折之義。”[①]

《文選》收録班固《西都賦》,有“内則別風之嶕嶢”句,李善注:“《三輔故事》曰:建章宫東有折風闕。《關中記》曰:折風,一名別風。”[②]

陳直先生説:“《三輔黄圖》云:‘建章宫有鳳凰闕,漢武帝造,高十丈五尺,鳳凰闕一名別風闕。’張衡《西京賦》云:‘閶闔之内,別風嶕嶢。’《長安志》引《關中志》云:‘建章宫閶闔門内有折風闕,高十丈。’《玉海》:‘建章宫閶闔門内,東出有折風闕。’折風當即別風一聲之轉。”[③]

### 1237. 中侯瓦當

著録:《傅當》408 頁,圖八〇八

字數:2

釋文:中侯

説明:篆字隨形。

### 1238. 冢倉當瓦瓦當

著録:《傅當》,補遺第 808 頁,圖九五

字數:4

釋文:冢倉當瓦

説明:隸書風格明顯。

### 1239. 冢祠堂當瓦當

著録:《傅當》728 頁,圖一四四二

字數:4

釋文:冢祠堂當

説明:“堂”字从“王”。

### 1240. 冢祠堂當瓦當

著録:《琴歸》740 頁

字數:4

釋文:冢祠堂當

説明:舊釋“守□堂當”。與《傅當》1442 相近,當釋“冢祠堂當”。“祠”字訛變已不成字。

### 1241. 冢當瓦當

出土:淳化縣

收藏:淳化縣文化館

著録:《傅當》448 頁,圖八八七

字數:2

釋文:冢當

---

① 何清谷:《三輔黄圖校釋》,北京:中華書局,2005 年,第 125 頁。

② 高步瀛著,曹道衡、沈玉成點校:《文選李注義疏》,北京:中華書局,1985 年,第 111 頁。

③ 陳直:《秦漢瓦當概述》,見氏著《摹廬叢著七種》,濟南:齊魯書社,1981 年,第 341 頁。

**1242. 冢當瓦當**

著録:《傅當》448 頁,圖八八八

字數:2

釋文:冢當

**1243. 冢當瓦當**

著録:《傅當》449 頁,圖八八九

字數:2

釋文:冢當

説明:豎讀。典範的篆書。篆字隨形。

**1244. 冢柃王堂瓦當**

著録:《傅當》702 頁,圖一三九〇

字數:4

釋文:冢柃王堂

**1245. 冢上大當瓦當**

收藏:陝西歷史博物館

著録:《傅當》719 頁,圖一四二四;《陝當》131 頁,圖一三一

字數:4

釋文:冢上大當

**1246. 冢上大當瓦當**

著録:《傅當》720 頁,圖一四二五

字數:4

釋文:冢上大當

**1247. 冢上瓦當**

著録:《傅當》446 頁,圖八八四;《陝當》132 頁,圖一三二

字數:2

釋文:家〈冢〉上

説明:"冢"字上方有點,訛似"家"形。

**1248. 冢上瓦當**

著録:《琴歸》746 頁

字數:2

釋文:冢上

**1249. 冢上瓦當**

著録:《傅當》447 頁,圖八八五

字數:2

釋文:冢上

**1250. 冢上瓦當**

著録:《傅當》447 頁,圖八八六

字數:2

釋文:家〈冢〉上

説明:"冢"字上方有點,訛似"家"形。

1251. **冢上瓦當瓦當**

著録：《傳當》721 頁，圖一四二八；《陝當》131 頁，圖一三一

字數：4

釋文：冢上瓦當

説明：篆字隨形。“冢”字从“罒”。“上”字从“山”。

1252. **冢室當完瓦當**

著録：《傳當》720 頁，圖一四二六

字數：4

釋文：冢室當完

説明：隸書風格明顯。

1253. **冢字瓦當**

出土：陝西省周至縣長楊宫遺址

著録：劉合心：《長楊宫遺址出土的秦漢文物》，《文博》2004 年第 3 期，第 12 頁，圖 45；《傳當》381 頁，圖七五四

字數：1

釋文：冢

1254. **冢字瓦當**

出土：漢長安遺址出土

著録：《傳當》382 頁，圖七五六

字數：1

釋文：冢

1255. **冢字瓦當**

出土：西安市西北郊

著録：《傳當》382 頁，圖七五五

字數：1

釋文：冢

1256. **冢字瓦當**

著録：《傳當》383 頁，圖七五七

字數：1

釋文：冢

1257. **冢字瓦當**

著録：《傳當》383 頁，圖七五八

字數：1

釋文：冢

説明：典範的篆書。

1258. **冢字瓦當**

著録：《琴歸》745 頁

字數：1

釋文：冢

説明：典範的篆書。

**1259. 冢字瓦當**

著録：《傅當》384 頁，圖七五九

字數：1

釋文：冢

説明：典範的篆書。

**1260. 冢字瓦當**

收藏：陝西省考古研究所

著録：《傅當》384 頁，圖七六〇

字數：1

釋文：家〈冢〉

説明："冢"字上方有點，訛似"家"形。

**1261. 竹泉宫當瓦當**

時代：秦末漢初

出土：鳳翔縣

著録：《傅當》457 頁，圖九〇二

字數：4

釋文：竹泉宫當

説明：典範的篆書。

**1262. 子孫富昌瓦當**

著録：《傅當》671 頁，圖一三二九

字數：4

釋文：子孫富昌

説明：原釋"富昌子孫"。當是反書，故改釋。"富"字上部訛變。

**1263. 宗正官當瓦當**

著録：《程當》149 頁

字數：4

釋文：宗正官當

**1264. 宗正官當瓦當**

出土：漢城遺址

收藏：西安市文管會

著録：《傅當》475 頁，圖九四〇；《陝當》97 頁，圖九七

字數：4

釋文：宗正官當

**1265. 左空瓦當**

出土：漢長安城遺址出土

著録：《傅當》，補遺第 796 頁，圖七二

字數：2

釋文：左空

説明：豎讀。典範的篆書。

**1266. 佐弋瓦當**

時代：西漢早期（前 104 之前）

著録：《陝當》95 頁，圖九五

字數：2

釋文：佐弋

**説明**：典範的篆書。

據《史記・秦始皇本紀》，因嫪毐事而梟首者二十人，其中有“佐弋竭”。陳直先生説：“《漢書・百官公卿表》，少府屬官有左弋令丞，武帝太初元年改左弋爲佽飛，西安漢城遺址出土有‘佐弋’瓦，懷寧柯氏藏有‘宜秋佐弋’封泥，皆作佐弋，與本文同，《漢書》作左弋者爲省文。”又言：“西漢除工官造兵器外，水衡都尉屬官佐弋令，亦兼造兵器(見《居延漢簡釋文》卷三、九頁，有佐弋弩六百廿之紀載)。”[1]據《漢書・百官公卿表》，武帝太初元年(前104)更名左弋爲佽飛，故“佐弋”瓦當的年代下限在前104年。

### 1267. 佐弋瓦當

**時代**：西漢早期(前104之前)

**出土**：漢長安城遺址出土

**著録**：《傅當》412頁，圖八一五

**字數**：2

**釋文**：佐弋

**説明**：典範的篆書。

### 1268. 佐弋瓦當

**時代**：西漢早期(前104之前)

**出土**：漢長安城遺址出土

**著録**：《傅當》412頁，圖八一六

**字數**：2

**釋文**：佐弋

**説明**：典範的篆書。

### 1269. 佐弋瓦當

**時代**：西漢早期(前104之前)

**出土**：漢長安城遺址出土

**收藏**：安康地區博物館

**著録**：《傅當》413頁，圖八一七

**字數**：2

**釋文**：佐弋

**説明**：典範的篆書。

### 1270. 佐弋瓦當

**時代**：西漢早期(前104之前)

**著録**：《琴歸》669頁

**字數**：2

**釋文**：佐弋

**説明**：典範的篆書。

### 1271. □阿□樂殘瓦當

**著録**：《陝當》51頁，圖五一

---

① 陳直：《史記新證》，北京：中華書局，2006年，第18、122頁。

字數：2

釋文：□阿□樂

## 1272. □萊半瓦當

著録：《傅當》690 頁，圖一三六八

字數：2

釋文：□萊

説明：上字孫合肥先生釋爲“岳”，懷疑此瓦讀爲“瑶池蓬萊”。[①] 此字不排除是“蜀”的可能性。

## 1273. □樂未央瓦當

出土：神木縣瑶鎮遺址採集

收藏：神木縣文管所

著録：《傅當》526 頁，圖一〇四一

字數：4

釋文：□(長)樂未央

説明：順時針旋讀。典範的篆書。

---

① 孫合肥：《〈中國瓦當藝術〉釋文校訂》，《中國文字研究》第二十三輯，上海：上海書店出版社，2016 年，第 62 頁。

# 瓦文

共195通，按名稱首字音序排列。

## 1. 卑字板瓦戳印

**時代**：西漢高祖五年（前202）至武帝元封元年（前110）

**出土**：1985—1986年，在福建崇安縣興田鄉城村西南部漢代城址東門外北崗高地出土

**著録**：福建省博物館、厦門大學人類學系考古專業：《崇安漢城北崗一號建築遺址》，《考古學報》1990年第3期，第352頁，圖一〇，15；《福建崇安城村古城遺址出土文字及考釋》，《東南文化》1993年第1期，第127頁，圖79

**字數**：1

**釋文**：卑

## 2. 北司板瓦戳印

**出土**：1978—1979年，在陝西淳化縣北漢甘泉宫遺址内出土

**著録**：姚生民：《漢甘泉宫遺址勘察記》，《考古與文物》1980年第2期，第60頁，圖十三，1

**字數**：2

**釋文**：北司

## 3. 北字瓦文戳印

**時代**：西漢高祖五年（前202）至武帝元封元年（前110）

**出土**：1985—1986年，在福建崇安縣興田鄉城村西南部漢代城址東門外北崗高地出土

**著録**：張其海、林忠干：《福建崇安漢城遺址出土的文字符號》，《考古與文物》1988年第4期，第67頁，圖三，40

**字數**：1

**釋文**：北

**説明**：原誤釋爲“从”字。

### 4. 伻字板瓦戳印

時代：西漢高祖五年（前202）至武帝元封元年（前110）

出土：1985—1986年，在福建崇安縣興田鄉城村西南部漢代城址東門外北崗高地出土

著録：福建省博物館、厦門大學人類學系考古專業：《崇安漢城北崗一號建築遺址》，《考古學報》1990年第3期，第352頁，圖一〇，21

字數：1

釋文：伻

説明：原釋“俶”，不確，圖片翻轉後右似从“平”。参元平元年磚，《千甓》2頁。

### 5. 長樂萬歲工瓦片

收藏：白祚藏

著録：《關中》485頁，又見959頁

字數：5

釋文：長樂萬歲工

説明：較典範的篆書。

### 6. 馳字板瓦戳印

時代：西漢高祖五年（前202）至武帝元封元年（前110）

出土：1985—1986年，在福建崇安縣興田鄉城村西南部漢代城址東門外北崗高地出土

著録：福建省博物館、厦門大學人類學系：《崇安漢城北崗二號建築遺址》，《文物》1992年第8期，第26頁，圖一六，22；楊琮：《福建崇安城村古城遺址出土文字及考釋》，《東南文化》1993年第1期，第122—123頁

字數：1

釋文：馳（?）

説明：或釋“馭”，見於《説文》“御”字古文。然此瓦文右旁非“又”字，疑“馳”。

### 7. 馳字板瓦戳印

時代：西漢高祖五年（前202）至武帝元封元年（前110）

出土：1985—1986年，在福建崇安縣興田鄉城村西南部漢代城址東門外北崗高地出土

著録：福建省博物館、厦門大學人類學系：《崇安漢城北崗二號建築遺址》，《文物》1992年第8期，第26頁，圖一六，32；楊琮：《福建崇安城村古城遺址出土文字及考釋》，《東南文化》

1993年第1期,第122—123頁

**字數**:1

**釋文**:馳(?)

### 8. 馳字板瓦戳印

**時代**:西漢高祖五年(前202)至武帝元封元年(前110)

**出土**:1985—1986年,在福建崇安縣興田鄉城村西南部漢代城址東門外北崗高地出土

**著録**:福建省博物館、厦門大學人類學系:《崇安漢城北崗二號建築遺址》,《文物》1992年第8期,第26頁,圖一六,34;楊琮:《福建崇安城村古城遺址出土文字及考釋》,《東南文化》1993年第1期,第122—123頁

**字數**:1

**釋文**:馳(?)

### 9. 馳字瓦文戳印

**時代**:西漢高祖五年(前202)至武帝元封元年(前110)

**出土**:1985—1986年,在福建崇安縣興田鄉城村西南部漢代城址東門外北崗高地出土

**著録**:福建省博物館:《崇安城村漢城探掘簡報》,《文物》1985年第11期,第42頁,圖五,15;楊琮:《福建崇安城村古城遺址出土文字及考釋》,《東南文化》1993年第1期,第122—123頁

**字數**:1

**釋文**:馳(?)

### 10. 從字板瓦戳印

**時代**:西漢高祖五年(前202)至武帝元封元年(前110)

**出土**:1985—1986年,在福建崇安縣興田鄉城村西南部漢代城址東門外北崗高地出土

**著録**:福建省博物館、厦門大學人類學系考古專業:《崇安漢城北崗一號建築遺址》,《考古學報》1990年第3期,第352頁,圖一〇,27

**字數**:1

**釋文**:從

### 11. 從字筒瓦戳印

**時代**:西漢高祖五年(前202)至武帝元封元年(前110)

**出土**:1985—1986年,在福建崇安縣興田鄉城村西南部漢代城址東門外北

崗高地出土

**著録**：福建省博物館、厦門大學人類學系考古專業：《崇安漢城北崗一號建築遺址》，《考古學報》1990 年第 3 期，第 352 頁，圖一〇，39

**字數**：1

**釋文**：從

### 12. 大□板瓦戳印

**出土**：1978—1979 年，在陜西淳化縣北漢甘泉宫遺址内出土

**著録**：姚生民：《漢甘泉宫遺址勘察記》，《考古與文物》1980 年第 2 期，第 60 頁，圖十三，10

**字數**：2

**釋文**：大□

### 13. 大二筒瓦戳印

**出土**：2002—2003 年，在漢長安城長樂宫二號建築遺址内出土

**著録**：中國社會科學院考古研究所漢長安城工作隊：《漢長安城長樂宫二號建築遺址發掘報告》，《考古學報》2004 年第 1 期，第 72 頁，圖一〇，9

**字數**：2

**釋文**：大二

### 14. 大癸瓦筒

**著録**：《關中》345 頁

**字數**：2

**釋文**：大癸

**説明**："癸"字寫法合於《説文》籀文。

### 15. 大甲筒瓦戳印

**出土**：2002—2003 年，在漢長安城長樂宫二號建築遺址内出土

**著録**：中國社會科學院考古研究所漢長安城工作隊：《漢長安城長樂宫二號建築遺址發掘報告》，《考古學報》2004 年第 1 期，第 72 頁，圖一〇，2

**字數**：2

**釋文**：大甲

### 16. 大匠筒瓦戳印

**出土**：1978—1979 年，在陜西淳化縣北漢甘泉宫遺址内出土

**著録**：姚生民：《漢甘泉宫遺址勘察記》，《考古與文物》1980 年第 2 期，第 60 頁，圖十三，11

**字數**：2

**釋文**：大匠

### 17. 大九板瓦戳記

**出土**：1987 年 10 月—1988 年 5 月，

在漢長安城未央宫第四號遺址内出土
**著録**：中國社會科學院考古研究所：《漢長安城未央宫——1980～1989年考古發掘報告》，北京：中國大百科全書出版社，1996年，第167頁，圖六二，1(4：T1④：21)
**字數**：2
**釋文**：大九

## 18. 大九板瓦戳記

**出土**：1981—1982年，在漢長安城未央宫二號建築(椒房宫)遺址出土
**著録**：中國社會科學院考古研究所：《漢長安城未央宫——1980～1989年考古發掘報告》，北京：中國大百科全書出版社，1996年，圖版二四九，5(2：T7③：162)；中國社會科學院考古研究所漢城工作隊：《漢長安城未央宫第二號遺址發掘簡報》，《考古》1992年第8期，第731頁，圖二，4(T7③：163)
**字數**：2
**釋文**：大九

## 19. 大六十筒瓦戳印

**出土**：2002—2003年，在漢長安城長樂宫二號建築遺址内出土
**著録**：中國社會科學院考古研究所漢長安城工作隊：《漢長安城長樂宫二號建築遺址發掘報告》，《考古學報》2004年第1期，第72頁，圖一〇，5
**字數**：3
**釋文**：大大〈六〉十
**説明**：下一“大”字爲“六”字之訛。

## 20. 大廿九板瓦戳記

**出土**：1981—1982年，在漢長安城未央宫二號建築(椒房宫)遺址出土
**著録**：中國社會科學院考古研究所：《漢長安城未央宫——1980～1989年考古發掘報告》，北京：中國大百科全書出版社，1996年，圖版二四九，3(2：T7③：161)；中國社會科學院考古研究所漢城工作隊：《漢長安城未央宫第二號遺址發掘簡報》，《考古》1992年第8期，第731頁，圖二，3(T7③：161)
**字數**：3
**釋文**：大廿九

## 21. 大廿七筒瓦戳印

**出土**：2002—2003年，在漢長安城長樂宫二號建築遺址内出土
**著録**：中國社會科學院考古研究所漢

長安城工作隊:《漢長安城長樂宫二號建築遺址發掘報告》,《考古學報》2004年第1期,第71頁,圖九,2

**字數**:3

**釋文**:大廿七

## 22. 大廿五筒瓦戳記

**出土**:1980年4—6月,在漢長安城未央宫前殿A區出土

**著録**:中國社會科學院考古研究所:《漢長安城未央宫——1980~1989年考古發掘報告》,北京:中國大百科全書出版社,1996年,第229頁,圖一〇二,11(1A:T2③:120)

**字數**:3

**釋文**:大廿五

## 23. 大廿五筒瓦戳記

**出土**:1980年4—6月,在漢長安城未央宫前殿A區出土

**著録**:中國社會科學院考古研究所:《漢長安城未央宫——1980~1989年考古發掘報告》,北京:中國大百科全書出版社,1996年,圖版二六九,7(1A:T2③:108)

**字數**:3

**釋文**:大廿五

## 24. 大廿五筒瓦戳印

**出土**:2002—2003年,在漢長安城長樂宫二號建築遺址内出土

**著録**:中國社會科學院考古研究所漢長安城工作隊:《漢長安城長樂宫二號建築遺址發掘報告》,《考古學報》2004年第1期,第71頁,圖九,4

**字數**:3

**釋文**:大廿五

## 25. 大卅二筒瓦戳記

**出土**:1986年9月—1987年5月,在西安市未央區未央宫鄉漢長安城未央宫中央官署建築遺址内出土

**著録**:中國社會科學院考古研究所:《漢長安城未央宫——1980~1989年考古發掘報告》,北京:中國大百科全書出版社,1996年,第65頁,圖三三,2(3:T6③:22)

**字數**:3

**釋文**:大丗(卅)二

## 26. 大卅六板瓦戳記

**出土**:1988年10月—1989年4月,

西安市未央區三橋鎮漢長安城的西南角樓遺址内出土

**著録**：中國社會科學院考古研究所：《漢長安城未央宫——1980～1989年考古發掘報告》，北京：中國大百科全書出版社，1996年，第25頁，圖一五，1(5：T1③:137)

**字數**：3

**釋文**：大丗(卅)六

### 27. 大卅七筒瓦戳記

**出土**：1980年4—6月，在漢長安城未央宫前殿A區出土

**著録**：中國社會科學院考古研究所：《漢長安城未央宫——1980～1989年考古發掘報告》，北京：中國大百科全書出版社，1996年，第229頁，圖一〇二，12(1A：T2③:121)

**字數**：3

**釋文**：大丗(卅)七

### 28. 大卅一筒瓦戳記

**出土**：1980年4—6月，在漢長安城未央宫前殿A區出土

**著録**：中國社會科學院考古研究所：《漢長安城未央宫——1980～1989年考古發掘報告》，北京：中國大百科全書出版社，1996年，第229頁，圖一〇二，5(1A：T2③:109)

**字數**：3

**釋文**：大丗(卅)一

### 29. 大十六筒瓦戳印

**出土**：2002—2003年，在漢長安城長樂宫二號建築遺址内出土

**著録**：中國社會科學院考古研究所漢長安城工作隊：《漢長安城長樂宫二號建築遺址發掘報告》，《考古學報》2004年第1期，第72頁，圖一〇，3

**字數**：3

**釋文**：大十大〈六〉

**説明**：下一“大”字爲“六”字之訛。

### 30. 大十筒瓦戳印

**出土**：2002—2003年，在漢長安城長樂宫二號建築遺址内出土

**著録**：中國社會科學院考古研究所漢長安城工作隊：《漢長安城長樂宫二號建築遺址發掘報告》，《考古學報》2004年第1期，第72頁，圖一〇，1

**字數**：2

**釋文**：大十

### 31. 大丗(卅)筒瓦戳記

**出土**：1980 年 4—6 月，在漢長安城未央宫前殿 A 區出土

**著録**：中國社會科學院考古研究所：《漢長安城未央宫——1980～1989 年考古發掘報告》，北京：中國大百科全書出版社，1996 年，第 229 頁，圖一〇二，10(1A：T2③:119)

**字數**：2

**釋文**：大丗(卅)

### 32. 大丗筒瓦戳印

**出土**：2002—2003 年，在漢長安城長樂宫二號建築遺址内出土

**著録**：中國社會科學院考古研究所漢長安城工作隊：《漢長安城長樂宫二號建築遺址發掘報告》，《考古學報》2004 年第 1 期，第 71 頁，圖九，1

**字數**：2

**釋文**：大丗(卅)

### 33. 大四筒瓦戳印

**出土**：2002—2003 年，在漢長安城長樂宫二號建築遺址内出土

**著録**：中國社會科學院考古研究所漢長安城工作隊：《漢長安城長樂宫二號建築遺址發掘報告》，《考古學報》2004 年第 1 期，第 72 頁，圖一〇，7

**字數**：2

**釋文**：大四

### 34. 大五十八筒瓦戳印

**出土**：2002—2003 年，在漢長安城長樂宫二號建築遺址内出土

**著録**：中國社會科學院考古研究所漢長安城工作隊：《漢長安城長樂宫二號建築遺址發掘報告》，《考古學報》2004 年第 1 期，第 71 頁，圖九，6

**字數**：4

**釋文**：大五十八

**説明**：篆隸混用："五"作隸書。

### 35. 大五十八筒瓦戳印

**出土**：2002—2003 年，在漢長安城長樂宫二號建築遺址内出土

**著録**：中國社會科學院考古研究所漢長安城工作隊：《漢長安城長樂宫二號建築遺址發掘報告》，《考古學報》2004 年第 1 期，第 71 頁，圖九，10

**字數**：4

**釋文**：大五十八

**説明**：篆隸混用："五"作隸書。

### 36. 大五十七筒瓦戳印

**出土**：2002—2003年，在漢長安城長樂宫二號建築遺址内出土

**著録**：中國社會科學院考古研究所漢長安城工作隊：《漢長安城長樂宫二號建築遺址發掘報告》，《考古學報》2004年第1期，第71頁，圖九，9

**字數**：4

**釋文**：大五十七

### 37. 大五十一筒瓦戳記

**出土**：1981—1982年，在漢長安城未央宫二號建築（椒房宫）遺址出土

**著録**：中國社會科學院考古研究所：《漢長安城未央宫——1980～1989年考古發掘報告》，北京：中國大百科全書出版社，1996年，圖版二四九，7和第206頁，圖八九，5（2：T7③：166）；中國社會科學院考古研究所漢城工作隊：《漢長安城未央宫第二號遺址發掘簡報》，《考古》1992年第8期，第731頁，圖二，7（T3③：167）

**字數**：4

**釋文**：大五十一

### 38. 大五十一筒瓦戳印

**出土**：2002—2003年，在漢長安城長樂宫二號建築遺址内出土

**著録**：中國社會科學院考古研究所漢長安城工作隊：《漢長安城長樂宫二號建築遺址發掘報告》，《考古學報》2004年第1期，第72頁，圖一〇，8

**字數**：4

**釋文**：大五十一

### 39. 大卌五筒瓦戳記

**出土**：1981—1982年，在漢長安城未央宫二號建築（椒房宫）遺址出土

**著録**：中國社會科學院考古研究所：《漢長安城未央宫——1980～1989年考古發掘報告》，北京：中國大百科全書出版社，1996年，圖版二四九，8和第206頁，圖八九，8（2：T7③：167）；中國社會科學院考古研究所漢城工作隊：《漢長安城未央宫第二號遺址發掘簡報》，《考古》1992年第8期，第731頁，圖二，7（T3③：168）

**字數**：3

**釋文**：大卌（卌）五

### 40. 大五瓦片

**時代**：西漢早期

**收藏**：陳堯廷藏

**著録**：《關中》498頁

字數：2

釋文：大五

説明：陳直先生謂此爲"未央宫大殿之物"。①

## 41. 大卌八筒瓦戳印

出土：2002—2003年，在漢長安城長樂宫二號建築遺址内出土

著録：中國社會科學院考古研究所漢長安城工作隊：《漢長安城長樂宫二號建築遺址發掘報告》，《考古學報》2004年第1期，第71頁，圖九，11

字數：3

釋文：大卌（卌）八

## 42. 大卌八筒瓦戳印

出土：2002—2003年，在漢長安城長樂宫二號建築遺址内出土

著録：中國社會科學院考古研究所漢長安城工作隊：《漢長安城長樂宫二號建築遺址發掘報告》，《考古學報》2004年第1期，第72頁，圖一〇，4

字數：3

釋文：大卌（卌）八

## 43. 大子瓦片

出土：西安未央宫遺址出土

著録：《關中》790頁

字數：2

釋文：大子

説明：陳直先生謂："大者，謂未央大殿。子謂編號，與磚文之大寅，筒瓦之大癸、大乙同。"②

## 44. 當□板瓦戳印

出土：1978—1979年，在陝西淳化縣北漢甘泉宫遺址内出土

著録：姚生民：《漢甘泉宫遺址勘察記》，《考古與文物》1980年第2期，第60頁，圖十三，12

字數：2

釋文：當□

## 45. 鄧字板瓦戳印

時代：西漢高祖五年（前202）至武帝元封元年（前110）

出土：1985—1986年，在福建崇安縣興田鄉城村西南部漢代城址東門外北

① 《關中》，第504頁。

② 《關中》，第791頁。

崗高地出土

**著録**：福建省博物館、厦門大學人類學系：《崇安漢城北崗二號建築遺址》，《文物》1992 年第 8 期，第 26 頁，圖十六，13

**字數**：1

**釋文**：鄧

## 46. 鄧字板瓦戳印

**時代**：西漢高祖五年（前 202）至武帝元封元年（前 110）

**出土**：1985—1986 年，在福建崇安縣興田鄉城村西南部漢代城址東門外北崗高地出土

**著録**：福建省博物館、厦門大學人類學系：《崇安漢城北崗二號建築遺址》，《文物》1992 年第 8 期，第 26 頁，圖十六，17

**字數**：1

**釋文**：鄧

## 47. 鄧字筒瓦戳印

**時代**：西漢高祖五年（前 202）至武帝元封元年（前 110）

**出土**：1985—1986 年，在福建崇安縣興田鄉城村西南部漢代城址東門外北崗高地出土

**著録**：福建省博物館、厦門大學人類學系考古專業：《崇安漢城北崗一號建築遺址》，《考古學報》1990 年第 3 期，第 352 頁，圖一〇，41

**字數**：1

**釋文**：鄧

## 48. 鄧字瓦文戳印

**時代**：西漢高祖五年（前 202）至武帝元封元年（前 110）

**出土**：1985—1986 年，在福建崇安縣興田鄉城村西南部漢代城址東門外北崗高地出土

**著録**：張其海、林忠干：《福建崇安漢城遺址出土的文字符號》，《考古與文物》1988 年第 4 期，第 67 頁，圖三，4

**字數**：1

**釋文**：鄧

## 49. 都建平三年瓦

**時代**：西漢哀帝建平三年（前 4）

**著録**：《關中》409 頁

**字數**：4

**釋文**：□建平三季（年）

**説明**：較典範的篆書。有紀年的西漢

晚期代表品。

### 50. 都建平三年瓦殘瓦片

**時代**：西漢哀帝建平三年（前 4）

**著録**：《關中》413 頁

**字數**：5

**釋文**：□[都]建平□[三]秊(年)瓦

**説明**：與《關中》第 411 頁著録的"都建平三年瓦"文字近似。

### 51. 都建平三年瓦殘瓦片

**時代**：西漢哀帝建平三年（前 4）

**著録**：《關中》414 頁

**字數**：4

**釋文**：□[都]建平三秊(年)□[瓦]

### 52. 都建平三年瓦片

**時代**：西漢哀帝建平三年（前 4）

**著録**：《關中》411 頁

**字數**：6

**釋文**：都建平」三秊(年)瓦

**説明**：較典範的篆書。西漢晚期代表品。陳直先生據此瓦提出："漢代宫殿、建築本甚壯麗，閱百餘年，始漸頹壞，以瓦片紀年證之，大加修理者有六次。一在元延元年，二在建平三年，三在元始五年，四在居攝二年，五在王莽始建國四年，六在王莽始建國天鳳四年。其餘各建平元年、元壽二年、始建國五年，所處瓦片數量不多，殆略加整葺耳。此予目驗所得之地下史料，可以補史傳之未備者。"①

### 53. 都元壽二年瓦瓦片

**時代**：西漢哀帝元壽二年（前 1）

**著録**：《關中》418 頁，又見 942 頁

**字數**：6

**釋文**：都元壽」二秊(年)瓦

**説明**：篆隸混用："壽"字作隸書，其餘篆意濃厚。

### 54. 封字板瓦戳印

**時代**：西漢高祖五年（前 202）至武帝元封元年（前 110）

**出土**：1985—1986 年，在福建崇安縣興田鄉城村西南部漢代城址東門外北崗高地出土

**著録**：福建省博物館、厦門大學人類學系考古專業：《崇安漢城北崗一號建築遺址》，《考古學報》1990 年第 3

① 《關中》，第 416—417 頁。

期,第352頁,圖一〇,1

**字數**:1

**釋文**:封

## 55. 夫唐板瓦戳印

**時代**:西漢高祖五年(前202)至武帝元封元年(前110)

**出土**:1985—1986年,在福建崇安縣興田鄉城村西南部漢代城址東門外北崗高地出土

**著録**:福建省博物館、厦門大學人類學系考古專業:《崇安漢城北崗一號建築遺址》,《考古學報》1990年第3期,第352頁,圖一〇,23;《福建崇安城村古城遺址出土文字及考釋》,《東南文化》1993年第1期,第128頁,圖86

**字數**:2

**釋文**:夫唐

## 56. 夫唐戳印

**時代**:西漢高祖五年(前202)至武帝元封元年(前110)

**出土**:1985—1986年,在福建崇安縣興田鄉城村西南部漢代城址東門外北崗高地出土

**著録**:福建省博物館、厦門大學人類學系:《崇安漢城北崗二號建築遺址》,《文物》1992年第8期,第26頁,圖一六,7

**字數**:2

**釋文**:夫唐

## 57. 夫唐戳印

**時代**:西漢高祖五年(前202)至武帝元封元年(前110)

**出土**:1985—1986年,在福建崇安縣興田鄉城村西南部漢代城址東門外北崗高地出土

**著録**:福建省博物館、厦門大學人類學系:《崇安漢城北崗二號建築遺址》,《文物》1992年第8期,第26頁,圖一六,8

**字數**:2

**釋文**:夫唐

## 58. 夫唐筒瓦戳印

**時代**:西漢高祖五年(前202)至武帝元封元年(前110)

**出土**:1985—1986年,在福建崇安縣興田鄉城村西南部漢代城址東門外北崗高地出土

著録：福建省博物館、厦門大學人類學系考古專業：《崇安漢城北崗一號建築遺址》，《考古學報》1990 年第 3 期，第 352 頁，圖一〇，42

字數：2

釋文：夫唐

## 59. 夫唐瓦文戳印

時代：西漢高祖五年（前 202）至武帝元封元年（前 110）

出土：1985—1986 年，在福建崇安縣興田鄉城村西南部漢代城址東門外北崗高地出土

著録：福建省博物館：《崇安城村漢城探掘簡報》，《文物》1985 年第 11 期，第 42 頁，圖五，16；《福建崇安漢城遺址出土的文字符號》，《考古與文物》1988 年第 4 期，第 67 頁，圖三，32

字數：2

釋文：夫唐

## 60. 夫唐字板瓦戳印

時代：西漢高祖五年（前 202）至武帝元封元年（前 110）

出土：1985—1986 年，在福建崇安縣興田鄉城村西南部漢代城址東門外北崗高地出土

著録：福建省博物館、厦門大學人類學系考古專業：《崇安漢城北崗一號建築遺址》，《考古學報》1990 年第 3 期，第 352 頁，圖一〇，19；《福建崇安城村古城遺址出土文字及考釋》，《東南文化》1993 年第 1 期，第 128 頁，圖 84

字數：2

釋文：夫唐

## 61. 甘庚板瓦戳印

出土：1978—1979 年，在陝西淳化縣北漢甘泉宫遺址内出土

著録：姚生民：《漢甘泉宫遺址勘察記》，《考古與文物》1980 年第 2 期，第 60 頁，圖十三，7

字數：2

釋文：甘庚

## 62. 甘居板瓦戳印

出土：1978—1979 年，在陝西淳化縣北漢甘泉宫遺址内出土

著録：姚生民：《漢甘泉宫遺址勘察記》，《考古與文物》1980 年第 2 期，第

60 頁,圖十三,5

**字數**：2

**釋文**：甘居

### 63. 甘居板瓦戳印

**出土**：1978—1979 年,在陝西淳化縣北漢甘泉宮遺址内出土

**著録**：姚生民：《漢甘泉宮遺址勘察記》,《考古與文物》1980 年第 2 期,第 60 頁,圖十三,6

**字數**：2

**釋文**：甘居

### 64. 甘居板瓦戳印

**出土**：1978—1979 年,在陝西淳化縣北漢甘泉宮遺址内出土

**著録**：姚生民：《漢甘泉宮遺址勘察記》,《考古與文物》1980 年第 2 期,第 60 頁,圖十三,8

**字數**：2

**釋文**：甘居

### 65. 甘字板瓦戳印

**出土**：1978—1979 年,在陝西淳化縣北漢甘泉宮遺址内出土

**著録**：姚生民：《漢甘泉宮遺址勘察記》,《考古與文物》1980 年第 2 期,第 60 頁,圖十三,9

**字數**：1

**釋文**：甘

### 66. 皋字板瓦戳印

**時代**：西漢高祖五年(前 202)至武帝元封元年(前 110)

**出土**：1985—1986 年,在福建崇安縣興田鄉城村西南部漢代城址東門外北崗高地出土

**著録**：福建省博物館、厦門大學人類學系考古專業：《崇安漢城北崗一號建築遺址》,《考古學報》1990 年第 3 期,第 352 頁,圖一〇,18

**字數**：2

**釋文**：皋皋

### 67. 皋字瓦文戳印

**時代**：西漢高祖五年(前 202)至武帝元封元年(前 110)

**出土**：1985—1986 年,在福建崇安縣興田鄉城村西南部漢代城址東門外北崗高地出土

**著録**：楊琮：《福建崇安城村古城遺址出土文字及考釋》,《東南文化》1993

年第 1 期，第 127 頁，圖 68

**字數**：1

**釋文**：皋

### 68. 根字瓦文戳印

**時代**：西漢高祖五年(前 202)至武帝元封元年(前 110)

**出土**：1985—1986 年，在福建崇安縣興田鄉城村西南部漢代城址東門外北崗高地出土

**著録**：張其海、林忠干：《福建崇安漢城遺址出土的文字符號》，《考古與文物》1988 年第 4 期，第 67 頁，圖三，18；《福建崇安城村古城遺址出土文字及考釋》，《東南文化》1993 年第 1 期，第 126 頁，圖 65

**字數**：1

**釋文**：根

### 69. 工廿板瓦戳記

**出土**：1981—1982 年，在漢長安城未央宫二號建築(椒房宫)遺址出土

**著録**：中國社會科學院考古研究所：《漢長安城未央宫——1980～1989 年考古發掘報告》，北京：中國大百科全書出版社，1996 年，圖版二四九，4 和第 206 頁，圖八九，3(2：T7③：163)；中國社會科學院考古研究所漢城工作隊：《漢長安城未央宫第二號遺址發掘簡報》，《考古》1992 年第 8 期，第 731 頁，圖二，5(T1③：164)

**字數**：2

**釋文**：工廿

### 70. 工廿六板瓦戳記

**出土**：1980 年 4—6 月，在漢長安城未央宫前殿 A 區出土

**著録**：中國社會科學院考古研究所：《漢長安城未央宫——1980～1989 年考古發掘報告》，北京：中國大百科全書出版社，1996 年，第 229 頁，圖一〇二，4(1A：T2③：106)

**字數**：3

**釋文**：工廿六

### 71. 工廿六筒瓦戳記

**出土**：1980 年 4—6 月，在漢長安城未央宫前殿 A 區出土

**著録**：中國社會科學院考古研究所：《漢長安城未央宫——1980～1989 年考古發掘報告》，北京：中國大百科全書出版社，1996 年，第 229 頁，圖一〇

二,8(1A:T2③:114)

**字數**:3

**釋文**:工廿六

**説明**:原釋"工廿九",第三字當是"六"。

### 72. 工七板瓦戳記

**出土**:1980 年 4—6 月,在漢長安城未央宫前殿 A 區出土

**著録**:中國社會科學院考古研究所:《漢長安城未央宫——1980～1989 年考古發掘報告》,北京:中國大百科全書出版社,1996 年,第 229 頁,圖一〇二,3(1A:T2③:105)

**字數**:2

**釋文**:工七

### 73. 工☒筒瓦戳記

**出土**:1981—1982 年,在漢長安城未央宫二號建築(椒房宫)遺址出土

**著録**:中國社會科學院考古研究所:《漢長安城未央宫——1980～1989 年考古發掘報告》,北京:中國大百科全書出版社,1996 年,圖版二四九,10(2:T7③:169)

**字數**:1

**釋文**:工☒

### 74. 工五十筒瓦戳記

**出土**:1980 年 4—6 月,在漢長安城未央宫前殿 A 區出土

**著録**:中國社會科學院考古研究所:《漢長安城未央宫——1980～1989 年考古發掘報告》,北京:中國大百科全書出版社,1996 年,第 229 頁,圖一〇二,9(1A:T2③:115)

**字數**:3

**釋文**:工五十

### 75. 工五十一筒瓦戳記

**出土**:1981—1982 年,在漢長安城未央宫二號建築(椒房宫)遺址出土

**著録**:中國社會科學院考古研究所:《漢長安城未央宫——1980～1989 年考古發掘報告》,北京:中國大百科全書出版社,1996 年,圖版二四九,9 和第 206 頁,圖八九,6(2:T7③:168)

**字數**:4

**釋文**:工五十一

### 76. 工卌六筒瓦戳記

**出土**:1980 年 4—6 月,在漢長安城未央宫前殿 A 區出土

**著録**:中國社會科學院考古研究所:

《漢長安城未央宫——1980～1989年考古發掘報告》,北京：中國大百科全書出版社,1996年,圖版二六九,2(1A：T2③:116)

**字數**：3

**釋文**：工卌(卌)六

## 77. 工卌四筒瓦戳記

**出土**：1980年4—6月,在漢長安城未央宫前殿A區出土

**著録**：中國社會科學院考古研究所：《漢長安城未央宫——1980～1989年考古發掘報告》,北京：中國大百科全書出版社,1996年,第229頁,圖一〇二,7(1A：T2③:113)

**字數**：3

**釋文**：工卌(卌)四

## 78. 工左筒瓦戳記

**出土**：1988年10月—1989年4月,西安市未央區三橋鎮漢長安城的西南角樓遺址内出土

**著録**：中國社會科學院考古研究所：《漢長安城未央宫——1980～1989年考古發掘報告》,北京：中國大百科全書出版社,1996年,第25頁,圖一五,1(5：T1③:55)

**字數**：2

**釋文**：工左

## 79. 公字戳印

**出土**：1975—1976年,在廣州市中心秦漢造船工場遺址7B層内出土

**著録**：廣州市文物管理處、中山大學考古專業75届工農兵學員：《廣州秦漢造船工場遺址試掘》,《文物》1977年第4期,第3頁,圖三

**字數**：1

**釋文**：公

## 80. 宫辰筒瓦戳記

**出土**：1980年4—6月,在漢長安城未央宫前殿A區出土

**著録**：中國社會科學院考古研究所：《漢長安城未央宫——1980～1989年考古發掘報告》,北京：中國大百科全書出版社,1996年,圖版二六九,6(1A：T2③:107)

**字數**：2

**釋文**：宫辰

**説明**：第二字原缺釋,似爲“辰”。參見《漢代文字編》第2077—2088頁新

嘉量銘文、張家山漢簡、馬王堆帛書中的相關寫法。

## 81. 宫丑筒瓦戳記

**出土**：1980 年 4—6 月，在漢長安城未央宫前殿 A 區出土

**著録**：中國社會科學院考古研究所：《漢長安城未央宫——1980～1989 年考古發掘報告》，北京：中國大百科全書出版社，1996 年，第 229 頁，圖一〇二，6(1A：T2③:111)

**字數**：2

**釋文**：宫丑

## 82. 宫庚筒瓦戳印

**出土**：2002—2003 年，在漢長安城長樂宫二號建築遺址内出土

**著録**：中國社會科學院考古研究所漢長安城工作隊：《漢長安城長樂宫二號建築遺址發掘報告》，《考古學報》2004 年第 1 期，第 71 頁，圖九，12

**字數**：2

**釋文**：宫庚

## 83. 宫甲筒瓦戳印

**出土**：2002—2003 年，在漢長安城長樂宫二號建築遺址内出土

**著録**：中國社會科學院考古研究所漢長安城工作隊：《漢長安城長樂宫二號建築遺址發掘報告》，《考古學報》2004 年第 1 期，第 71 頁，圖九，5

**字數**：2

**釋文**：向〈宫〉甲

**説明**：“宫”字訛爲“向”，或曰“宫”與“甲”字形牽合。

## 84. 宫九板瓦戳記

**出土**：1987 年 10 月—1988 年 5 月，在漢長安城未央宫第四號遺址内出土

**著録**：中國社會科學院考古研究所：《漢長安城未央宫——1980～1989 年考古發掘報告》，北京：中國大百科全書出版社，1996 年，第 167 頁，圖六二，5(4：T10④:17)

**字數**：2

**釋文**：宫九

**説明**：第二字原釋“丑”，與未央宫出土的“宫丑”瓦文[①]相比，字形差異很

---

① 中國社會科學院考古研究所：《漢長安城未央宫——1980～1989 年考古發掘報告》，北京：中國大百科全書出版社，1996 年，第 229 頁，圖一〇二，6(1A：T2③:111)。

大。似更接近於"九"字，參見西安出土的西漢九江共鐘銘文。[①]

### 85. 宫九板瓦戳記

**出土**：1981—1982 年，在漢長安城未央宫二號建築(椒房宫)遺址出土

**著録**：中國社會科學院考古研究所：《漢長安城未央宫——1980～1989 年考古發掘報告》，北京：中國大百科全書出版社，1996 年，圖版二四九，1 和第 206 頁，圖八九，1(2:T7③:159)；中國社會科學院考古研究所漢城工作隊：《漢長安城未央宫第二號遺址發掘簡報》，《考古》1992 年第 8 期，第 731 頁，圖二，1(T7③:159)

**字數**：2

**釋文**：宫九

**説明**：第二字原未釋，疑"九"字。

### 86. 宫九筒瓦戳印

**出土**：2002—2003 年，在漢長安城長樂宫二號建築遺址内出土

**著録**：中國社會科學院考古研究所漢長安城工作隊：《漢長安城長樂宫二號建築遺址發掘報告》，《考古學報》2004 年第 1 期，第 71 頁，圖九，8

**字數**：2

**釋文**：宫九

### 87. 宫廿二板瓦戳記

**出土**：1987 年 10 月—1988 年 5 月，在漢長安城未央宫第四號遺址内出土

**著録**：中國社會科學院考古研究所：《漢長安城未央宫——1980～1989 年考古發掘報告》，北京：中國大百科全書出版社，1996 年，第 167 頁，圖六二，4(4:T3④:9)

**字數**：3

**釋文**：宫廿二

### 88. 宫廿三瓦片

**收藏**：陳堯廷藏

**著録**：《關中》501 頁

**字數**：3

**釋文**：宫廿三

**説明**：陳直先生謂此爲"未央宫大殿之物"。[②]

---

① 西安市文物管理委員會：《西安三橋鎮高窑村出土的西漢銅器群》，《考古》1963 年第 2 期，第 67—68 頁。

② 《關中》，第 504 頁。

### 89. 宫廿筒瓦戳印

**出土**：2002—2003 年，在漢長安城長樂宫二號建築遺址内出土

**著録**：中國社會科學院考古研究所漢長安城工作隊：《漢長安城長樂宫二號建築遺址發掘報告》，《考古學報》2004 年第 1 期，第 71 頁，圖九，7

**字數**：2

**釋文**：宫廿

### 90. 宫廿五板瓦戳記

**出土**：1980 年 4—6 月，在漢長安城未央宫前殿 A 區出土

**著録**：中國社會科學院考古研究所：《漢長安城未央宫——1980～1989 年考古發掘報告》，北京：中國大百科全書出版社，1996 年，第 229 頁，圖一〇二，1(1A：T2③:103)

**字數**：3

**釋文**：宫廿五

### 91. 宫廿一瓦片

**收藏**：陳堯廷藏

**著録**：《關中》500 頁

**字數**：3

**釋文**：宫廿一

**説明**：陳直先生謂此爲"未央宫大殿之物"。[①]

### 92. 宫卅八板瓦戳記

**出土**：1981—1982 年，在漢長安城未央宫二號建築(椒房宫)遺址出土

**著録**：中國社會科學院考古研究所：《漢長安城未央宫——1980～1989 年考古發掘報告》，北京：中國大百科全書出版社，1996 年，圖版二四九，2 和第 206 頁，圖八九，2(2：T5③：160)；中國社會科學院考古研究所漢城工作隊：《漢長安城未央宫第二號遺址發掘簡報》，《考古》1992 年第 8 期，第 731 頁，圖二，2(T5③:160)

**字數**：3

**釋文**：宫丗(卅)八

### 93. 宫卅一板瓦戳記

**出土**：1980 年 4—6 月，在漢長安城未央宫前殿 A 區出土

**著録**：中國社會科學院考古研究所：《漢長安城未央宫——1980～1989 年考古發掘報告》，北京：中國大百科全

① 《關中》，第 504 頁。

書出版社，1996年，第229頁，圖一〇二，2(1A：T2③:104)

**字數**：3

**釋文**：宫卌(卌)一

## 94. 宫三板瓦戳記

**出土**：1987年10月—1988年5月，在漢長安城未央宫第四號遺址内出土

**著録**：中國社會科學院考古研究所：《漢長安城未央宫——1980～1989年考古發掘報告》，北京：中國大百科全書出版社，1996年，第167頁，圖六二，2(4:T6④:12)

**字數**：2

**釋文**：宫三

## 95. 宫十九瓦片

**收藏**：陳堯廷藏

**著録**：《關中》499頁

**字數**：3

**釋文**：宫十九

**説明**：陳直先生謂此爲"未央宫大殿之物"。①

## 96. 宫十筒瓦戳印

**出土**：2002—2003年，在漢長安城長樂宫二號建築遺址内出土

**著録**：中國社會科學院考古研究所漢長安城工作隊：《漢長安城長樂宫二號建築遺址發掘報告》，《考古學報》2004年第1期，第71頁，圖九，3

**字數**：2

**釋文**：宫十

## 97. 宫卌筒瓦戳記

**出土**：1980年4—6月，在漢長安城未央宫前殿A區出土

**著録**：中國社會科學院考古研究所：《漢長安城未央宫——1980～1989年考古發掘報告》，北京：中國大百科全書出版社，1996年，圖版二六八，6(1A：T2③:112)

**字數**：2

**釋文**：宫卌(卌)

## 98. 結瓦板瓦戳印

**時代**：西漢高祖五年(前202)至武帝元封元年(前110)

**出土**：1985—1986年，在福建崇安縣興田鄉城村西南部漢代城址東門外北崗高地出土

① 《關中》，第504頁。

**著録**：福建省博物館、厦門大學人類學系：《崇安漢城北崗二號建築遺址》，《文物》1992 年第 8 期，第 26 頁，圖十六，9

**字數**：2

**釋文**：結瓦

**説明**：舊釋“气結”。所謂“气”字，當是“瓦”。今徑改之。

## 99. 結瓦板瓦戳印

**時代**：西漢高祖五年（前 202）至武帝元封元年（前 110）

**出土**：1985—1986 年，在福建崇安縣興田鄉城村西南部漢代城址東門外北崗高地出土

**著録**：張其海、林忠干：《福建崇安漢城遺址出土的文字符號》，《考古與文物》1988 年第 4 期，第 67 頁，圖三，22

**字數**：2

**釋文**：結瓦

**説明**：舊釋“气結”。所謂“气”字，當是“瓦”。今徑改之。

## 100. 結瓦筒瓦戳印

**時代**：西漢高祖五年（前 202）至武帝元封元年（前 110）

**出土**：1985—1986 年，在福建崇安縣興田鄉城村西南部漢代城址東門外北崗高地出土

**著録**：福建省博物館、厦門大學人類學系：《崇安漢城北崗二號建築遺址》，《文物》1992 年第 8 期，第 26 頁，圖十五，3

**字數**：2

**釋文**：結瓦

**説明**：舊釋“气結”。所謂“气”字，當是“瓦”。今徑改之。

## 101. 結瓦筒瓦戳印

**時代**：西漢高祖五年（前 202）至武帝元封元年（前 110）

**出土**：1985—1986 年，在福建崇安縣興田鄉城村西南部漢代城址東門外北崗高地出土

**著録**：福建省博物館、厦門大學人類學系：《崇安漢城北崗二號建築遺址》，《文物》1992 年第 8 期，第 26 頁，圖十五，4

**字數**：2

**釋文**：結瓦

**説明**：舊釋“气結”。所謂“气”字，當是“瓦”。今徑改之。

### 102. 官字板瓦戳印

著録：《洛陽孟津朱倉東漢帝陵陵園遺址》，《文物》2011 年第 9 期，第 12 頁，圖一三，4

字數：1

釋文：官

### 103. 官字板瓦戳印

著録：《洛陽孟津朱倉東漢帝陵陵園遺址》，《文物》2011 年第 9 期，第 12 頁，圖一三，6

字數：1

釋文：官

### 104. 官字戳印

出土：1975—1976 年，在廣州市中心秦漢造船工場遺址 7B 層内出土

著録：廣州市文物管理處、中山大學考古專業 75 届工農兵學員：《廣州秦漢造船工場遺址試掘》，《文物》1977 年第 4 期，第 3 頁，圖三

字數：1

釋文：官

### 105. 裹字板瓦戳印

時代：西漢高祖五年（前 202）至武帝元封元年（前 110）

出土：1985—1986 年，在福建崇安縣興田鄉城村西南部漢代城址東門外北崗高地出土

著録：福建省博物館、厦門大學人類學系考古專業：《崇安漢城北崗一號建築遺址》，《考古學報》1990 年第 3 期，第 352 頁，圖一〇，26

字數：1

釋文：裹

### 106. 裹字板瓦戳印

時代：西漢高祖五年（前 202）至武帝元封元年（前 110）

出土：1985—1986 年，在福建崇安縣興田鄉城村西南部漢代城址東門外北崗高地出土

著録：福建省博物館、厦門大學人類學系考古專業：《崇安漢城北崗一號建築遺址》，《考古學報》1990 年第 3 期，第 352 頁，圖一〇，46

字數：1

釋文：裹

### 107. 裹字板瓦戳印

時代：西漢高祖五年（前 202）至武帝

元封元年(前 110)

出土：1985—1986 年,在福建崇安縣興田鄉城村西南部漢代城址東門外北崗高地出土

著録：福建省博物館、厦門大學人類學系：《崇安漢城北崗二號建築遺址》,《文物》1992 年第 8 期,第 26 頁,圖一六,18

字數：1

釋文：裹

## 108. 裹字筒瓦戳印

時代：西漢高祖五年(前 202)至武帝元封元年(前 110)

出土：1985—1986 年,在福建崇安縣興田鄉城村西南部漢代城址東門外北崗高地出土

著録：福建省博物館、厦門大學人類學系：《崇安漢城北崗二號建築遺址》,《文物》1992 年第 8 期,第 26 頁,圖一五,12

字數：1

釋文：裹

## 109. 裹字瓦文戳印

時代：西漢高祖五年(前 202)至武帝元封元年(前 110)

出土：1985—1986 年,在福建崇安縣興田鄉城村西南部漢代城址東門外北崗高地出土

著録：福建省博物館：《崇安城村漢城探掘簡報》,《文物》1985 年第 11 期,第 42 頁,圖五,12

字數：1

釋文：裹

## 110. 裹字瓦文戳印

時代：西漢高祖五年(前 202)至武帝元封元年(前 110)

出土：1985—1986 年,在福建崇安縣興田鄉城村西南部漢代城址東門外北崗高地出土

著録：張其海、林忠干：《福建崇安漢城遺址出土的文字符號》,《考古與文物》1988 年第 4 期,第 67 頁,圖三,25

字數：1

釋文：裹

## 111. 胡字板瓦戳印

時代：西漢高祖五年(前 202)至武帝元封元年(前 110)

出土：1985—1986 年,在福建崇安縣

興田鄉城村西南部漢代城址東門外北崗高地出土

**著録**：福建省博物館、厦門大學人類學系考古專業：《崇安漢城北崗一號建築遺址》，《考古學報》1990 年第 3 期，第 352 頁，圖一〇，16；《福建崇安漢城遺址出土的文字符號》，《考古與文物》1988 年第 4 期，第 67 頁，圖三，2

**字數**：1

**釋文**：胡

## 112. 胡字瓦文戳印

**時代**：西漢高祖五年（前 202）至武帝元封元年（前 110）

**出土**：1985—1986 年，在福建崇安縣興田鄉城村西南部漢代城址東門外北崗高地出土

**著録**：張其海、林忠干：《福建崇安漢城遺址出土的文字符號》，《考古與文物》1988 年第 4 期，第 67 頁，圖三，1

**字數**：1

**釋文**：胡

## 113. 黄字瓦文戳印

**時代**：西漢高祖五年（前 202）至武帝元封元年（前 110）

**出土**：1985—1986 年，在福建崇安縣興田鄉城村西南部漢代城址東門外北崗高地出土

**著録**：張其海、林忠干：《福建崇安漢城遺址出土的文字符號》，《考古與文物》1988 年第 4 期，第 67 頁，圖三，8

**字數**：1

**釋文**：黄

## 114. 黄字瓦文戳印

**時代**：西漢高祖五年（前 202）至武帝元封元年（前 110）

**出土**：1985—1986 年，在福建崇安縣興田鄉城村西南部漢代城址東門外北崗高地出土

**著録**：張其海、林忠干：《福建崇安漢城遺址出土的文字符號》，《考古與文物》1988 年第 4 期，第 67 頁，圖三，9

**字數**：1

**釋文**：黄

## 115. 嘉字板瓦戳印

**出土**：1978—1979 年，在陝西淳化縣北漢甘泉宫遺址内出土

**著録**：姚生民：《漢甘泉宫遺址勘察

記》,《考古與文物》1980 年第 2 期,第 60 頁,圖十三,3

字數:1

釋文:嘉

### 116. 薦字板瓦戳印

時代:西漢高祖五年(前 202)至武帝元封元年(前 110)

出土:1985—1986 年,在福建崇安縣興田鄉城村西南部漢代城址東門外北崗高地出土

著録:福建省博物館、厦門大學人類學系考古專業:《崇安漢城北崗一號建築遺址》,《考古學報》1990 年第 3 期,第 352 頁,圖一〇,4

字數:1

釋文:薦

### 117. 詰字筒瓦戳印

時代:西漢高祖五年(前 202)至武帝元封元年(前 110)

出土:1985—1986 年,在福建崇安縣興田鄉城村西南部漢代城址東門外北崗高地出土

著録:福建省博物館、厦門大學人類學系:《崇安漢城北崗二號建築遺址》,《文物》1992 年第 8 期,第 26 頁,圖十六,14

字數:1

釋文:詰

### 118. 徑字瓦文戳印

時代:西漢高祖五年(前 202)至武帝元封元年(前 110)

出土:1985—1986 年,在福建崇安縣興田鄉城村西南部漢代城址東門外北崗高地出土

著録:張其海、林忠干:《福建崇安漢城遺址出土的文字符號》,《考古與文物》1988 年第 4 期,第 67 頁,圖三,35

字數:1

釋文:徑

### 119. 居丙瓦片

著録:《關中》469 頁

字數:2

釋文:居丙

### 120. 居室殘瓦

收藏:陳直藏

著録:《關中》467 頁

字數:2

**釋文**：居室

### 121. 居室殘板瓦戳記

**出土**：1987 年 10 月—1988 年 5 月，在漢長安城未央宫第四號遺址内出土

**著録**：中國社會科學院考古研究所：《漢長安城未央宫——1980～1989 年考古發掘報告》，北京：中國大百科全書出版社，1996 年，第 167 頁，圖六二，3(4:T6④:10)

**字數**：2

**釋文**：居□[室]

**説明**：第二字原缺釋，今據諸"居室"戳記瓦文徑補之。

### 122. 居室瓦片

**收藏**：劉軍山藏

**著録**：《關中》463 頁

**字數**：2

**釋文**：居室

**説明**：陳直先生考證："《漢書·百官公卿表》云少府屬官有居室令丞。武帝太初元年改爲保宫，《灌夫傳》'以罪繫居室'是也。此當爲居室令官署中所用之瓦無疑。封泥中亦常出居室令印，與此同爲一家眷屬。"①

### 123. 居室瓦片

**收藏**：趙乾生舊藏

**著録**：《關中》464 頁

**字數**：2

**釋文**：居室

### 124. 居室瓦片

**收藏**：沈次量藏

**著録**：《關中》465 頁，又見 952 頁

**字數**：2

**釋文**：居室

### 125. 居室瓦片

**著録**：《關中》466 頁

**字數**：2

**釋文**：居室

### 126. 居字筒瓦戳記

**出土**：1981—1982 年，在漢長安城未央宫二號建築(椒房宫)遺址出土

**著録**：中國社會科學院考古研究所：《漢長安城未央宫——1980～1989 年考古發掘報告》，北京：中國大百科全

---

① 《關中》，第 468 頁。

書出版社，1996年，圖版二四九，6和第206頁，圖八九，4（2:T1③:164）；中國社會科學院考古研究所漢城工作隊：《漢長安城未央宫第二號遺址發掘簡報》，《考古》1992年第8期，第731頁，圖二，6（T3③:166）

**字數**：1

**釋文**：居

## 127. 居字瓦片

**時代**：西漢高祖五年（前202）至武帝元封元年（前110）

**出土**：1985—1986年，在福建崇安縣興田鄉城村西南部漢代城址東門外北崗高地出土

**著録**：福建省博物館：《崇安城村漢城探掘簡報》，《文物》1985年第11期，第42頁，圖五，5；《福建崇安漢城遺址出土的文字符號》，《考古與文物》1988年第4期，第67頁，圖三，21

**字數**：1

**釋文**：居

## 128. 軍□瓦文

**時代**：西漢

**出土**：1955年，在遼陽三道壕西漢村落遺址内出土

**著録**：東北博物館：《遼陽三道壕西漢村落遺址》，《考古學報》1957年第1期，第119頁，圖一

**字數**：2

**釋文**：軍□

## 129. 賴字瓦文

**時代**：西漢高祖五年（前202）至武帝元封元年（前110）

**出土**：1985—1986年，在福建崇安縣興田鄉城村西南部漢代城址東門外北崗高地出土

**著録**：楊琮：《福建崇安城村古城遺址出土文字及考釋》，《東南文化》1993年第1期，第127頁，圖99

**字數**：5

**釋文**：賴 賴 賴 賴 賴

## 130. 賴字瓦文戳印

**時代**：西漢高祖五年（前202）至武帝元封元年（前110）

**出土**：1985—1986年，在福建崇安縣興田鄉城村西南部漢代城址東門外北崗高地出土

**著録**：張其海、林忠干：《福建崇安漢

城遺址出土的文字符號》,《考古與文物》1988年第4期,第67頁,圖三,27

**字數**：1

**釋文**：賴

### 131. 藍字戳印

**時代**：西漢高祖五年(前202)至武帝元封元年(前110)

**出土**：1985—1986年,在福建崇安縣興田鄉城村西南部漢代城址東門外北崗高地出土

**著録**：福建省博物館、厦門大學人類學系:《崇安漢城北崗二號建築遺址》,《文物》1992年第8期,第26頁,圖一六,37;《福建崇安漢城遺址出土的文字符號》,《考古與文物》1988年第4期,第67頁,圖三,19

**字數**：1

**釋文**：藍

### 132. 狼字瓦片

**時代**：西漢高祖五年(前202)至武帝元封元年(前110)

**出土**：1985—1986年,在福建崇安縣興田鄉城村西南部漢代城址東門外北崗高地出土

**著録**：張其海、林忠干:《福建崇安漢城遺址出土的文字符號》,《考古與文物》1988年第4期,第67頁,圖三,31

**字數**：1

**釋文**：狼

### 133. 狼字瓦文戳印

**時代**：西漢高祖五年(前202)至武帝元封元年(前110)

**出土**：1985—1986年,在福建崇安縣興田鄉城村西南部漢代城址東門外北崗高地出土

**著録**：楊琮:《福建崇安城村古城遺址出土文字及考釋》,《東南文化》1993年第1期,第127頁,圖92

**字數**：3

**釋文**：狼 狼 狼

### 134. 樂字瓦文戳印

**時代**：西漢高祖五年(前202)至武帝元封元年(前110)

**出土**：1985—1986年,在福建崇安縣興田鄉城村西南部漢代城址東門外北崗高地出土

**著録**：楊琮:《福建崇安城村古城遺址出土文字及考釋》,《東南文化》1993

年第1期,第127頁,圖85;楊琮:《福建崇安城村古城遺址出土文字及考釋》,《東南文化》1993年第1期,第119頁

**字數**:1

**釋文**:樂

### 135. 良字板瓦戳印

**時代**:西漢高祖五年(前202)至武帝元封元年(前110)

**出土**:1985—1986年,在福建崇安縣興田鄉城村西南部漢代城址東門外北崗高地出土

**著録**:福建省博物館、厦門大學人類學系考古專業:《崇安漢城北崗一號建築遺址》,《考古學報》1990年第3期,第352頁,圖一〇,10;《福建崇安城村古城遺址出土文字及考釋》,《東南文化》1993年第1期,第127頁,圖74

**字數**:1

**釋文**:良

### 136. 梁孝王寢園板瓦内面文字

**時代**:西漢景帝前元七年(前150)至武帝建元五年(前136)

**出土**:1992年9月—1994年7月,在河南省永城縣西漢梁孝王寢園内出土

**著録**:河南省文物考古研究所:《永城西漢梁國王陵與寢園》,鄭州:中州古籍出版社,1996年,第68頁,圖五一

**字數**:2

**釋文**:五銖{數枚}

### 137. 梁孝王寢園板瓦内面文字

**時代**:西漢景帝前元七年(前150)至武帝建元五年(前136)

**出土**:1992年9月—1994年7月,在河南省永城縣西漢梁孝王寢園内出土

**著録**:河南省文物考古研究所:《永城西漢梁國王陵與寢園》,鄭州:中州古籍出版社,1996年,第68頁,圖五一

**字數**:2

**釋文**:五銖{數枚}

### 138. 梁孝王寢園孝園筒瓦

**時代**:西漢景帝前元七年(前150)至武帝建元五年(前136)

**出土**:1992年9月—1994年7月,在河南省永城縣西漢梁孝王寢園内出土

**著録**：河南省文物考古研究所：《永城西漢梁國王陵與寢園》，鄭州：中州古籍出版社，1996 年，第 67 頁，圖五〇

**字數**：2

**釋文**：孝園

### 139. 梁孝王寢園孝園筒瓦

**時代**：西漢景帝前元七年（前 150）至武帝建元五年（前 136）

**出土**：1992 年 9 月—1994 年 7 月，在河南省永城縣西漢梁孝王寢園内出土

**著録**：河南省文物考古研究所：《永城西漢梁國王陵與寢園》，鄭州：中州古籍出版社，1996 年，第 67 頁，圖五〇

**字數**：2

**釋文**：孝園

### 140. 梁孝王寢園孝園筒瓦

**時代**：西漢景帝前元七年（前 150）至武帝建元五年（前 136）

**出土**：1992 年 9 月—1994 年 7 月，在河南省永城縣西漢梁孝王寢園内出土

**著録**：河南省文物考古研究所：《永城西漢梁國王陵與寢園》，鄭州：中州古籍出版社，1996 年，第 67 頁，圖五〇

**字數**：2

**釋文**：孝園

### 141. 梁孝王寢園孝園筒瓦

**時代**：西漢景帝前元七年（前 150）至武帝建元五年（前 136）

**出土**：1992 年 9 月—1994 年 7 月，在河南省永城縣西漢梁孝王寢園内出土

**著録**：河南省文物考古研究所：《永城西漢梁國王陵與寢園》，鄭州：中州古籍出版社，1996 年，第 67 頁，圖五〇

**字數**：2

**釋文**：孝園

### 142. 梁孝王寢園孝園筒瓦

**時代**：西漢景帝前元七年（前 150）至武帝建元五年（前 136）

**出土**：1992 年 9 月—1994 年 7 月，在河南省永城縣西漢梁孝王寢園内出土

**著録**：河南省文物考古研究所：《永城西漢梁國王陵與寢園》，鄭州：中州古籍出版社，1996 年，第 67 頁，圖五〇

**字數**：2

**釋文**：孝園

### 143. 梁孝王寢園孝園筒瓦

**時代**：西漢景帝前元七年(前150)至武帝建元五年(前136)

**出土**：1992年9月—1994年7月，在河南省永城縣西漢梁孝王寢園内出土

**著録**：河南省文物考古研究所：《永城西漢梁國王陵與寢園》，鄭州：中州古籍出版社，1996年，第67頁，圖五〇

**字數**：2

**釋文**：孝園

### 144. 林字板瓦戳印

**時代**：西漢高祖五年(前202)至武帝元封元年(前110)

**出土**：1985—1986年，在福建崇安縣興田鄉城村西南部漢代城址東門外北崗高地出土

**著録**：福建省博物館、厦門大學人類學系考古專業：《崇安漢城北崗一號建築遺址》，《考古學報》1990年第3期，第352頁，圖一〇，11

**字數**：1

**釋文**：林

### 145. 林字板瓦戳印

**時代**：西漢高祖五年(前202)至武帝元封元年(前110)

**出土**：1985—1986年，在福建崇安縣興田鄉城村西南部漢代城址東門外北崗高地出土

**著録**：福建省博物館、厦門大學人類學系：《崇安漢城北崗二號建築遺址》，《文物》1992年第8期，第26頁，圖十六，15

**字數**：1

**釋文**：林

### 146. 林字板瓦戳印

**時代**：西漢高祖五年(前202)至武帝元封元年(前110)

**出土**：1985—1986年，在福建崇安縣興田鄉城村西南部漢代城址東門外北崗高地出土

**著録**：福建省博物館、厦門大學人類學系：《崇安漢城北崗二號建築遺址》，《文物》1992年第8期，第26頁，圖十六，15

**字數**：1

**釋文**：林

147. **林字板瓦戳印**

**時代**：西漢高祖五年（前 202）至武帝元封元年（前 110）

**出土**：1985—1986 年，在福建崇安縣興田鄉城村西南部漢代城址東門外北崗高地出土

**著録**：福建省博物館、厦門大學人類學系：《崇安漢城北崗二號建築遺址》，《文物》1992 年第 8 期，第 26 頁，圖十六，25

**字數**：1

**釋文**：林

148. **林字筒瓦戳印**

**時代**：西漢高祖五年（前 202）至武帝元封元年（前 110）

**出土**：1985—1986 年，在福建崇安縣興田鄉城村西南部漢代城址東門外北崗高地出土

**著録**：福建省博物館、厦門大學人類學系：《崇安漢城北崗二號建築遺址》，《文物》1992 年第 8 期，第 26 頁，圖一五，9

**字數**：1

**釋文**：林

149. **林字瓦文戳印**

**時代**：西漢高祖五年（前 202）至武帝元封元年（前 110）

**出土**：1985—1986 年，在福建崇安縣興田鄉城村西南部漢代城址東門外北崗高地出土

**著録**：福建省博物館：《崇安城村漢城探掘簡報》，《文物》1985 年第 11 期，第 42 頁，圖五，9

**字數**：1

**釋文**：林

150. **龍字瓦片**

**時代**：西漢高祖五年（前 202）至武帝元封元年（前 110）

**出土**：1985—1986 年，在福建崇安縣興田鄉城村西南部漢代城址東門外北崗高地出土

**著録**：福建省博物館：《崇安城村漢城探掘簡報》，《文物》1985 年第 11 期，第 42 頁，圖五，3

**字數**：1

**釋文**：龍

### 151. 盧字戳印

**出土**：1975—1976年，在廣州市中心秦漢造船工場遺址7B層内出土

**著録**：廣州市文物管理處、中山大學考古專業75届工農兵學員：《廣州秦漢造船工場遺址試掘》，《文物》1977年第4期，第3頁，圖三

**字數**：1

**釋文**：盧

### 152. 盧字筒瓦戳印

**時代**：西漢高祖五年（前202）至武帝元封元年（前110）

**出土**：1985—1986年，在福建崇安縣興田鄉城村西南部漢代城址東門外北崗高地出土

**著録**：福建省博物館、厦門大學人類學系：《崇安漢城北崗二號建築遺址》，《文物》1992年第8期，第26頁，圖一五，7；《福建崇安漢城遺址出土的文字符號》，《考古與文物》1988年第4期，第67頁，圖三，39

**字數**：1

**釋文**：盧

### 153. 馬字板瓦戳印

**時代**：西漢高祖五年（前202）至武帝元封元年（前110）

**出土**：1985—1986年，在福建崇安縣興田鄉城村西南部漢代城址東門外北崗高地出土

**著録**：福建省博物館、厦門大學人類學系考古專業：《崇安漢城北崗一號建築遺址》，《考古學報》1990年第3期，第352頁，圖一〇，8

**字數**：1

**釋文**：馬

### 154. 馬字板瓦戳印

**時代**：西漢高祖五年（前202）至武帝元封元年（前110）

**出土**：1985—1986年，在福建崇安縣興田鄉城村西南部漢代城址東門外北崗高地出土

**著録**：福建省博物館、厦門大學人類學系：《崇安漢城北崗二號建築遺址》，《文物》1992年第8期，第26頁，圖一六，6

**字數**：1

**釋文**：馬

### 155. 馬字瓦文戳印

**時代**：西漢高祖五年（前202）至武帝元封元年（前110）

**出土**：1985—1986 年，在福建崇安縣興田鄉城村西南部漢代城址東門外北崗高地出土

**著録**：福建省博物館：《崇安城村漢城探掘簡報》，《文物》1985 年第 11 期，第 42 頁，圖五，7；《福建崇安漢城遺址出土的文字符號》，《考古與文物》1988 年第 4 期，第 67 頁，圖三，7

**字數**：1

**釋文**：馬

### 156. 馬字瓦文戳印

**時代**：西漢高祖五年（前 202）至武帝元封元年（前 110）

**出土**：1985—1986 年，在福建崇安縣興田鄉城村西南部漢代城址東門外北崗高地出土

**著録**：張其海、林忠干：《福建崇安漢城遺址出土的文字符號》，《考古與文物》1988 年第 4 期，第 67 頁，圖三，26

**字數**：1

**釋文**：馬

### 157. 莫字瓦文戳印

**時代**：西漢高祖五年（前 202）至武帝元封元年（前 110）

**出土**：1985—1986 年，在福建崇安縣興田鄉城村西南部漢代城址東門外北崗高地出土

**著録**：福建省博物館：《崇安城村漢城探掘簡報》，《文物》1985 年第 11 期，第 42 頁，圖五，10；《福建崇安漢城遺址出土的文字符號》，《考古與文物》1988 年第 4 期，第 67 頁，圖三，16

**字數**：1

**釋文**：莫

**説明**：原整理者釋"黄"，後改釋爲"莫"，見《福建崇安漢城遺址出土的文字符號》，《考古與文物》1988 年第 4 期，第 67 頁。

### 158. 木字板瓦

**出土**：1979—1980 年，在淳化縣漢雲陵遺址内出土

**著録**：姚生民：《漢雲陵、雲陵邑勘查記》，《考古與文物》1982 年第 4 期，第 43 頁，圖七，3

**字數**：2

**釋文**：木木

**説明**：原整理者認爲是花紋，今作文

字處理。

### 159. 上固瓦片

**著録**：《關中》483 頁

**字數**：2

**釋文**：上固

### 160. 上禄瓦片

**著録**：《關中》481 頁，又見 984 頁

**字數**：2

**釋文**：上禄

**説明**：陳直先生考證："《三輔黄圖》云：上林苑有陽禄觀。《漢書・班婕妤傳》謂'娩子於陽禄觀'是也。瓦片'上禄'二字，即上林苑陽禄觀之簡稱。漢代宫闕名稱，印在陶器上者往往簡稱爲一字，此例甚多。"①

### 161. 唐字板瓦戳印

**時代**：西漢高祖五年（前 202）至武帝元封元年（前 110）

**出土**：1985—1986 年，在福建崇安縣興田鄉城村西南部漢代城址東門外北崗高地出土

**著録**：福建省博物館、厦門大學人類學系考古專業：《崇安漢城北崗一號建築遺址》，《考古學報》1990 年第 3 期，第 352 頁，圖一〇，22

**字數**：1

**釋文**：唐

### 162. 唐字筒瓦戳印

**時代**：西漢高祖五年（前 202）至武帝元封元年（前 110）

**出土**：1985—1986 年，在福建崇安縣興田鄉城村西南部漢代城址東門外北崗高地出土

**著録**：福建省博物館、厦門大學人類學系：《崇安漢城北崗二號建築遺址》，《文物》1992 年第 8 期，第 26 頁，圖一五，1

**字數**：1

**釋文**：唐

### 163. 唐字筒瓦戳印

**時代**：西漢高祖五年（前 202）至武帝元封元年（前 110）

**出土**：1985—1986 年，在福建崇安縣興田鄉城村西南部漢代城址東門外北崗高地出土

---

①《關中》，第 482 頁。

**著録**：福建省博物館、厦門大學人類學系：《崇安漢城北崗二號建築遺址》,《文物》1992 年第 8 期,第 26 頁,圖一五,11

**字數**：1

**釋文**：唐

### 164. 桐字筒瓦戳印

**出土**：1978—1979 年,在陝西淳化縣北漢甘泉宫遺址内出土

**著録**：姚生民：《漢甘泉宫遺址勘察記》,《考古與文物》1980 年第 2 期,第 60 頁,圖十三,13

**字數**：1

**釋文**：桐

### 165. 瓦字板瓦戳印

**時代**：西漢高祖五年(前 202)至武帝元封元年(前 110)

**出土**：1985—1986 年,在福建崇安縣興田鄉城村西南部漢代城址東門外北崗高地出土

**著録**：張其海、林忠干：《福建崇安漢城遺址出土的文字符號》,《考古與文物》1988 年第 4 期,第 67 頁,圖三,28

**字數**：1

**釋文**：瓦

**説明**：原整理者認爲是“气”字。當是“瓦”。今徑改之。

### 166. 瓦字瓦文戳印

**時代**：西漢高祖五年(前 202)至武帝元封元年(前 110)

**出土**：1985—1986 年,在福建崇安縣興田鄉城村西南部漢代城址東門外北崗高地出土

**著録**：楊琮：《福建崇安城村古城遺址出土文字及考釋》,《東南文化》1993 年第 1 期,第 125 頁,圖 53

**字數**：1

**釋文**：瓦

**説明**：原整理者認爲是“气”字。當是“瓦”。今徑改之。

### 167. 瓦字瓦文戳印

**時代**：西漢高祖五年(前 202)至武帝元封元年(前 110)

**出土**：1985—1986 年,在福建崇安縣興田鄉城村西南部漢代城址東門外北崗高地出土

**著録**：楊琮：《福建崇安城村古城遺址出土文字及考釋》,《東南文化》1993

年第1期,第125頁,圖52

字數:1

釋文:瓦

説明:原整理者認爲是“气”字。當是“瓦”。今徑改之。

### 168. 未字筒瓦

出土:2005年4月—2006年12月,在陝西省西安市未央區三橋鎮上林苑四號建築遺址内出土

著録:中國社會科學院考古研究所等:《上林苑四號建築遺址的勘探和發掘》,《考古學報》2007年第3期,第367頁,圖一二,8

字數:1

釋文:未

説明:另有未字陶文戳印同出。

### 169. 屋筒瓦戳記

出土:1986年9月—1987年5月,在西安市未央區未央宫鄉漢長安城未央宫中央官署建築遺址内出土

著録:中國社會科學院考古研究所:《漢長安城未央宫——1980~1989年考古發掘報告》,北京:中國大百科全書出版社,1996年,第65頁,圖三三,1(3:T6③:21)

字數:1

釋文:屋

### 170. 屋字板瓦戳印

時代:西漢高祖五年(前202)至武帝元封元年(前110)

出土:1985—1986年,在福建崇安縣興田鄉城村西南部漢代城址東門外北崗高地出土

著録:福建省博物館、厦門大學人類學系考古專業:《崇安漢城北崗一號建築遺址》,《考古學報》1990年第3期,第352頁,圖一〇,14

字數:1

釋文:屋

### 171. 屋字板瓦戳印

時代:西漢高祖五年(前202)至武帝元封元年(前110)

出土:1985—1986年,在福建崇安縣興田鄉城村西南部漢代城址東門外北崗高地出土

著録:福建省博物館、厦門大學人類學系:《崇安漢城北崗二號建築遺址》,《文物》1992年第8期,第26頁,

圖一六，4

字數：1

釋文：屋

## 172. 屋字板瓦戳印

時代：西漢高祖五年（前 202）至武帝元封元年（前 110）

出土：1985—1986 年，在福建崇安縣興田鄉城村西南部漢代城址東門外北崗高地出土

著録：張其海、林忠干：《福建崇安漢城遺址出土的文字符號》，《考古與文物》1988 年第 4 期，第 67 頁，圖三，33

字數：1

釋文：屋

## 173. 五字筒瓦戳印

時代：西漢高祖五年（前 202）至武帝元封元年（前 110）

出土：1985—1986 年，在福建崇安縣興田鄉城村西南部漢代城址東門外北崗高地出土

著録：福建省博物館、厦門大學人類學系考古專業：《崇安漢城北崗一號建築遺址》，《考古學報》1990 年第 3 期，第 352 頁，圖一〇，34

字數：1

釋文：五

## 174. 五字筒瓦戳印

時代：西漢高祖五年（前 202）至武帝元封元年（前 110）

出土：1985—1986 年，在福建崇安縣興田鄉城村西南部漢代城址東門外北崗高地出土

著録：福建省博物館、厦門大學人類學系：《崇安漢城北崗二號建築遺址》，《文物》1992 年第 8 期，第 26 頁，圖一五，2

字數：1

釋文：五

## 175. 西神瓦筒

時代：西漢高祖時期

出土：長陵

著録：《關中》333 頁

字數：2

釋文：𠧧（西）神

説明：較爲典範的篆書。

## 176. 蕭將軍府瓦片

時代：西漢

著録：《關中》475 頁，又見 956 頁

字數：8

釋文：蕭將軍府 蕭將軍府

説明：陳直先生以此瓦屬成帝時將軍太傅蕭望之邸第。[①]

## 177. 脩字板瓦戳印

時代：西漢高祖五年（前 202）至武帝元封元年（前 110）

出土：1985—1986 年，在福建崇安縣興田鄉城村西南部漢代城址東門外北崗高地出土

著録：福建省博物館、厦門大學人類學系考古專業：《崇安漢城北崗一號建築遺址》，《考古學報》1990 年第 3 期，第 352 頁，圖一〇，6

字數：1

釋文：脩

## 178. 徐字板瓦戳印

時代：西漢高祖五年（前 202）至武帝元封元年（前 110）

出土：1985—1986 年，在福建崇安縣興田鄉城村西南部漢代城址東門外北崗高地出土

著録：福建省博物館、厦門大學人類學系考古專業：《崇安漢城北崗一號建築遺址》，《考古學報》1990 年第 3 期，第 352 頁，圖一〇，17

字數：1

釋文：徐

## 179. 嚴字瓦文戳印

時代：西漢高祖五年（前 202）至武帝元封元年（前 110）

出土：1985—1986 年，在福建崇安縣興田鄉城村西南部漢代城址東門外北崗高地出土

著録：張其海、林忠干：《福建崇安漢城遺址出土的文字符號》，《考古與文物》1988 年第 4 期，第 67 頁，圖三，17

字數：1

釋文：嚴

説明：原整理報告釋爲“茸”，不確，當即“嚴”字之簡。

## 180. 楊字瓦片

時代：西漢武帝時期

收藏：陳直

① 《關中》，第 476 頁。

**著録**：《關中》477 頁，又見 957 頁

**字數**：1

**釋文**：楊

**説明**：陳直先生據同出銅鐘銘文，認定"此瓦亦爲楊步廣家之物"，斷在武帝時期。[①]

### 181. 永三年瓦片

**著録**：《關中》398 頁，又見 940 頁

**字數**：3

**釋文**：永三季（年）

**説明**：典範的篆書。陳直先生認爲"永三年"即"元帝永光三年"（前 41）。[②] 若此，則可將此瓦片視爲西漢時期代表品。但這種簡省的紀年方式似較爲罕見，不能確定。

### 182. 右空瓦片

**著録**：《關中》471 頁，又見 954 頁

**字數**：2

**釋文**：右空

**説明**：陳直先生考證："《漢書・百官表》少府屬官有左右司空令丞。瓦片之右空，當爲右司空令丞之省文。瓦當中有右空瓦，皆同爲右司空官署中之物。"[③]

### 183. 右空瓦片

**收藏**：西安謝文清舊藏

**著録**：《關中》473 頁

**字數**：2

**釋文**：右空

### 184. 與天屋脊題字

**著録**：《關中》980 頁

**字數**：6

**釋文**：益壽」與天」四時

### 185. 元延元年宗正官瓦瓦片

**時代**：西漢成帝元延元年（前 12）

**著録**：《關中》400 頁

**字數**：8

**釋文**：元延元年」宗正官瓦

**説明**：有明確紀年的西漢晚期代表品。

### 186. 原字瓦片

**著録**：《關中》479 頁，又見 958 頁

---

① 《關中》，第 478 頁。

② 《關中》，第 940 頁。

③ 《關中》，第 472 頁。

字數：2

釋文：原□(氏?)

説明：陳直先生疑下一字爲"氏"，並提出此爲原涉先墓中之物。[①]

### 187. 轅字瓦片

時代：西漢高祖五年(前 202)至武帝元封元年(前 110)

出土：1985—1986 年，在福建崇安縣興田鄉城村西南部漢代城址東門外北崗高地出土

著録：福建省博物館：《崇安城村漢城探掘簡報》，《文物》1985 年第 11 期，第 42 頁，圖五，1；《福建崇安漢城遺址出土的文字符號》，《考古與文物》1988 年第 4 期，第 67 頁，圖三，10

字數：2

釋文：轅 轅

### 188. 雲紋瓦筒題字

出土：1954 年 3 月，陳直在未央鄉天禄閣遺址附近撿得

著録：《關中》778 頁

字數：2

釋文：□左

### 189. 贊字瓦片

時代：西漢高祖五年(前 202)至武帝元封元年(前 110)

出土：1985—1986 年，在福建崇安縣興田鄉城村西南部漢代城址東門外北崗高地出土

著録：張其海、林忠干：《福建崇安漢城遺址出土的文字符號》，《考古與文物》1988 年第 4 期，第 67 頁，圖三，43；《崇安城村漢城探掘簡報》，《文物》1985 年第 11 期，第 42 頁，圖五，13

字數：1

釋文：贊

### 190. 真字板瓦戳印

時代：西漢高祖五年(前 202)至武帝元封元年(前 110)

出土：1985—1986 年，在福建崇安縣興田鄉城村西南部漢代城址東門外北崗高地出土

著録：福建省博物館、厦門大學人類學系考古專業：《崇安漢城北崗一號建築遺址》，《考古學報》1990 年第 3

① 《關中》，第 480、958 頁。

期，第 352 頁，圖一〇，13

**字數**：1

**釋文**：真

## 191．真字板瓦戳印

**時代**：西漢高祖五年（前 202）至武帝元封元年（前 110）

**出土**：1985—1986 年，在福建崇安縣興田鄉城村西南部漢代城址東門外北崗高地出土

**著録**：福建省博物館、厦門大學人類學系考古專業：《崇安漢城北崗一號建築遺址》，《考古學報》1990 年第 3 期，第 352 頁，圖一〇，20；崇安漢城北崗二號建築遺址，文物 1992 年第 8 期，第 26 頁，圖一五，17

**字數**：1

**釋文**：真

## 192．錣字瓦片

**時代**：西漢高祖五年（前 202）至武帝元封元年（前 110）

**出土**：1985—1986 年，在福建崇安縣興田鄉城村西南部漢代城址東門外北崗高地出土

**著録**：福建省博物館：《崇安城村漢城探掘簡報》，《文物》1985 年第 11 期，第 42 頁，圖五，17

**字數**：2

**釋文**：錣 錣

## 193．錣字瓦文戳印

**時代**：西漢高祖五年（前 202）至武帝元封元年（前 110）

**出土**：1985—1986 年，在福建崇安縣興田鄉城村西南部漢代城址東門外北崗高地出土

**著録**：張其海、林忠干：《福建崇安漢城遺址出土的文字符號》，《考古與文物》1988 年第 4 期，第 67 頁，圖三，5；《崇安城村漢城探掘簡報》，《文物》1985 年第 11 期，第 42 頁，圖五，6

**字數**：1

**釋文**：錣

## 194．□左筒瓦戳記

**出土**：1988 年 10 月—1989 年 4 月，西安市未央區三橋鎮漢長安城的西南角樓遺址内出土

著録：中國社會科學院考古研究所：《漢長安城未央宫——1980～1989 年考古發掘報告》，北京：中國大百科全書出版社，1996 年，第 25 頁，圖一五，1（5:T1③:138）

字數：2

釋文：□左

**195. □字瓦筒**

著録：俞偉超：《漢長安城西北部勘查記》，《考古通訊》1956 年第 5 期，第 21 頁，圖一，3

字數：1

釋文：□

説明：舊釋"右"，似不確。

# 磚 文

共144件。其中能確定年代者，按照時間順序先後排列，其餘以字數多寡爲序。字數相同的，按首字音序排列。

## 1. 元鳳元年磚

時代：西漢昭帝元鳳元年(前80)

著録：《千甓》2頁

字數：16

釋文：元鳳元季(年)二月癸卯朔日造」吉羊(祥)冝(宜)子孫

説明：典範的篆書。"癸"字寫法合於《説文》字頭篆文。"卯"字寫法合於《説文》古文"酉"字形體。

## 2. 元平元年磚

時代：西漢昭帝元平元年(前74)

著録：《千甓》2頁

字數：13

釋文：元平元年六月孝子連造」元年廿☐

説明：篆隸混用，書體奇特。

## 3. 元平元年磚

時代：西漢昭帝元平元年(前74)

著録：《遯盦古磚存》，見《歷代陶文研究資料選刊續編・中册》第548頁

字數：4

釋文：元平元季(年)

説明：首字原釋"永"，當是"元"字，今改釋。西漢昭帝元平元年，即公元前74年。疑與上一件相同，衹是拓片不完整。

## 4. 地節二年磚

時代：西漢宣帝地節二年(前68)

著録：《千甓》3頁

字數：4

釋文：地卩(節)弍(二)夆〈年〉

説明："弍"，合於《説文》"二"字古文。陸心源謂："夆作年，爲字書所罕見。"實乃"年"字訛如"夆"字。

### 5. 五鳳二年造磚

時代：西漢宣帝五鳳二年(前 56)

著録：《四川漢代畫像磚》圖二一五

字數：5

釋文：五鳳二秊(年)造

説明：原釋文脱"二"字，今補。

### 6. 甘露二年八月潘氏磚

時代：西漢宣帝甘露二年(前 52)

著録：《千甓》4 頁；《遯盦古磚存》，見《歷代陶文研究資料選刊續編・中册》第 549 頁

字數：8

釋文：𠀠(甘)露弍(二)秊(年)八月，潘氏

説明："弍"字合於《説文》"二"字古文。陸心源謂："其文非篆非隸，尤爲奇古。'甘'作古文'𠀠'而倒置之，'二'作古文'弍'，年作古文'秊'，蓋其時八分未生，故能迥出。"①

### 7. 初元二年王吉墓磚

時代：西漢元帝初元二年(前 47)

著録：《廣倉專録》

字數：30

釋文：初元二秊(年)二月戊午」諫大夫貢禹爲叐(友)人」王吉立庶十八秊(年)後」知此爲王氏墓

説明：篆隸混用。

### 8. 永光元年磚

時代：西漢元帝永光元年(前 43)

著録：《廣倉專録》

字數：8

釋文：永光元秊(年)正月丁未

説明：較典範的篆書，惟"丁"字寫法於《説文》小篆不合。

### 9. 建昭二年六歲磚

時代：西漢元帝建昭二年(前 37)

著録：《千甓》6 頁

字數：11

釋文：建昭二秊(年)六歲甲申。」沈氏造。

① 陸心源：《千甓亭磚録》，見《歷代陶文研究資料選刊・上册》，第 267 頁。

説明：較典範的篆書。“歲”字訛从“示”，“造”字訛从“工”。

### 10. 建始二年六月磚

時代：西漢成帝建始二年（前31）

著録：《千甓》6頁

字數：11

釋文：建始二季（年）六月趙造」宜（宜）疾（侯）王

説明：篆隸混用：“始、季、六”等字篆意濃厚，“月、趙、宜”等字隸變。“造”字从“廴”，或受“建”字感染。

### 11. 天鳳五年磚

時代：新莽天鳳五年（18）

著録：《磚銘》五〇頁

字數：9

釋文：天鳳五季（年）戊寅宜（宜）万（萬）世

説明：“鳳”字聲符“凡”訛如“皿”。“寅”字所从“宀”亦如是，或爲文字感染現象。

### 12. 持節使者墓磚

時代：東漢光武帝建武廿八年（52）

著録：《磚銘》一〇四頁

字數：23

釋文：持節使者北宫衛令邵」君千秋㞢（之）冢，建武廿八」□［年］□月王□工李□作

説明：篆隸混用：“工、北”等字篆書風格明顯，而其餘字多隸變。

### 13. 永平十八年磚

時代：東漢明帝永平十八年（75）

出土：成都市郊

著録：《磚銘》一一二頁；《四川漢代畫像磚》圖二二一

字數：6

釋文：永平十八季（年）造

説明：典範的篆書。

### 14. 建初元年墓磚

時代：東漢章帝建初元年（76）

著録：《磚銘》一一三頁；徐莉莉：《東漢建初四年一組墓磚的釋文》，《中國文字研究》第九輯，鄭州：大象出版社，2007年，第142頁

字數：29

釋文：▨□學，受《禮》，□□受《詩》，□□」▨受《春秋》。以建初元年孟夏」▨昧爽卒。以其六月廿六囸（日）

説明：典範的篆書。東漢時期代表品。

### 15. 建初元年墓磚

時代：東漢章帝建初元年(76)

著録：《磚銘》一一四頁;《廣倉專録》

字數：29

釋文：□十五□□□□□，十六受《詩》，十七」□八受《易》，十九受《春秋》。以建初元年孟□」□日庚子莫(薨)。昧爽□□□□

説明：較爲典範的篆書。

### 16. 建初元年墓磚

時代：東漢章帝建初元年(76)

著録：《磚銘》一一四頁

字數：8

釋文：□元月□」□九受《春□(秋)》……)」□莫(薨)昧爽

### 17. 建初三年墓磚

時代：東漢章帝建初三年(78)

著録：《磚銘》一一七頁

字數：4

釋文：建初弎(三)年

説明："弎"字形體合於《説文》古文。"年"字訛變甚劇。

### 18. 建初四年墓磚一

時代：東漢章帝建初六年(81)

著録：《磚銘》一一八頁;徐莉莉：《東漢建初四年一組墓磚的釋文》,《中國文字研究》第九輯，鄭州：大象出版社,2007年，第141—143頁

字數：26

釋文：父以」建武」廿五」年、母」以建」初四」年終。」少子」侵行」喪如」禮。大(太)」歲在」巳，佯(祥)。

説明：篆隸混用："建、母、在"等字作隸書。最後數字，徐莉莉先生釋"大歲在以祥"，讀爲"太歲在敦牂"，謂歲在"敦牂"是吉祥之年。實際上可釋讀成"大(太)歲在巳，佯(祥)。""祥"即古禮大祥、小祥之"祥"，指服喪完成後建墓。[①] 據此推斷，該磚作於東漢章帝建初六年(81)。

### 19. 建初四年墓磚二

時代：東漢章帝建初六年(81)

著録：《磚銘》一一八頁;徐莉莉：《東

---

① 此承劉樂賢、王志平先生在本人博士學位論文預答辯會議上見告。謹致謝忱!

漢建初四年一組墓磚的釋文》,《中國文字研究》第九輯,鄭州：大象出版社,2007年,第141—143頁

**字數**：24

**釋文**：□□［父以］建武」廿五」年、母」以建」初四」年終,」少子」侵行」喪如」禮,大(太)」歲在」巳,佯(祥)。

**説明**：篆隸混用:“建、母、在”等字作隸書。

## 20. 建初四年墓磚三

**時代**：東漢章帝建初六年(81)

**著録**：《磚銘》一一八頁;徐莉莉：《東漢建初四年一組墓磚的釋文》,《中國文字研究》第九輯,鄭州：大象出版社,2007年,第141—143頁

**字數**：14

**釋文**：□□□□□□□□□□□［父以建武廿五年、母以建］初四」年終,」少子」侵行」喪如」禮,大(太)」歲在□□［巳,佯(祥)。］

**説明**：篆隸混用。

## 21. 建初四年墓磚四

**時代**：東漢章帝建初六年(81)

**著録**：《磚銘》一一九頁;徐莉莉：《東漢建初四年一組墓磚的釋文》,《中國文字研究》第九輯,鄭州：大象出版社,2007年,第141—143頁

**字數**：16

**釋文**：父以」建武」廿五」年、母」以建」初四」年終,」少子□□□□□□□□□□［侵行喪如禮,大(太)歲在巳,佯(祥)。］

**説明**：篆隸混用。

## 22. 建初四年墓磚五

**時代**：東漢章帝建初六年(81)

**著録**：《磚銘》一一九頁;徐莉莉：《東漢建初四年一組墓磚的釋文》,《中國文字研究》第九輯,鄭州：大象出版社,2007年,第141—143頁

**字數**：8

**釋文**：父以」建武」廿五」年、母□□□□□□□□□□□□□□□□□□□［以建初四年終,少子侵行喪如禮,大(太)歲在巳,佯(祥)。］

**説明**：篆隸混用。

## 23. 建初四年墓磚六

**時代**：東漢章帝建初六年(81)

**著録**：《磚銘》一一九頁;徐莉莉：《東

漢建初四年一組墓磚的釋文》,《中國文字研究》第九輯,鄭州:大象出版社,2007年,第141—143頁

字數:4

釋文:□□□□□□□□□□□□□□□□□□[父以建武廿五年、母以建初四年終,少子侵]行喪如禮,□□□□□[大(太)歲在巳,佯(祥)。]

### 24. 元和元年磚

時代:東漢章帝元和元年(84)

著録:《磚銘》一二二頁

字數:5

釋文:元和元秊(年)□

### 25. 永元九年磚

時代:東漢和第永元九年(97)

著録:《廣倉專録》

字數:11

釋文:永元九秊(年)□□造,萬歲富貴

説明:篆隸混用。

### 26. 永初四年磚

時代:東漢安帝永初四年(110)

著録:《古磚》七〇

字數:4

釋文:永初四秊(年)

### 27. 元初五年造磚

時代:東漢安帝元初五年(118)

出土:巫山縣出土

著録:《四川漢代畫像磚》圖二三七

字數:11

釋文:元初五秊(年)造,後子孫富貴壽

説明:篆隸混用:"五、子"等字作篆,其餘隸書。

### 28. 永寧元年磚

時代:東漢安帝永寧元年(120)

著録:《千甓》12頁

字數:16

釋文:永寧元年八月十三日立。」天災生,」人桀(傑)出。

説明:篆隸混用。

### 29. 延光元年磚

時代:東漢安帝延光元年(122)

著録:《千甓》13頁

字數:6

釋文:延光元年」既作

**説明**：篆隸混用。

### 30. 陽嘉二年磚

**時代**：東漢順帝陽嘉二年（133）

**著録**：《磚銘》一八六頁；《古磚》八一；《漢魏六朝塼文》，見《歷代陶文研究資料選刊續編·下册》第38頁

**字數**：6

**釋文**：陽嘉二季（季）七月

**説明**：反書。篆隸混用。

### 31. 陽嘉二年磚

**時代**：東漢順帝陽嘉二年（133）

**出土**：1978年9月，在湖南資興東漢墓M134内出土

**著録**：湖南省博物館：《湖南資興東漢墓》，《考古學報》1984年第4期，第68頁，圖一八

**字數**：10

**釋文**：陽嘉二季（年）造，將帥冝（宜）富昌

**説明**：代威先生釋爲"陽嘉二年造□師官富□"。[①] "造"下二字，今當爲"將帥"。所謂"官"字，下方拓本不清，實乃"宜"字。末字，從文例上看，推斷係"昌"。"宜富昌"爲漢代常見吉語（如《傅當》893著録有"宜富昌"瓦當）。

### 32. 陽嘉三年磚

**時代**：東漢順帝陽嘉三年（134）

**著録**：《磚銘》一八七頁；《廣倉專録》

**字數**：6

**釋文**：陽嘉三年二月

**説明**：反書。篆隸混用。

### 33. 永和四年磚

**時代**：東漢順帝永和四年（139）

**著録**：《磚銘》一八八頁

**字數**：10

**釋文**：永和四年十月，城陽晁氏

**説明**：篆隸混用。

### 34. 永和五年墓磚

**時代**：東漢順帝永和五年（140）

**出土**：1972年11月，在遼寧蓋縣出土

**著録**：《磚銘》一九〇頁；許玉林：《遼寧蓋縣東漢墓》，《文物》1993年第4期，第57頁，圖六；《古磚》八三A

---

① 代威：《漢代篆文研究》，吉林大學碩士學位論文，2013年，第492頁。

字數：26

釋文：永和」五年」造作，」竭力」無餘，」用庸」數千，」士夫」莫不」護助，」生死」㞢(之)義」備矣。

説明：篆隸混用：除“力、五、㞢”作篆文外，其餘皆隸書風格明顯。“不”字增繁訛从“廾”形。許玉林文章等拓片反書，《磚銘》所收，或經翻轉。

### 35. 本初元年造作則磚(部分)

時代：東漢質帝本初元年(146)

著録：《磚銘》一九二頁；《金石索》；《遯盦古塼存》，見《歷代陶文研究資料選刊續編·中册》，第553頁

字數：11

釋文：本初元年，歲在丙戌。」□(造？長？)作則

説明：篆隸混用。“造”字，《金石索》釋爲“可”，又疑“奇”，非。《遯盦古塼存》改釋爲“造”。細審拓片，此字與“造”距離較大，似“長”字異體(如“曹長孺”陶文，《新季木》1112)，存疑。

### 36. 永興二年磚

時代：東漢桓帝永興二年(154)

著録：《磚銘》一九五頁

字數：5

釋文：永興二年四[月]

### 37. 建安元年磚

時代：東漢獻帝建安元年(196)

著録：《廣倉專録》

字數：6

釋文：漢建安」元秊(年)造

説明：較典範的篆書。

### 38. 千秋萬歲磚

著録：《廣倉專録》

字數：25

釋文：千秋萬歲(重複出現)

説明：“千秋”二字訛變。

### 39. 二十四字磚

出土：清光緒三年(1877)四川新繁縣出土

收藏：重慶中國三峽博物館

著録：《磚銘》七二頁；《四川漢代畫像磚》圖一一一；《古磚》一二〇

字數：24

釋文：富貴昌」意氣陽」宜宫堂」宜弟兄」長相思」爵禄尊」毋相忘」壽萬年

説明：陽文，部分文字外帶方框。典

範的篆書。

### 40. 夏陽挾荔宫磚

**時代**：西漢中期

**出土**：1960年陝西韓城芝川漢扶荔宫遺址出土

**著録**：陝西省文物管理委員會：《陝西韓城芝川漢扶荔宫遺址的發現》，《考古》1961年第3期，第125頁，圖三，1；《磚銘》六〇頁；《集萃》162頁，圖149；陳直：《韓城漢扶荔宫遺址新出磚瓦考釋》，《考古》1961年第3期，第125頁；又見氏著《文史考古論叢》404—405頁；《古磚》二九

**字數**：12

**釋文**：夏陽挾」荔宫令」壁與天」地無極。

**説明**：典範的篆書。"與"字訛从"臼"。

何清谷先生説："挾荔宫，根據文獻解作扶荔宫。"[①]扶荔宫，見於《三輔黄圖》："在上林苑中，元鼎六年破南越，起扶荔宫，以植所得奇草異木，荔支自交趾移百餘株，無一株生者，連年移植不息。"史傑鵬先生則據此磚文提出，"荔枝"在漢代稱爲"挾荔"，進而轉讀爲"枝荔"，再變爲"荔枝"。"挾、荔"皆葉部字，"挾荔"爲連綿詞。[②]

### 41. 單于和親磚

**時代**：西漢

**著録**：《磚銘》五三頁；《北圖》一七頁；《古磚》二六

**字數**：12

**釋文**：單于和」親千秋」萬歲安」樂未央

**説明**：典範的篆書。反書左行。

### 42. 單于和親磚

**著録**：《磚銘》五五頁

**字數**：12

**釋文**：單于和」親千秋」萬歲安」樂未央

**説明**：較爲典範的篆書。

### 43. 長樂未央子孫益昌千秋萬世磚

**著録**：《磚銘》六二頁；《古磚》二八

**字數**：12

**釋文**：長樂未英」子孫益昌」千秋萬世

**説明**：反書。"央"字从"艸"。

---

① 何清谷：《三輔黄圖校釋》，北京：中華書局，2005年，第209頁。

② 史傑鵬：《挾荔宫磚文試考》，《字磚研究》第三輯，北京：文物出版社，2020年，第17—20頁。

## 44. 海内皆臣磚

著録:《磚銘》五七頁;《古磚》二五

字數:12

釋文:海内皆」臣,歲登」成孰(熟),道」毋(無)飢人。

説明:典範的篆書。

## 45. 海内皆臣磚

著録:《磚銘》五八頁

字數:12

釋文:海内皆」臣,歲登」成孰(熟),道」毋(無)飢人。

## 46. 海内皆臣磚

著録:《磚銘》五九頁;《集萃》163 頁,圖 150

字數:12

釋文:海内皆」臣,歲登」成孰(熟),道」毋(無)飢人。

説明:典範的篆書。"道"字"首"旁訛从止,或涉字内感染現象。

## 47. 漢廣益强磚

著録:《磚銘》五六頁

字數:12

釋文:漢廣益」强,破胡」威(滅)羌,長」樂未央。

説明:較典範的篆書。"漢"从"井"形,可能受下一字"廣"之感染。

## 48. 東漢阿貴造陰宅磚

時代:東漢

出土:安徽省蕭縣東漢墓

著録:盧芳玉:《新見漢代志墓刻銘研究札記》,《中國書法》2004 年第 11 期,第 46 頁,圖六

字數:10

釋文:阿貴造」喬昔陰」宅三千」錢

説明:"喬"字寫法近於《説文》小篆,較罕見。

## 49. 富貴昌宜子孫壽無疆磚

著録:《廣倉專録》

字數:9

釋文:富貴昌」宜子孫」壽無疆

説明:較典範的篆書。"壽"字所从"寸"筆畫截縮訛變爲"㞢"形。"無"字隸省。"疆"字右側"畺"中竪貫穿。

## 50. 千秋萬世磚

著録:《磚銘》九三頁

字數:9

釋文：千秋萬世」千秋萬□[世]」□□[千秋]萬世

### 51. 王君墓磚

著録：《廣倉專録》

字數：9

釋文：漢故處士王君屮(之)靈苐(第)

説明：較典範的篆書。

### 52. 宜子孫富益昌磚

著録：《磚銘》六三頁

字數：9

釋文：亘(宜)子孫」富畨昌」樂未央

説明：篆隸混用。"益"字訛變，似更近"畨(番)"字。

### 53. 宜子孫富益昌磚

著録：《磚銘》六四頁

字數：9

釋文：亘(宜)子孫」富沓昌」樂未央

説明：篆隸混用。原釋文作"富昌"，似更近"番"字。"蕃昌"爲漢代常用吉語。鏡銘習見："貴富番(蕃)昌"(《小檀》卷三第31頁a)、"子孫番(蕃)昌"(《小校》卷十五第13頁b下、《上博》A圖版五六)等，不煩舉例。其中，出土品"宜子孫兮日番(蕃)昌，千秋萬世樂未央"(《考古》1959年第12期，第665頁，圖二，6)與此磚銘相近。

### 54. 宜子孫歆百口壽長久磚

著録：《古磚》一四三

字數：9

釋文：宜子孫」畒(飲)百口」壽長久

説明："口"字寫法合於滿城漢墓出土鳥蟲書銅壺銘文。

### 55. 長生未央日利千萬磚

著録：《磚銘》九〇頁

字數：8

釋文：長生未央」日利千萬

説明：較典範的篆書。

### 56. 萇(長)樂未央子孫益昌磚

著録：《磚銘》六一頁；《古磚》二七

字數：8

釋文：萇(長)樂未」英子」孫益昌

説明：篆隸混用。"長、央"从"艸"。反書。

### 57. 千秋萬歲長樂未央磚

著録：《磚銘》六八頁

字數：8

釋文：千秋萬歲長樂未央

説明：較典範的篆書。

## 58. 子孫益昌磚

著録：《磚銘》六五頁

字數：8

釋文：子孫益昌」富樂未央

説明：篆隸混用，字多訛變。

## 59. 子孫益昌磚

著録：《磚銘》六六頁

字數：8

釋文：子孫益昌」富樂未央

説明：篆隸混用，字多訛變。

## 60. 子孫益昌磚

著録：《磚銘》六七頁；《古磚》一四一

字數：8

釋文：子孫益昌」富樂未央

説明：篆隸混用，字多訛變。

## 61. 富貴長樂未央磚

出土：巫山縣出土

著録：《四川漢代畫像磚》圖二五一

字數：6

釋文：富貴長樂未央

## 62. 漢《論語》銘文磚

出土：夏縣安邑古城

著録：李零：《漢銘文磚》，《東方早報·上海書評》2016年4月10日

字數：6

釋文：▨聽思▨」恭言▨」思問▨

説明：篆隸混用："思、恭"二字所从"心"旁形體不同。

李零先生補爲："子曰：君子有」九思：視思明，」聽思聰，貌思」恭，言思忠，疑」思問，忿思難。"

## 63. 南鄭宫磚

著録：《關中》528頁；《古磚》二三

字數：6

釋文：南鄭宫」南鄭宫

## 64. 張公家後之墓磚

出土：新津縣出土

著録：《四川漢代畫像磚》圖二五七

字數：6

釋文：張公家後㞢(之)墓

説明：篆隸混用："㞢"字作篆，其餘隸書。

### 65. 百八十廣後磚

著録：《磚銘》九六頁

字數：5

釋文：百八十廣後

### 66. 長富貴宜官磚

著録：《磚銘》七一頁

字數：5

釋文：長富貴宜官

### 67. 天下殘磚

著録：《磚銘》七七頁

字數：5

釋文：天下□□世樂□然□

### 68. 悲乎工哉磚

出土：1986 年夏，在雲南昭通市東郊出土

著録：謝崇崐：《雲南昭通出土漢代文字磚》，《考古》1992 年第 2 期，第 1143 頁，圖一，2

字數：4

釋文：悲乎工𢦏(哉)

### 69. 悲工哉乎磚

出土：1986 年夏，在雲南昭通市東郊出土

著録：謝崇崐：《雲南昭通出土漢代文字磚》，《考古》1992 年第 2 期，第 1143 頁，圖一，1

字數：4

釋文：悲工𢦏(哉)乎

説明：文字錯亂。

### 70. 長樂未央磚

時代：西漢

出土：1983 年内蒙古准格爾旗十二連城古城遺址出土

著録：《磚銘》七〇頁；《集萃》167 頁，圖 154；《古磚》一四二

字數：4

釋文：長樂未英〈央〉

説明：鳥蟲書。“央”字訛从“艸”。

### 71. 長樂未央磚

時代：西漢

著録：《磚銘》九一頁

字數：4

釋文：長樂未央

### 72. 長樂未央磚

著録：《磚銘》九〇頁

字數：4

釋文：長樂未央

### 73. 長樂未央磚

著録：《磚銘》九一頁

字數：4

釋文：長樂未央

### 74. 長樂益壽磚

著録：《磚銘》九四頁

字數：4

釋文：長樂益壽

### 75. 長生未央磚

著録：《磚銘》七〇頁

字數：4

釋文：長生未央

### 76. 長生未央磚

著録：《磚銘》九一頁

字數：4

釋文：長生未央

### 77. 長生未央磚

著録：《關中》554 頁

字數：4

釋文：長生未央

### 78. 長生未央磚

著録：《關中》551 頁；《磚銘》八九頁

字數：4

釋文：長生未央

### 79. 長生未央磚

著録：《關中》550 頁

字數：4

釋文：長生未央

### 80. 長生未央磚

著録：《關中》552 頁

字數：4

釋文：長生未央

### 81. 長生未央磚

著録：《關中》553 頁

字數：4

釋文：長生未央

### 82. 大布黄千墓磚

時代：西漢晚期至東漢早期

出土：1992 年 11 月，棗陽市湖北汽車車架廠廠房擴建過程中發現

**著録**：棗陽市博物館：《湖北棗陽市沙河南岸漢墓的清理》，《考古》2001年第6期，第89頁，圖三

**字數**：4

**釋文**：大布黄千

**説明**：典範的篆書。

### 83. 大泉五百磚

**著録**：《磚銘》一〇〇頁

**字數**：4

**釋文**：大午〈泉〉五百

**説明**："泉"字簡省訛變如"午"形。

### 84. 大泉五百磚

**著録**：《磚銘》一〇〇頁

**字數**：4

**釋文**：大午〈泉〉五百

**説明**："泉"字簡省訛變如"午"形。

### 85. 大泉五十磚

**著録**：《磚銘》九九頁

**字數**：4

**釋文**：仌(大)午〈泉〉五百

**説明**："大"字寫法與《説文》小篆不同，而近於戰國楚系文字。"泉"字簡省訛變如"午"形。

### 86. 江州廟宫方磚

**著録**：高文：《四川漢代地名磚考》，《四川文物》2007年第3期，第77頁，圖十五

**字數**：4

**釋文**：江州廟宫

### 87. 雒官城塹磚

**出土**：1983年底至1984年元月，在廣漢西安南門外導航站修建圍墻時發現

**著録**：陳顯丹：《廣漢縣發現古"雒城"磚》，《四川文物》1984年第3期，第50頁；《四川漢代畫像磚》圖二五九；高文：《四川漢代地名磚考》，《四川文物》2007年第3期，第77頁，圖十

**字數**：4

**釋文**：雒官城塹

**説明**：典範的篆書。"城"字从"土"。

### 88. 千秋萬歲磚

**著録**：《磚銘》七四頁

**字數**：4

**釋文**：千秋萬歲

**説明**："歲"字訛从"正"。

### 89. 千秋萬歲磚

著録：《磚銘》九一頁

字數：4

釋文：千秋萬歲

### 90. 三百五十磚

著録：《磚銘》九六頁

字數：4

釋文：三百五十

### 91. 生人長壽磚

出土：1983 年 5 月，在洛川縣黄丈公社田堯科村出土

著録：左正：《陝西洛川發現西漢文字方磚瓦當》，《考古與文物》1987 年第 5 期；《古磚》三〇；《磚銘》七一頁

字數：4

釋文：生人長壽

説明：原釋"人生長壽"，今改之。

### 92. 萬世無極磚

著録：《關中》547 頁；《磚銘》九二頁

字數：4

釋文：萬世無極

説明：典範的篆書。四字寫法基本都合於《説文》字頭小篆。

### 93. 萬世無極磚

著録：《關中》548 頁

字數：4

釋文：萬世無極

説明：典範的篆書。四字寫法基本都合於《説文》字頭小篆。

### 94. 萬歲不敗磚

著録：《古磚》二一八

字數：4

釋文：萬歲不敗

説明：文字訛變劇烈，飾筆羨符甚多。末字形體與漢篆中常見的"敗"字差異較大（參見《漢銅選》253 頁"丞不敗"殘杯銘文），但和磚文中的"敗"字形相類（參見《古磚》84 頁，圖一七一 C；92 頁，圖一八八；99 頁，圖二〇二；113 頁，圖二三三 A 等）。

### 95. 萬歲戳印磚

著録：《古磚》一四四；《廣倉專録》

字數：4

釋文：萬歲 萬歲

### 96. 延年益壽磚

著録：《磚銘》八九頁

字數：4

釋文：延年」益壽

説明：反書。篆隸混用，字多訛省。

## 97. 宜子孫磚

著録：《關中》823 頁

字數：4

釋文：王宜(宜)子孫

説明：原釋文“宜”上脱“王”字。

## 98. 荔陽宫殘磚

時代：西漢中期

出土：1960 年陝西韓城芝川漢扶荔宫遺址出土

著録：陝西省文物管理委員會：《陝西韓城芝川漢扶荔宫遺址的發現》，《考古》1961 年第 3 期，第 125 頁，圖三，4；《磚銘》六一頁

字數：3

釋文：荔陽宫

## 99. 北張卿磚

時代：東漢

出土：1971 年，在洛陽東關東漢殉人墓内出土

著録：余扶危、賀官保：《洛陽東關東漢殉人墓》，《文物》1973 年第 2 期，第 57 頁，圖二，3

字數：3

釋文：北張卿

## 100. 綿竹城磚

時代：東漢末期至蜀漢

出土：1997—2004 年，在四川德陽遠嘉鄉、黄許鎮等地出土

收藏：德陽市旌陽區文物管理所

著録：四川省文物考古研究院、德陽市文物考古研究所、旌陽區文物保護管理所：《2004 年四川德陽“綿竹城”遺址調查與試掘》，《四川文物》2008 年第 3 期，第 25 頁，圖八，1

字數：3

釋文：緜(綿)竹城

## 101. 綿竹城磚

時代：東漢末期至蜀漢

出土：1997—2004 年，在四川德陽遠嘉鄉、黄許鎮等地出土

著録：四川省文物考古研究院、德陽市文物考古研究所、旌陽區文物保護管理所：《2004 年四川德陽“綿竹城”遺址調查與試掘》，《四川文物》2008

年第3期，第27頁，圖十三，1

**字數**：3

**釋文**：緜(綿)竹城

## 102．綿竹城磚

**時代**：東漢末期至蜀漢

**出土**：1997—2004年，在四川德陽遠嘉鄉、黄許鎮等地出土

**著録**：四川省文物考古研究院、德陽市文物考古研究所、旌陽區文物保護管理所：《2004年四川德陽"綿竹城"遺址調查與試掘》，《四川文物》2008年第3期，第27頁，圖十三，2

**字數**：3

**釋文**：緜(綿)竹城

## 103．綿竹城磚

**時代**：東漢末期至蜀漢

**出土**：1997—2004年，在四川德陽遠嘉鄉、黄許鎮等地出土

**著録**：四川省文物考古研究院、德陽市文物考古研究所、旌陽區文物保護管理所：《2004年四川德陽"綿竹城"遺址調查與試掘》，《四川文物》2008年第3期，第27頁，圖十三，3

**字數**：3

**釋文**：緜(綿)竹城

## 104．大廿五磚文戳印

**著録**：《關中》530頁

**字數**：3

**釋文**：大廿五

## 105．改製漢庚寅磚硯

**收藏**：天津博物館

**著録**：王念祥、張善文：《中國古硯譜》，北京：北京工藝美術出版社，2005年，圖版233

**字數**：3

**釋文**：大吉陽

**説明**：清代人改製爲硯臺。王念祥、張善文《中國古硯譜》："另一側有反文字。"(第323頁)

## 106．繼世昌磚

**著録**：王樹枏：《漢魏六朝塼文・雜專》，《歷代陶文研究資料選刊續編・下册》第14頁

**字數**：3

**釋文**：繼世昌

**説明**：下兩字反書。

### 107. 利子孫磚

出土：1986年3月，在河北涿鹿縣矾山五堡東漢墓M3内出土

著録：張家口地區博物館：《河北涿鹿矾山五堡東漢墓清理簡報》，《文物春秋》1989年第4期，第26頁，圖二，5(86ZFWM3)

字數：3

釋文：利子孫

説明：篆隸混用。

### 108. 綿竹城磚

出土：1997年3月德陽市遠嘉鄉雙江村出土，又在德陽市黄許鎮出土

著録：高文：《四川漢代地名磚考》，《四川文物》2007年第3期，第77頁，圖十一

字數：3

釋文：緜(綿)竹城

### 109. 蜀郡作條形磚

著録：高文：《四川漢代地名磚考》，《四川文物》2007年第3期，第77頁，圖二

字數：3

釋文：蜀郡作

### 110. 順其時殘磚

出土：1973年2月，在西安三橋北的漢建章宫遺址發現

著録：黑光：《西安漢太液池出土一件巨形石魚》，《文物》1975年第6期，第92頁，圖五

字數：3

釋文：順其時

説明：典範的篆書。原整理者釋文爲"□奠時"，第二字當是"其"字，首字似"順"。

### 111. 益壽□樂磚

著録：《關中》545頁；《磚銘》九三頁

字數：3

釋文：益壽□樂

説明："樂"上一字或爲"長"。

### 112. 左氏靈磚

著録：《關中》821頁

字數：3

釋文：左氏靈

説明：反書。

### 113. 宫靈磚

時代：西漢中期

**出土**：1960年陝西韓城芝川漢扶荔宫遺址出土

**著録**：陝西省文物管理委員會：《陝西韓城芝川漢扶荔宫遺址的發現》，《考古》1961年第3期，第125頁，圖三，2；《磚銘》六〇頁

**字數**：2

**釋文**：宫靈

### 114. 公吉墓磚

**時代**：西漢晚期以後

**出土**：2005年1—2月，在西安南郊繆家寨漢代廁所遺址内出土

**著録**：陝西省考古研究所：《西安南郊繆家寨漢代廁所遺址發掘簡報》，《考古與文物》2007年第2期，第24頁，圖三一

**字數**：2

**釋文**：公吉

### 115. 罟瓴磚文戳印

**時代**：東漢

**出土**：漢魏洛陽故城南郊東漢刑徒墓(P11M18:1)

**著録**：《漢魏洛陽故城南郊東漢刑徒墓地》附圖二七八

**字數**：2

**釋文**：罟瓴

**説明**：原釋"郭孟"。[1] 下一字與"霸陵過氏瓴"上的、"霸陵氏瓴"陶片上的字(《漢編》1774頁)近似，故疑爲"罟瓴"二字。

### 116. 七尺磚文戳印

**時代**：東漢明帝或章帝時期，具體是光武帝建武末年(56)至章帝章和末年(88)

**出土**：1959年，在河北定縣北莊漢墓内出土

**著録**：河北省文化局文物工作隊：《河北定縣北莊漢墓發掘報告》，《考古學報》1964年第2期，第132頁，圖五，1

**字數**：2

**釋文**：七尺

### 117. 一丈磚文戳印

**時代**：東漢明帝或章帝時期，具體是光武帝建武末年(56)至章帝章和末年(88)

---

① 中國社會科學院考古研究所：《漢魏洛陽故城南郊東漢刑徒墓地》，北京：文物出版社，2007年，第115頁。

**出土**：1959年，在河北定縣北莊漢墓內出土

**著録**：河北省文化局文物工作隊：《河北定縣北莊漢墓發掘報告》，《考古學報》1964年第2期，第132頁，圖五，2

**字數**：2

**釋文**：一丈

## 118. 丈二磚文戳印

**時代**：東漢明帝或章帝時期，具體是光武帝建武末年（56）至章帝章和末年（88）

**出土**：1959年，在河北定縣北莊漢墓內出土

**著録**：河北省文化局文物工作隊：《河北定縣北莊漢墓發掘報告》，《考古學報》1964年第2期，第132頁，圖五，3

**字數**：2

**釋文**：丈二

## 119. 丈三磚文戳印

**時代**：東漢明帝或章帝時期，具體是光武帝建武末年（56）至章帝章和末年（88）

**出土**：1959年，在河北定縣北莊漢墓內出土

**著録**：河北省文化局文物工作隊：《河北定縣北莊漢墓發掘報告》，《考古學報》1964年第2期，第132頁，圖五，4

**字數**：2

**釋文**：丈三

## 120. 丈六磚文戳印

**時代**：東漢明帝或章帝時期，具體是光武帝建武末年（56）至章帝章和末年（88）

**出土**：1959年，在河北定縣北莊漢墓內出土

**著録**：河北省文化局文物工作隊：《河北定縣北莊漢墓發掘報告》，《考古學報》1964年第2期，第132頁，圖五，7

**字數**：2

**釋文**：丈六

## 121. 大寅磚文戳印

**著録**：《關中》531頁

**字數**：2

釋文：大寅

## 122. 富貴磚

著録：《四川漢代畫像磚》圖二四九

字數：2

釋文：富貴

説明："富"字訛从"百"。

## 123. 改製漢長宜磚硯

收藏：天津博物館

著録：王念祥、張善文：《中國古硯譜》，北京：北京工藝美術出版社，2005年，圖版230

字數：2

釋文：長冝(宜)

説明：長34、寬16.7、高6.3釐米。清人改製爲硯臺使用。另一側文字不清，缺釋。

## 124. 居甘磚上戳印

出土：1978—1979年，在陝西淳化縣北漢甘泉宫遺址内出土

著録：姚生民：《漢甘泉宫遺址勘察記》，《考古與文物》1980年第2期，第60頁，圖十三，14

字數：2

釋文：居甘

## 125. 雒城磚

出土：1983年底至1984年元月，在廣漢西安南門外導航站修建圍墻時發現

著録：陳顯丹：《廣漢縣發現古"雒城"磚》，《四川文物》1984年第3期，第50頁

字數：2

釋文：雒城

説明：較典範的篆書。"城"字从"土"。

## 126. 雒城磚

著録：高文：《四川漢代地名磚考》，《四川文物》2007年第3期，第77頁，圖七

字數：2

釋文：雒城

説明：較典範的篆書。"城"字从"土"。

## 127. 雒城磚

著録：高文：《四川漢代地名磚考》，《四川文物》2007年第3期，第77頁，圖八

字數：2

釋文：雒城

説明：粗草。城"字訛从"王"。

### 128. 雒城磚

著録：高文：《四川漢代地名磚考》，《四川文物》2007年第3期，第77頁，圖九

字數：2

釋文：雒城

説明："城"字从"玉"。

### 129. 寧秦磚

出土：1980年，在華陰縣磑峪公社段家城和王家城村北的瓦渣梁上的華倉遺址内發現

著録：陝西省考古研究所華倉考古隊：《漢華倉遺址發掘簡報》，《考古與文物》1982年第2期，第23頁，圖七，1(80T2②:6)

字數：2

釋文：寧秦

### 130. 寧秦磚

出土：採集品

著録：陝西省考古研究所華倉考古隊：《漢華倉遺址發掘簡報》，《考古與文物》1982年第2期，第23頁，圖七，2

字數：2

釋文：寧秦

### 131. 千秋磚

著録：《磚銘》七五頁

字數：2

釋文：千秋

### 132. 同光殘磚

出土：1973年2月，在西安三橋北的漢建章宫遺址發現

著録：黑光：《西安漢太液池出土一件巨形石魚》，《文物》1975年第6期，第92頁，圖四

字數：2

釋文：同光

説明：典範的篆書。

### 133. 萬年磚

著録：《磚銘》四三頁

字數：2

釋文：萬年

説明："萬"字訛从"吅"。

### 134. 無極磚

著録：《磚銘》四四頁

字數：2

釋文：無極

説明：典範的篆書。"無"字寫法合於《説文》小篆。

### 135. 五金磚

著録：《四川漢代畫像磚》圖二七九

字數：2

釋文：五金〈銖〉

### 136. 五金磚

著録：《四川漢代畫像磚》圖二八六

字數：2

釋文：五金〈銖〉

### 137. 五朱磚

著録：《關中》539頁

字數：2

釋文：五朱(銖)

### 138. 五銖磚

著録：《磚銘》九九頁

字數：2

釋文：五朱(銖)

### 139. 五銖磚

著録：《磚銘》九九頁

字數：2

釋文：五朱(銖)

### 140. 五銖磚

著録：《磚銘》一〇〇頁

字數：2

釋文：五銖

### 141. 夏楊挾荔宮殘磚

著録：《磚銘》六〇頁

字數：2

釋文：▨[楊]挾」▨令」▨

### 142. 張達磚文戳印

著録：《關中》540頁

字數：2

釋文：張達

説明：較典範的篆書。

### 143. 夏字殘磚

時代：西漢中期

**出土**：1960年陝西韓城芝川漢扶荔宫遺址出土

**著録**：陝西省文物管理委員會：《陝西韓城芝川漢扶荔宫遺址的發現》，《考古》1961年第3期，第125頁，5

**字數**：1

**釋文**：夏

## 144. 鳳字磚

**著録**：《磚銘》四五頁

**字數**：1

**釋文**：鳳

**説明**：聲符“凡”訛如“罒”形。

# 陶文

共274件(不含陶質錢範),按名稱首字音序排列。

## 1. 霸陵過氏瓴

**著録**:《窓齋》715頁

**字數**:5

**釋文**:霸陵過氏𤬪(瓴)

**説明**:吴隱認爲"瓴"即"瓴"字,或可認定爲訛字。據陳直先生考證,此當爲水器瓴上戳記,①應屬於陶文,故收録於此而不納入磚文或瓦文之中。

## 2. 霸陵瓴

**出土**:1947年5月長安霸陵出土

**著録**:《關中》112頁

**字數**:4

**釋文**:霸陵 氏𤬪(瓴)

**説明**:陳直先生説:"觀於過氏瓴,始恍然此瓴之空格。當日陶工係爲某家訂貨即嵌補某姓之用,頗類於後世之活字板。漢代工藝之巧妙如此!以字體斷之,當爲文景時物。再細審吴瓴,過字稍大,確係補印於上。不有此瓴,無由揣度過世瓴之補姓氏也。"②

## 3. 北巽印款

**著録**:《新季木》三一一頁1108

**字數**:2

**釋文**:北巽

## 4. 北司陶文戳印

**出土**:2005年4月—2006年12月,在陝西省西安市未央區三橋鎮上林苑四號建築遺址内出土

**著録**:中國社會科學院考古研究所

①②《關中》,第118頁。

等:《上林苑四號建築遺址的勘探和發掘》,《考古學報》2007年第3期,第367頁,圖一二,9

字數:2

釋文:北司

### 5. 丙鄧印款

著録:《新季木》三一三頁 1115

字數:2

釋文:丙鄧

### 6. 博望官造陶印模

出土:1954年西北聯大文學院在城固修理漢張遷墓時發現

著録:《關中》762頁

字數:4

釋文:博望官造

### 7. 不闌□□戳印陶文

著録:《陶録》8・6・3

字數:4

釋文:不闌□□

### 8. 曹長孺戳印陶文

著録:《陶録》8・8・2

字數:3

釋文:𧨮(曹)長孺

説明:原釋"曹長孫",今徑改之。

### 9. 曹長孺戳印陶文

著録:《陶録》8・8・3

字數:3

釋文:𧨮(曹)長孺

説明:原釋"曹長孫",今徑改之。

### 10. 曹長孺戳印陶文

著録:《陶録》8・8・4

字數:3

釋文:𧨮(曹)長孺

説明:原釋"曹長孫",今徑改之。

### 11. 曹長孺印款

著録:《新季木》三一二頁 1112

字數:3

釋文:𧨮(曹)長孺

### 12. 曹市印款

著録:《新季木》三〇六頁 1090

字數:2

釋文:𧨮(曹)市

説明:俞偉超先生以此爲"曹陽"省文,后曉榮先生認爲"曹"乃戰國時齊國邊邑地名,《漢書·地理志》中記載“定陶,故曹國”即此地。[①]

### 13. 曹繒印款

**著録**:《新季木》三一四頁 1120

**字數**:2

**釋文**:䡗(曹)繒

### 14. 長秋居室陶甕印文

**時代**:西漢早期

**出土**:1973 年初在廣州市區東北淘金坑 16 號漢墓内出土

**著録**:廣州市文物管理處:《廣州淘金坑的西漢墓》,《考古學報》1974 年第 1 期,第 154 頁,圖一〇,2

**字數**:4

**釋文**:長秋居室

**説明**:原整理者稱:“16 號墓所出的‘長秋居室’印文‘長秋’應爲宫官名。查《漢書·百官表》:大長秋屬官無居室,居室爲少府所屬,主治詔獄,是秩位千石的官。所以‘長秋居室’應是長秋宫的居室令,它與甘泉居室令爲甘泉宫内的官署正相符合。”[②]

### 15. 長束頸鼓腹陶壺

**出土**:2009—2012 年,在江蘇省盱眙縣馬壩鎮雲山村大雲山西漢江都王劉非墓中出土

**收藏**:南京博物院

**著録**:南京博物院、盱眙縣文廣新局:《江蘇盱眙縣大雲山西漢江都王陵一號墓》,《考古》2013 年第 10 期,第 65 頁,圖一〇八,2(M1:4210)

**字數**:4

**釋文**:徹化」弟(第)五

**説明**:篆隸混用:“第五”爲篆書,其餘二字隸書,似非同時作。

### 16. 長信私官戳印陶片

**時代**:西漢早期(景帝中六年改革官制以前)

**出土**:長安漢舊城出土

**著録**:《關中》96 頁,又見 975 頁

**字數**:4

**釋文**:長信私官

**説明**:典範的篆書。陳直先生考證:“《漢書·百官公卿表》云:長信詹事,景

---

① 后曉榮:《秦市亭陶文性質的新認識》,《考古學報》2019 年第 3 期,第 359—382 頁。

② 廣州市文物管理處:《廣州淘金坑的西漢墓》,《考古學報》1974 年第 1 期,第 170 頁。

帝中六年更名長信少府。平帝元始四年，更名長樂少府。屬官無私官名稱。吴式芬《封泥考略》卷一有'私官丞印'，又有'長信私丞'印，與陶文正合。《公卿表》詹事屬官有私府令長丞。私官，疑爲私府之初名，先屬於長信詹事，後改屬於詹事者，(後詹事得屬於大長秋)當爲景帝中六年改革官制以前之物，并當爲長信詹事私官長公署内所用之陶器。"[1]據此，此爲西漢早期代表品。

**17．長宜子孫陶蓋**

著録：《關中》80 頁

字數：4

釋文：長宜子孫

**18．長字殘陶蓋**

出土：長安漢舊城

著録：《關中》98 頁

字數：1

釋文：長

説明：外圈似亦有文字，無法釋讀。

**19．長字陶文戳印**

出土：2005 年 4 月—2006 年 12 月，在陝西省西安市未央區三橋鎮上林苑四號建築遺址内出土

著録：中國社會科學院考古研究所等：《上林苑四號建築遺址的勘探和發掘》，《考古學報》2007 年第 3 期，第 367 頁，圖一二，2

字數：1

釋文：長

説明：原釋"衣"，疑"長"字。

**20．常飲食百口宜子孫印款**

著録：《新季木》三二六頁 1165；《陶録》8・87・1

字數：8

釋文：常飲」食百」口宜」孫子

説明：篆隸混用。

**21．常御陶器印文**

時代：西漢初年(武帝初年以前)

出土：1956—1957 年，在廣州華僑新村西漢墓中出土

著録：麥英豪：《廣州華僑新村西漢墓》，《考古學報》1958 年第 2 期，第 51 頁，圖十，5

① 《關中》，第 97 頁。

字數：2

釋文：常御

説明：典範的篆書。

### 22. 常御陶器印文

時代：西漢早期

出土：1973年初在廣州市區東北淘金坑1號漢墓内出土

著録：廣州市文物管理處：《廣州淘金坑的西漢墓》，《考古學報》1974年第1期，第154頁，圖一〇，1

字數：2

釋文：常御

説明：典範的篆書，爲西漢早期代表品。原整理者考證："'常御'一詞未見於文獻記載。漢代常與長通，在《漢書》的《戾太子傳》《元后傳》及《王葬（引按：當是莽字）傳》中均有長御，如淳和晉灼注引《漢儀》都作'女長御比侍中'，聯繫到《漢書·趙皇后傳》的'宫長李南'，長御可能屬官長的身分，與此'常御'無關。漢承秦制，南越趙氏割據政權仿漢廷的制度，雖然在漢代百官中無常御，但南越只是仿效，所設官制未必與漢廷全部雷同。若從常御的詞義及所見戳記或刻文都在甕、罐、壺等儲容器中推之，似屬官署名較爲切合，大概是主管趙氏皇家中起居送鑄事宜的，上述出'常御'印文的四座墓的墓主，則可能是趙氏王國的高級貴族。"

### 23. 常御陶器印文

時代：西漢早期

出土：1973年初在廣州市區東北淘金坑1號漢墓内出土

著録：廣州市文物管理處：《廣州淘金坑的西漢墓》，《考古學報》1974年第1期，第154頁，圖一〇，1

字數：2

釋文：常御

説明：典範的篆書，爲西漢早期代表品。

### 24. 臣□戳印

著録：《陶録》8·9·3

字數：2

釋文：臣□（持？）

### 25. 齒輪範

著録：梓溪：《談幾種古器物的範》，《文物參考資料》1957年第8期；李京華：《漢代鐵農器銘文試釋》，《考古》1974年第1期

字數：2

釋文：東三

### 26. 大富萬石印款

著録：《新季木》三二一頁 1149

字數：4

釋文：大富萬石

説明："大"字倒書。

### 27. 大牢殘陶片

著録：《關中》100 頁

字數：2

釋文：大牢

### 28. 大牢第一殘陶片

出土：長安三橋鎮出土

著録：《關中》104 頁

字數：4

釋文：大牢弟(第)一

### 29. 大牢陶壺戳印

出土：1957 年，在河南省鞏縣石家莊村 M15 漢墓出土

著録：河南省文化局文物工作隊：《河南鞏縣石家莊古墓葬發掘簡報》，《考古》1963 年第 2 期，第 72 頁，圖五，2

字數：2

釋文：大牢

### 30. 大牢陶壺戳印

出土：1991 年，在河南孟津漢墓 M8 出土

著録：310 國道孟津考古隊：《洛陽孟津漢墓發掘簡報》，《華夏考古》1994 年第 2 期，第 40 頁，圖七，4

字數：2

釋文：大牢

### 31. 代市印款

著録：《新季木》三〇五頁 1085

字數：2

釋文：代市

説明：代地，本胡狄之地，後歸趙國，秦在此設置郡縣。

### 32. 代市印款

著録：《新季木》三〇五頁 1086

字數：2

釋文：代市

### 33. 鄧字陶文戳印

時代：西漢高祖五年(前 202)至武帝元封元年(前 110)

出土：1985—1986 年,在福建崇安縣興田鄉城村西南部漢代城址東門外北崗高地出土

著録：楊琮：《福建崇安城村古城遺址出土文字及考釋》,《東南文化》1993 年第 1 期,第 125 頁,圖 54

字數：1

釋文：鄧

## 34. 鄧字陶文戳印

時代：西漢高祖五年(前 202)至武帝元封元年(前 110)

出土：1985—1986 年,在福建崇安縣興田鄉城村西南部漢代城址東門外北崗高地出土

著録：楊琮：《福建崇安城村古城遺址出土文字及考釋》,《東南文化》1993 年第 1 期,第 125 頁,圖 55

字數：1

釋文：鄧

## 35. 第六陶罐印文

時代：西漢早期

出土：1973 年初在廣州市區東北淘金坑 1 號漢墓内出土

著録：廣州市文物管理處：《廣州淘金坑的西漢墓》,《考古學報》1974 年第 1 期,第 154 頁,圖一〇,1

字數：2

釋文：弟(第)六

## 36. 第六陶罐印文

時代：西漢早期

出土：1973 年初在廣州市區東北淘金坑 1 號漢墓内出土

著録：廣州市文物管理處：《廣州淘金坑的西漢墓》,《考古學報》1974 年第 1 期,第 154 頁,圖一〇,1

字數：2

釋文：弟(第)六

## 37. 第五印款

著録：《新季木》三一一頁

字數：2

釋文：弟(第)五

## 38. 東井戒火陶井欄

出土：西安出土

收藏：陜西歷史博物館

著録：《關中》772 頁;《古磚》三六

字數：4

釋文：東丼(井)˩㦸(戒)火{兩側}

戒(戒)火{圖畫中旗上}

説明:《古磚》釋"滅火",不確。

### 39. 東武市印款

著録:《新季木》三〇七頁 1091

字數:3

釋文:東武市

### 40. 東字刻款

著録:《新季木》三四七頁 1200

字數:1

釋文:東

### 41. 東字刻款

著録:《新季木》三四七頁 1201

字數:1

釋文:東

### 42. 東字刻款

著録:《新季木》三四七頁 1202

字數:1

釋文:東

### 43. 斗字戳印

著録:《陶録》8・83・3

字數:1

釋文:斗

### 44. 都市印款

著録:《新季木》三〇六頁 1088

字數:2

釋文:都市

説明:或爲"都關縣市亭"之省文。[①] 其地名西漢時亦沿用。《史記・絳侯周勃世家》:"攻都關、定陶,襲取宛朐,得單父令。"

### 45. 都市印款

著録:《新季木》三〇六頁 1089

字數:2

釋文:都市

### 46. 杜亭陶甕

著録:《關中》758 頁

字數:2

釋文:杜亭

説明:后曉榮先生以爲是秦陶文。[②]

### 47. 杜亭陶洗

著録:《關中》70 頁

---

① 后曉榮:《秦市亭陶文性質的新認識》,《考古學報》2019 年第 3 期,第 375 頁。

② 后曉榮:《秦市亭陶文性質的新認識》,《考古學報》2019 年第 3 期,第 359—382 頁。

字數：2

釋文：杜亭

説明：后曉榮先生以爲是秦陶文。①

## 48. 分字陶文

時代：西漢高祖五年(前202)至武帝元封元年(前110)

出土：1985—1986年,在福建崇安縣興田鄉城村西南部漢代城址東門外北崗高地出土

著録：楊琮：《福建崇安城村古城遺址出土文字及考釋》,《東南文化》1993年第1期,第119頁;《福建崇安漢城遺址出土的文字符號》,《考古與文物》1988年第4期,第67頁,圖一,20

字數：1

釋文：分

説明：原報告未釋字,從夏渌先生意見(見楊琮先生文)。此爲西漢早期代表品。

## 49. 富貴殘撲滿

著録：《關中》146頁

字數：1

釋文：貴

## 50. 富貴殘撲滿

著録：《關中》146頁

字數：1

釋文：貴

## 51. 富貴撲滿

時代：西漢文景時期

出土：長安漢舊城

收藏：陳直

著録：《關中》138頁,又見977頁

字數：2

釋文：富貴

## 52. 富貴撲滿

出土：長安漢舊城

收藏：陳直

著録：《關中》140頁,又見977頁

字數：2

釋文：富貴

説明：陳直先生言:"雖爲'富貴'二字,内中實含有'合田豐貝'四字。合田者,取其立合同置田宅。豐貝者,取其多財之誼。此漢人之遊戲書,今之所謂美術體也。"②

① 后曉榮：《秦市亭陶文性質的新認識》,《考古學報》2019年第3期,第359—382頁。
② 《關中》,第141頁。

### 53. 富貴撲滿

時代：西漢武帝時期

出土：長安漢舊城

收藏：馬仲良

著録：《關中》136 頁

字數：2

釋文：富貴

### 54. 甘居戳印

著録：《陶録》8・98・1

字數：2

釋文：甘居

### 55. 甘居戳印

著録：《陶録》8・98・2

字數：2

釋文：甘居

### 56. 甘居陶罐戳印

出土：1978—1979 年，在陝西淳化縣北漢甘泉宫遺址内出土

著録：姚生民：《漢甘泉宫遺址勘察記》，《考古與文物》1980 年第 2 期，第 60 頁，圖十三，15

字數：1

釋文：甘居

説明：原釋文作“甘□”，第二字當是“居”之殘。

### 57. 高市陶尊

出土：長安漢故城出土

著録：《關中》66 頁

字數：2

釋文：高市

説明：后曉榮先生以爲是秦陶文。①

### 58. 更菴印款

著録：《新季木》三一七頁 1131

字數：2

釋文：更菴

説明：典範的篆書。“更”字形體合於《説文》小篆。

### 59. 耕田萬石印款

著録：《新季木》三二〇頁 1145

字數：4

釋文：[illegible](耕)田萬石

① 后曉榮：《秦市亭陶文性質的新認識》，《考古學報》2019 年第 3 期，第 359—382 頁。

## 60. 公孫達印款

著録：《新季木》三〇九頁 1099；《陶録》8·1·6

字數：3

釋文：公孫逐(達)

説明：第三字舊不識。似从辵、从不(即《説文》"櫱"字古文[illegible])，可讀爲"達"。

## 61. 公字陶器印文

時代：西漢初年(武帝初年以前)

出土：1955—1957 年，在廣州華僑西村漢墓出土

著録：麥英豪：《廣州華僑新村西漢墓》，《考古學報》1958 年第 2 期，第 51 頁，圖十，2

字數：1

釋文：公

## 62. 宫己陶文戳印

出土：2005 年 4 月—2006 年 12 月，在陜西省西安市未央區三橋鎮上林苑四號建築遺址内出土

著録：中國社會科學院考古研究所等：《上林苑四號建築遺址的勘探和發掘》，《考古學報》2007 年第 3 期，第 367 頁，圖一二，3

字數：2

釋文：宫己

## 63. 鼓形倉

時代：墓葬下限在東漢初年

出土：1991 年，在湖北省荆沙市瓦墳園西漢墓内出土

收藏：荆州博物館

著録：荆州博物館：《湖北荆沙市瓦墳園西漢墓發掘簡報》，《考古》1995 年，第 11 期，第 991 頁，圖六，1

字數：2

釋文：五銖{五枚}

説明：鼓形倉蓋頂飾五枚五銖錢文。

## 64. 官根陶罐印文

時代：西漢早期

出土：1973 年初在廣州市區東北淘金坑 22 號漢墓出土

著録：廣州市文物管理處：《廣州淘金坑的西漢墓》，《考古學報》1974 年第 1 期，第 154 頁，圖一〇，4(22:10)

字數：2

釋文：官根

説明：原釋文作"宫根(?)"，首字當是"官"。

### 65. 河陽敞平陶瓮

**出土**：1957—1958年，在洛陽西郊漢墓出土

**著録**：中國科學院考古研究所洛陽發掘隊：《洛陽西郊漢墓發掘報告》，《考古學報》1963年第2期，第19頁，圖一七，5

**字數**：10

**釋文**：河陽敞平」□□」□□□□

**説明**：原釋文將最上方一字釋"官"、左側第一字釋"吕"。

### 66. 河陽大牢陶罌

**出土**：1954年4月咸陽窑店出土

**著録**：《關中》760頁

**字數**：4

**釋文**：河陽大牢

**説明**：陳直先生釋"河陽上牢"，並説："上字反文，略帶繆篆式。（有疑上字爲少字者，非是。）……上牢者，謂上等牢固之器。"[1]此字似乎非"上"，而是"大"。"大牢"戳記，見於河南鞏縣石家莊漢墓、孟津310國道漢墓出土的陶器上。

### 67. 河陽印款

**著録**：《新季木》三〇八頁1097

**字數**：2

**釋文**：河陽

### 68. 胡蒼印款

**著録**：《新季木》三一三頁1117

**字數**：2

**釋文**：胡蒼

**説明**：較典範的篆書。

### 69. 槐里市久陶瓶

**著録**：《關中》974頁

**字數**：4

**釋文**：槐里市久（灸）

**説明**：《漢書・地理志》："槐里，周曰犬丘，懿王都之。秦更名廢丘，高祖三年更名。"

### 70. 桓字殘陶片

**收藏**：中國社會科學院

**著録**：《關中》102頁

**字數**：1

**釋文**：桓

---

① 《關中》，第761頁。

### 71. 黄榮印信戳印陶文

著録：《陶録》8・4・1

字數：4

釋文：黄榮印信

### 72. 黄字陶片

時代：西漢高祖五年(前 202)至武帝元封元年(前 110)

出土：1985—1986 年，在福建崇安縣興田鄉城村西南部漢代城址東門外北崗高地出土

著録：楊琮：《福建崇安城村古城遺址出土文字及考釋》，《東南文化》1993 年第 1 期，第 129 頁，圖 98

字數：5

釋文：黄 黄 黄 黄 黄

### 73. 黄字陶片

時代：西漢高祖五年(前 202)至武帝元封元年(前 110)

出土：1985—1986 年，在福建崇安縣興田鄉城村西南部漢代城址東門外北崗高地出土

著録：楊琮：《福建崇安城村古城遺址出土文字及考釋》，《東南文化》1993 年第 1 期，第 129 頁，圖 100

字數：1

釋文：黄

### 74. 黄祖陶印

著録：《關中》994 頁

字數：2

釋文：□[黄(?)]祖(?)

説明：原釋文作"黄神"，末字似"祖"。

### 75. 萅朝印款

著録：《新季木》三一〇頁 1105

字數：2

釋文：萅朝

### 76. 萅朝印款

著録：《新季木》三一〇頁 1103

字數：2

釋文：萅朝

### 77. 萅朝印款

著録：《新季木》三一〇頁 1104

字數：2

釋文：萅朝

### 78. 萅疾印款

著録：《新季木》三一四頁 1121

字數：2

釋文：㚔疾

### 79. 季蒼印款

著録：《新季木》三一三頁 1116

字數：2

釋文：季蒼

説明：典範的篆書。

### 80. 賈婪印信印款

著録：《新季木》三一七頁 1130

字數：4

釋文：賈婪印信

説明：典範的篆書。

### 81. 建平陶罌

時代：西漢哀帝建平二年(前 5)

出土：長安漢城

著録：《關中》24 頁

字數：7

釋文：建平二年田成造

説明：陳直先生謂此"文帶繆篆體",[①]實爲隸書風格明顯的篆書。

### 82. 建元四年陶尊

時代：西漢武帝建元四年(前 137)

出土：長安西北漢城舊址内出土

收藏：西北大學文物研究室

著録：《關中》10 頁

字數：7

釋文：建元四季(年)」長安」高

説明：篆隸混用。此爲西漢中期代表品。

### 83. 居室陶器印文

時代：西漢初年(武帝初年以前)

出土：1956—1957 年,在廣州華僑新村西漢墓出土

著録：麥英豪:《廣州華僑新村西漢墓》,《考古學報》1958 年第 2 期,第 51 頁,圖十,1

字數：2

釋文：居室

### 84. 居字戳印

著録：《陶録》8・98・3

字數：1

釋文：居

### 85. 巨王戳記陶文

時代：西漢

出土：1955 年,在遼陽三道壕西漢村

① 《關中》,第 25 頁。

落遺址内出土

**著録**：東北博物館：《遼陽三道壕西漢村落遺址》，《考古學報》1957 年第 1 期，第 119 頁，圖一

**字數**：10

**釋文**：巨王{五枚}

**説明**：原釋"王巨"。

### 86. 巨張牢陶文戳印

**時代**：西漢晚期至新莽

**出土**：1973 年，在河南唐河縣南關發電廠擴建廠房工程中發現的漢墓内出土

**著録**：《南陽漢畫像石》編委會：《唐河縣電廠漢畫像石墓》，《中原文物》1982 年第 1 期，第 8 頁，圖十

**字數**：3

**釋文**：巨張牢

### 87. 樂渠未央戳印

**著録**：《陶録》8·83·1

**字數**：4

**釋文**：樂渠未央

**説明**：原釋文"樂？朱渠□"，疑爲"樂渠未央"。這種讀字順序的印章，還有秦封泥"柘丞之印"（周曉陸、劉瑞：《新見秦封泥中的地理内容》，《秦陵秦俑研究動態》2001 年第 4 期，圖 25）、"大官庫印"（《中國封泥大系》2936）、"鄧丞之印"（同前 704）和漢封泥"臨鹽左丞"（同前 07893）、陶文戳記"咸里直章"（《關中》43、45 頁）等。

先秦古書中的"渠"可訓爲"大"。如《漢書·吴王劉濞傳》"膠西王、膠東王爲渠率"，顔師古注："渠，大也。"《荀子·彊國》："是渠衝入穴而求利也。"楊倞注："渠，大也。渠衝，攻城之大車也。"此外，清人多論"渠"通"巨"或"鉅"。如《周禮·考工記·車人》"渠三柯者三"，孫詒讓《正義》引錢坫云："渠，與巨通。"朱駿聲《説文通訓定聲·豫部》"渠"字下舉"叚借爲鉅"例若干，包括前引三例。又《淮南子·道應訓》："見一士焉，深目而玄鬢，淚注而鳶肩。"王念孫在《讀書雜誌》中提出，"淚注"爲"渠頸"之訛，並謂："渠頸，大頸也。渠之言巨也。"

"樂渠未央"，吉語，"渠"言"樂"之大，"未央"言"樂"之久長。

### 88. 樂渠未央戳印

**著録**：《陶録》8·83·2

**字數**：4

釋文：樂渠未央

## 89. 李□印款

著録：《新季木》三一六頁 1127

字數：1

釋文：李□

## 90. 李脩刻印款

著録：《新季木》三一六頁 1128；《陶彙》9.54

字數：4

釋文：李脩」李脩

説明：一刻款，一戳記。

## 91. 利□印款

著録：《新季木》三一一頁 1107

字數：2

釋文：利□

説明：第二字原釋"頌"，似非，暫付闕如。

## 92. 練更印款

著録：《新季木》三一五頁 1125

字數：2

釋文：練更

## 93. 梁生戳印陶文

著録：《陶録》8・5・1

字數：2

釋文：梁生

## 94. 靈字印款

著録：《新季木》三一五頁 1126

字數：1

釋文：霝(靈)

## 95. 滿據印款

著録：《新季木》三一五頁 1123

字數：2

釋文：滿據

説明：篆隸混用："滿"字从"氵"。

## 96. 木字刻款

著録：《新季木》三三九頁 1182

字數：1

釋文：木

## 97. 木字陶文戳印

出土：2009 年 7—8 月，在山西朔州市右玉縣威遠鎮中嶺村中陵古城遺址出土

著録：陝西省考古研究所、暨南大學

歷史系考古專業:《山西右玉縣中陵古城的調查與試掘》,《考古》2011 年第 1 期,第 37 頁,圖六,15

**字數**:1

**釋文**:木

## 98. 木字陶文戳印

**出土**:2009 年 7—8 月,在山西朔州市右玉縣威遠鎮中嶺村中陵古城遺址出土

**著録**:陝西省考古研究所、暨南大學歷史系考古專業:《山西右玉縣中陵古城的調查與試掘》,《考古》2011 年第 1 期,第 37 頁,圖六,16

**字數**:1

**釋文**:木

## 99. 木字陶文戳印

**出土**:2009 年 7—8 月,在山西朔州市右玉縣威遠鎮中嶺村中陵古城遺址出土

**著録**:陝西省考古研究所、暨南大學歷史系考古專業:《山西右玉縣中陵古城的調查與試掘》,《考古》2011 年第 1 期,第 37 頁,圖六,16

**字數**:1

**釋文**:木

## 100. 木字陶文戳印

**時代**:西漢高祖五年(前 202)至武帝元封元年(前 110)

**出土**:1985—1986 年,在福建崇安縣興田鄉城村西南部漢代城址東門外北崗高地出土

**著録**:楊琮:《福建崇安城村古城遺址出土文字及考釋》,《東南文化》1993 年第 1 期,第 127 頁,圖 94

**字數**:6

**釋文**:木 木 木 木 木 木

## 101. 南陵大泉陶片

**著録**:《關中》94 頁

**字數**:4

**釋文**:南陵大泉

**説明**:陳直先生言:"南陵爲薄太后之陵。《長安獲古編》有南陵大泉第五十銅鐘。與此蓋一時所造。大泉,猶大瓮之義,蓋秦人之方言。"①

① 《關中》,第 976 頁。

### 102．南陵大泉陶甕

**出土**：1953 年 3 月西安灞橋修建電廠工程時出土

**收藏**：陝西歷史博物館

**著録**：《關中》745 頁

**字數**：8

**釋文**：南陵大帛〈泉〉亅乘興水匋

**説明**：“泉”字訛如“帛”形。

### 103．平阿陶器印文

**時代**：西漢初年（武帝初年以前）

**出土**：1956—1957 年，在廣州華僑新村西漢墓

**著録**：麥英豪：《廣州華僑新村西漢墓》，《考古學報》1958 年第 2 期，第 51 頁，圖十，3

**字數**：2

**釋文**：平阿

### 104．平五千陶文

**出土**：1988 年 5 月，在興平縣西吴鄉齊家坡村南的咸陽織布廠漢墓内出土

**著録**：孫德潤、賀雅宜：《咸陽織布廠漢墓清理簡報》，《考古與文物》1995 年第 4 期，第 25 頁，圖十八，2

**字數**：3

**釋文**：平五千

### 105．千倉陶器印文

**時代**：西漢初年（武帝初年以前）

**出土**：1956—1957 年，在廣州華僑新村西漢墓

**著録**：麥英豪：《廣州華僑新村西漢墓》，《考古學報》1958 年第 2 期，第 51 頁，圖十，4

**字數**：2

**釋文**：千倉

### 106．千秋萬歲陶蓋

**著録**：《關中》86 頁

**出土**：長安漢舊城

**字數**：4

**釋文**：千秋萬歲

**説明**：鳥蟲書。

### 107．千秋萬歲印款

**著録**：《新季木》三二七頁 1166

**字數**：4

**釋文**：千秋萬歲

### 108．千萬戳印

**著録**：《陶録》8・101・1

字數：2

釋文：千萬

## 109. 千萬戳印

著録：《陶録》8・101・3

字數：2

釋文：千萬

説明：典範的篆書。

## 110. 千字戳印

著録：《陶録》8・88・2

字數：1

釋文：千

## 111. 羌字陶甕

出土：1953年3月鄠縣黄堆鄉出土

收藏：陝西歷史博物館

著録：《關中》752頁

字數：1

釋文：羌

説明：陳直先生謂此字"融合草隸書及篆書爲一手。上半是草隸式，下半是篆體"。①

## 112. 喬巠印款

著録：《新季木》三〇八頁1098

字數：2

釋文：喬巠

## 113. 日利大萬殘陶片

收藏：陳直

著録：《關中》182頁

字數：4

釋文：日利大萬

## 114. 日利巨萬印款

著録：《新季木》三二四頁1157

字數：4

釋文：日利巨萬

## 115. 日利撲滿

出土：長安漢舊城

著録：《關中》144頁

字數：2

釋文：日利

説明：反書。

## 116. 日利千萬殘陶片

出土：長安

收藏：陳直

著録：《關中》178頁

① 《關中》，第753頁。

字數：4

釋文：日利千萬

### 117. 日利千萬殘陶片

收藏：趙乾生舊藏

著録：《關中》180 頁

字數：4

釋文：日利千萬

### 118. 日利陶片

收藏：陳直

著録：《關中》184 頁

字數：2

釋文：日利

説明：原釋"平安"，不確。將原圖片順時針旋轉 180°後便會發現，此戳記與《關中》第 186 頁著録的另一件陶文極爲相似，應釋爲"日利"二字。這兩塊陶文，本質上是印章文字，陳直先生歸於"繆篆"，其實也可以看做是"鳥蟲書"的簡化形式。

### 119. 日利陶片

著録：《關中》186 頁

字數：2

釋文：日利

説明：鳥蟲書。

### 120. 日利陶片

著録：《關中》188 頁

字數：2

釋文：日利

説明：反書。

### 121. 日利陶片

著録：《關中》190 頁

字數：2

釋文：日利

### 122. 日利陶片

著録：《關中》191 頁

字數：2

釋文：日利

### 123. 日利陶片

著録：《關中》191 頁

字數：2

釋文：日利

### 124. 日利陶片

著録：《關中》192 頁

字數：2

釋文：日利

### 125. 日利陶片

著録：《關中》193 頁

字數：2

釋文：日利

### 126. 日利陶片

出土：1953 年 5 月，在西安漢城出土

收藏：劉漢基

著録：《關中》764 頁

字數：2

釋文：日利

### 127. 日利陶片

著録：《新季木》三二四頁 1155

字數：2

釋文：日利

### 128. 日利陶片

著録：《新季木》三二四頁 1156

字數：2

釋文：日利

### 129. 日利陶片

時代：西漢晚期以後

出土：2005 年 1—2 月，在西安南郊繆家寨漢代廁所遺址内出土

著録：陝西省考古研究所：《西安南郊繆家寨漢代廁所遺址發掘簡報》，《考古與文物》2007 年第 2 期，第 17 頁，圖三，6

字數：2

釋文：日利

### 130. 山陽鑄範一

時代：東漢

出土：山東滕縣薛故城冶鐵遺址出土

著録：李步青：《山東滕縣發現鐵範》，《考古》1960 年第 7 期；李京華：《漢代鐵農器銘文試釋》，《考古》1974 年第 1 期

字數：3

釋文：山陽二

説明：反書。山陽郡，新莽時改爲巨野郡。

### 131. 山陽鑄範二

時代：東漢

出土：山東滕縣薛故城冶鐵遺址出土

著録：李步青：《山東滕縣發現鐵

範》,《考古》1960 年第 7 期;李京華:《漢代鐵農器銘文試釋》,《考古》1974 年第 1 期

**字數**:3

**釋文**:山陽二

**説明**:反書。

## 132. 山陽鑄範三

**時代**:東漢

**出土**:山東滕縣薛故城冶鐵遺址出土

**著録**:李步青:《山東滕縣發現鐵範》,《考古》1960 年第 7 期;李京華:《漢代鐵農器銘文試釋》,《考古》1974 年第 1 期

**字數**:3

**釋文**:山陽二

**説明**:反書。

## 133. 山陽鑄範四

**時代**:東漢

**出土**:山東滕縣薛故城冶鐵遺址出土

**著録**:李步青:《山東滕縣發現鐵範》,《考古》1960 年第 7 期;李京華:《漢代鐵農器銘文試釋》,《考古》1974 年第 1 期

**字數**:3

**釋文**:山陽二

**説明**:典範的篆書。

## 134. 陝市陶罐戳記

**時代**:墓葬年代爲西漢初期

**出土**:1957 年,在河南陝縣後山西漢初期墓 4003 内出土

**著録**:黄河水庫考古工作隊:《1957 年河南陝縣發掘簡報》,《考古通訊》1958 年第 11 期,第 76 頁,圖五,2(墓 4003:2)

**字數**:2

**釋文**:陝市

**説明**:較典範的篆書。原報告認爲墓葬年代是西漢初,后曉榮先生以爲是秦墓,並以此爲秦陶文。①

## 135. 陝市陶盆戳印

**時代**:西漢初期

**出土**:2001 年 8—10 月,在三門峽市西北部的大嶺路國家糧食儲備庫建設工程中發現的漢代墓葬 M198 内出土

**著録**:三門峽市文物考古所:《三門峽大嶺糧庫圍墓溝墓發掘簡報》,《中原

① 后曉榮:《秦市亭陶文性質的新認識》,《考古學報》2019 年第 3 期,第 265 頁。

文物》2004 年第 6 期,第 8 頁,圖九,1

字數:2

釋文:陜市

## 136. 陜亭戳記陶罐

時代:墓葬年代爲西漢初期

出土:1957 年,在河南陜縣後山西漢初期墓 4011 内出土

著録:黄河水庫考古工作隊:《1957 年河南陜縣發掘簡報》,《考古通訊》1958 年第 11 期,第 76 頁,圖五,3(墓 4011: 11)

字數:2

釋文:陜亭

説明:原發掘簡報釋文僅"陜"一字。

## 137. 陜亭戳記陶罐

時代:西漢初期

出土:1957 年,在河南陜縣後山西漢初期墓 4011 内出土

著録:黄河水庫考古工作隊:《1957 年河南陜縣發掘簡報》,《考古通訊》1958 年第 11 期,第 76 頁,圖五,4(墓 4011:4)

字數:2

釋文:□(陜)亭

説明:原簡報缺釋。"陜"字形體殘缺不全,可據同出另一陶罐(墓 4011: 11)上戳記文字補。

## 138. 陜亭陶罐戳印

時代:西漢初期

出土:2001 年 8—10 月,在三門峽市西北部的大嶺路國家糧食儲備庫建設工程中發現的漢代墓葬 M198 内出土

著録:三門峽市文物考古所:《三門峽大嶺糧庫凰墓溝墓發掘簡報》,《中原文物》2004 年第 6 期,第 8 頁,圖九,2

字數:2

釋文:夾(陜)亭

説明:發掘簡報釋爲"陜亭",然首字實不从阜,故改隸。

## 139. 師李五戳印陶文

著録:《陶録》8・7・1

字數:3

釋文:師李五

## 140. 石字刻款

著録:《新季木》三四〇頁 1184

字數:1

釋文:石

**141. 市字戳印陶文**

**時代**：西漢早期

**出土**：1959 年，在山西孝義張家莊漢墓内出土

**著録**：山西省文物管理委員會、山西省考古研究所：《山西孝義張家莊漢墓發掘記》，《考古》1960 年第 7 期，第 43 頁，圖五

**字數**：1

**釋文**：市

**142. 市字印款**

**著録**：《新季木》三〇五頁 1084

**字數**：1

**釋文**：市

**143. 侍字陶文戳印**

**時代**：西漢高祖五年（前 202）至武帝元封元年（前 110）

**出土**：1985—1986 年，在福建崇安縣興田鄉城村西南部漢代城址東門外北崗高地出土

**著録**：楊琮：《福建崇安城村古城遺址出土文字及考釋》，《東南文化》1993 年第 1 期，第 127 頁，圖 73

**字數**：1

**釋文**：侍

**144. 侍字陶文戳印**

**時代**：西漢高祖五年（前 202）至武帝元封元年（前 110）

**出土**：1985—1986 年，在福建崇安縣興田鄉城村西南部漢代城址東門外北崗高地出土

**著録**：楊琮：《福建崇安城村古城遺址出土文字及考釋》，《東南文化》1993 年第 1 期，第 127 頁，圖 73

**字數**：1

**釋文**：侍

**145. 校字印款**

**時代**：西漢高祖五年（前 202）至武帝元封元年（前 110）

**出土**：1985—1986 年，在福建崇安縣興田鄉城村西南部漢代城址東門外北崗高地出土

**著録**：楊琮：《福建崇安城村古城遺址出土文字及考釋》，《東南文化》1993 年第 1 期，第 128 頁，圖 81

**字數**：1

**釋文**：校

### 146. 宋順信印戳印

著録:《陶録》8・9・1

字數:4

釋文:宋順信印

### 147. 宿薦印款

著録:《新季木》三一四頁 1119

字數:2

釋文:宿薦

説明:"宿"字形體與《説文》小篆不同,已訛變从"百"。

### 148. 歲字戳印

著録:《陶録》8・88・3

字數:1

釋文:歲

説明:反書。舊不識。

### 149. 唐字陶文戳印

時代:西漢高祖五年(前 202)至武帝元封元年(前 110)

出土:1985—1986 年,在福建崇安縣興田鄉城村西南部漢代城址東門外北崗高地出土

著録:楊琮:《福建崇安城村古城遺址出土文字及考釋》,《東南文化》1993 年第 1 期,第 127 頁,圖 76

字數:1

釋文:唐

### 150. 陶騎兵俑

出土:1984 年 12 月,在徐州市東郊獅子山兵馬俑坑内出土

收藏:徐州博物館

著録:杜益華:《徐州博物館藏漢代器物銘文考釋》,《文物天地》2019 年第 5 期,第 30 頁,圖十六;中國國家博物館、徐州博物館:《大漢楚王:徐州西漢楚王陵墓文物輯萃》,北京:中國社會科學出版社,2005 年,第 84 頁

字數:2

釋文:衣騗

説明:刻劃在馬下腹部。或釋爲"飛騎",此從杜益華先生意見改釋。

### 151. 天帝□鬼戳印

著録:《陶録》8・9・2

字數:4

釋文:天帝□鬼

### 152. 天作五□陶片

著録:《關中》709 頁

字數：4

釋文：天作五□

説明：摹本。

### 153. 田得萬石戳印

著録：《陶録》8・121・2

字數：4

釋文：田得萬石

説明：首字舊不識，當是"田"之異體。

### 154. 田得萬石印款

著録：《新季木》三二〇頁 1144

字數：4

釋文：田得萬石

### 155. 田秋萬石印款

著録：《新季木》三二〇頁 1143

字數：4

釋文：田秋〈秎(收)〉萬石

説明："秎"字訛爲"秋"形。"萬石"反書。

### 156. 田收萬石印款

著録：《新季木》三一八頁 1136

字數：4

釋文：田收萬石

説明：篆隸混用。

### 157. 田收萬石印款

著録：《新季木》三一八頁 1137

字數：4

釋文：田收萬石

説明：篆隸混用。

### 158. 田收萬石印款

著録：《新季木》三一九頁 1138

字數：4

釋文：田收萬石

説明：篆隸混用。

### 159. 田收萬石印款

著録：《新季木》三一九頁 1140

字數：4

釋文：田秎(收)萬石

説明："秎"字或是收穫之專字。《季木藏陶》1145"耕田萬石"之"耕"字从禾，與此相類。

### 160. 田收萬石印款

著録：《新季木》三一九頁 1141

字數：4

釋文：田秎(收)萬石

### 161. 田收萬石印款

著録：《新季木》三二〇頁 1142

字數：4

釋文：田秋(收)萬石

### 162. 田萬石蠶絲千尺印款

著録：《新季木》三二二頁 1151

字數：6

釋文：田萬石虫〈蠶〉絲千尺

説明：原釋“田萬石蟲千亿”。所謂“蟲千亿”不好理解，或爲“虫絲千尺”四字。“虫絲”疑即“蠶絲”。舊釋“亿”之字，作，當从尸、乙，即“尺”。類似寫法，有、等例(《漢編》1257頁)。“蠶絲千尺”與“田萬石”對舉。

### 163. 亭斗印款一

著録：《新季木》三〇八頁 1095

字數：2

釋文：亭斗〈久(灸)〉

説明：第二字舊釋“久”，今改釋爲“斗”，乃“久”之訛，讀爲“灸”。

### 164. 亭斗印款二

著録：《新季木》三〇八頁 1096

字數：2

釋文：亭斗〈久(灸)〉

説明：第二字舊釋“久”，今改釋爲“斗”，乃“久”之訛，讀爲“灸”。

### 165. 萬石印款

著録：《新季木》三一八頁 1135

字數：2

釋文：萬石

### 166. 萬歲陶印模

著録：《關中》176 頁

字數：2

釋文：萬歲

説明：反書。典範的篆書。

### 167. 萬字印款

著録：《新季木》三一七頁 1132

字數：1

釋文：萬

### 168. 王□春印戳印陶文

著録：《陶録》8・4・2

字數：4

釋文：王□春印

### 169. 王虺印款

著録：《新季木》三一二頁 1114

字數：2

釋文：王虺

## 170. 王酉印款

著録：《新季木》三一二頁 1113

字數：2

釋文：王酉

## 171. 未字陶文戳印

出土：2005 年 4 月—2006 年 12 月，在陝西省西安市未央區三橋鎮上林苑四號建築遺址内出土

著録：中國社會科學院考古研究所等：《上林苑四號建築遺址的勘探和發掘》,《考古學報》2007 年第 3 期，第 367 頁，圖一二，8

字數：1

釋文：未

説明：另有未字筒瓦同出。

## 172. 吴字戳記匜

時代：西漢中期

出土：1991—1994 年，在河北獲鹿縣高莊漢墓中出土

著録：《高莊漢墓》第 32 頁，圖二七，8(M1:388)

字數：1

釋文：吴

## 173. 五年犁鏵模

出土：1959—1960 年，在河南南陽瓦房莊漢代鐵器鑄造遺址中出土

著録：河南省文化局文物工作隊：《從南陽宛城遺址出土漢代犁鏵模和鑄範看犁鏵的鑄造工藝過程》,《文物》1965 年第 7 期

字數：2

釋文：五年

説明：篆隸混用。

## 174. 五字刻款

著録：《新季木》三四〇頁 1183

字數：1

釋文：五

## 175. 五字陶文戳印

時代：西漢高祖五年（前 202）至武帝元封元年（前 110）

出土：1985—1986 年，在福建崇安縣興田鄉城村西南部漢代城址東門外北崗高地出土

著録：楊琮：《福建崇安城村古城遺址出土文字及考釋》,《東南文化》1993年第1期,第127頁,圖75

字數：1

釋文：五

### 176. 咸里闇晐殘陶片

著録：《關中》43頁

字數：4

釋文：咸里闇(?)晐

説明："闇"之隸定存疑,似"闋"字。

### 177. 咸里高昌陶鼎戳印

著録：《關中》41頁

字數：4

釋文：咸里高昌

説明：較典範的篆書。陳直先生説："去年夏初,代沈叕翁購'元平元年咸里周子才'九字陶蓋,文字尤佳。戊子(引按：1948年)四月,進宧記。予另藏有'咸亭完里丹器'陶鼎,未拓入。周季木先生所藏'咸里屈驕'陶鼎,劉軍山君所藏'咸里當柳恚器'陶壺蓋,均較此爲精。"①

### 178. 咸里黽驕陶印模

著録：《關中》50頁

字數：4

釋文：咸里黽驕

説明：反書。

### 179. 咸里黽竭陶印

著録：《關中》743頁;《古璽彙編》0182

字數：4

釋文：咸里黽竭

説明：字體與咸里黽驕(《關中》50頁)相比確實更接近古璽。

### 180. 咸里彤辰陶鼎蓋戳印

出土：咸陽

著録：《關中》37頁

字數：4

釋文：咸里敎(彤)辰

説明：陳直先生説："秦時咸陽,漢初改名謂城縣。但以今日出土陶器觀之,咸陽多稱爲'咸里',或稱爲'咸亭',足以補《漢書》之未詳。又劉漢傑所存有'咸陽市久'陶瓶,尤可證'咸里、咸亭、咸陽亭'

---

① 《關中》,第973頁。

皆爲咸陽之别稱。”[①]

### 181. 咸里郶夫陶瓶

出土：1953年5月咸陽窑店出土

收藏：陝西歷史博物館

著録：《關中》739頁

字數：4

釋文：咸里郶夫

### 182. 咸里直章殘陶片

出土：長安漢舊城出土

著録：《關中》45頁

字數：4

釋文：咸里直章

説明：典範的篆書。

### 183. 咸里直章陶壺

著録：《關中》47頁

字數：4

釋文：咸里直章

説明：典範的篆書。

### 184. 咸里直章陶壺

著録：《關中》48頁

字數：4

釋文：咸里直章

### 185. 咸亭當柳陶壺蓋

出土：長安

著録：《關中》52頁

字數：6

釋文：咸亭當」柳恚器

説明：典範的篆書。

### 186. 咸亭平夤陶鼎

出土：長安

著録：《關中》56頁

字數：4

釋文：咸亭平夤

説明：陳直先生釋末字爲“稾”，疑“夤”字。篆隸混用。后曉榮先生以爲是秦陶文。[②]

### 187. 咸亭完里丹器殘陶片

出土：咸陽頭道原

著録：《關中》741頁，與《關中》54頁同文同範

① 《關中》，第973頁。

② 后曉榮：《秦市亭陶文性質的新認識》，《考古學報》2019年第3期，第359—382頁。

字數：6

釋文：咸亭完里丹器

説明：典範的篆書。后曉榮先生以爲是秦陶文。①

188. **咸亭完里丹器殘陶片**

出土：長安北窑店出土

著録：《關中》54 頁

字數：6

釋文：咸亭完里丹器

説明：后曉榮先生以爲是秦陶文。②

189. **咸陽亭酒陶甕**

著録：《關中》58 頁

字數：4

釋文：咸陽亭久(灸)

説明：后曉榮先生以爲是秦陶文。③

190. **咸原少嬰殘陶片**

出土：1954 年 4 月，在咸陽東渭城出土

著録：《關中》737 頁

字數：4

釋文：咸原少(小)嬰(罌)

191. **襄陰市印款**

著録：《新季木》三〇七頁 1092；《陶彙》9.32(高明自藏拓本)

字數：3

釋文：襄陰市

説明：典範的篆書。《璽彙》0077 著録有"襄陰司寇"印，其地原屬趙。

192. **新粱市酒印款**

著録：《新季木》三〇七頁 1093

字數：4

釋文：新粱市久(灸)

説明：典範的篆書。

193. **刑田萬石印款**

著録：《新季木》三二一頁 1146

字數：4

釋文：刑田萬石

説明：《新季木》將"刑"字讀爲"耕"，不確，當是錯訛字。

194. **行司空酒殘陶片**

著録：《關中》62 頁

字數：4

釋文：行司空久(灸)

195. **脩口刻款**

著録：《新季木》三一六頁 1129；《陶

①②③ 后曉榮：《秦市亭陶文性質的新認識》，《考古學報》2019 年第 3 期，第 359—382 頁。

彙》9.55(高明自藏拓片)

字數：2

釋文：脩」口

### 196. 徐□戳印陶文

著録：《陶録》8・1・5

字數：2

釋文：徐□(達?)

説明：第二字舊不識,疑“達”。

### 197. 徐遂戳印陶文

著録：《陶録》8・1・4;《新季木》三〇九頁1100

字數：2

釋文：徐遂

説明：典範的篆書。

《新季木》釋“徐遂”,不確。

### 198. 徐徒得戳記

著録：《陶録》8・1・1;《新季木》三〇九頁1101

字數：3

釋文：徐徒得

### 199. 徐徒得戳印陶文

著録：《陶録》8・1・2

字數：3

釋文：徐徒得

### 200. 徐衆印款

著録：《新季木》三一三頁1118

字數：2

釋文：徐衆

### 201. 許市印款

著録：《新季木》三〇六頁1087

字數：2

釋文：許市

説明：后曉榮先生以爲是秦陶文。①

### 202. 嚴字陶文戳印

時代：西漢高祖五年(前202)至武帝元封元年(前110)

出土：1985—1986年,在福建崇安縣興田鄉城村西南部漢代城址東門外北崗高地出土

著録：楊琮:《福建崇安城村古城遺址出土文字及考釋》,《東南文化》1993年第1期,第119頁,圖22;張其海、林忠干:《福建崇安漢城遺址出土的文字符號》,《考古與文物》1988年第4

① 后曉榮:《秦市亭陶文性質的新認識》,《考古學報》2019年第3期,第359—382頁。

期,第 66 頁,圖一,9

字數:1

釋文:嚴

説明:原釋"歲",此從楊琮先生意見改。

## 203. 陽城陶文

著録:《陶録》8・4・3

字數:2

釋文:陽城

## 204. 陽遂富貴印款

著録:《新季木》三二五頁 1159;《陶録》8・119・3

字數:4

釋文:陽遂富貴

説明:文字訛變劇烈。

## 205. 陽一犁鏵模

出土:1959—1960 年,在河南南陽瓦房莊漢代鐵器鑄造遺址中出土

著録:河南省文化局文物工作隊:《從南陽宛城遺址出土漢代犁鏵模和鑄範看犁鏵的鑄造工藝過程》,《文物》1965 年第 7 期;李京華:《漢代鐵農器銘文試釋》,《考古》1974 年第 1 期

字數:2

釋文:陽一

## 206. 陽字泥模

著録:河南省文物研究所、中國冶金史研究室:《河南省五縣古代鐵礦冶遺址調查》,《華夏考古》1992 年第 1 期,第 58 頁,圖十八

字數:1

釋文:陽

説明:原釋"陽一"二字,實即"陽"一字,下爲其筆畫延伸。

## 207. 陽字泥模

出土:1959—1960 年,在南陽北關瓦房莊漢代冶鐵遺址探方内出土

著録:河南省文物研究所:《南陽北關瓦房莊漢代冶鐵遺址發掘報告》,《華夏考古》1991 年第 1 期,第 40 頁,圖三四,2(T21A:1)

字數:1

釋文:陽

説明:原釋"陽一"二字,實即"陽"一字,下爲其筆畫延伸。

## 208. 陽字泥模

出土:1959—1960 年,在南陽北關瓦

房莊漢代冶鐵遺址探方内出土

著録：河南省文物研究所：《南陽北關瓦房莊漢代冶鐵遺址發掘報告》，《華夏考古》1991 年第 1 期，第 40 頁，圖三四，2(T491A：28)

字數：1

釋文：陽

## 209. 㒜字陶文戳印

時代：西漢高祖五年(前 202)至武帝元封元年(前 110)

出土：1985—1986 年，在福建崇安縣興田鄉城村西南部漢代城址東門外北崗高地出土

著録：楊琮：《福建崇安城村古城遺址出土文字及考釋》，《東南文化》1993 年第 1 期，第 119 頁，圖 10

字數：1

釋文：㒜

## 210. 宜膢富貴印款

著録：《新季木》三二六頁 1163

字數：4

釋文：宜膢(臘)富貴

## 211. 宜膢萬石印款

著録：《新季木》三二六頁 1164

字數：4

釋文：宜膢(臘)萬石

## 212. 宜膢印款

著録：《新季木》三二五頁 1161

字數：2

釋文：宜膢(臘)

## 213. 宜膢之印印款

著録：《新季木》三二五頁 1162

字數：4

釋文：宜膢(臘)㞢(之)印

## 214. 宜泉撲滿

出土：長安漢舊城

著録：《關中》130 頁

字數：2

釋文：宜泉

## 215. 宜田萬石印款

著録：《新季木》三二一頁 1147

字數：4

釋文：宜(宜)田萬石

## 216. 宜田萬石印款

著録：《新季木》三二一頁 1148

字數：4

釋文：冝(宜)田萬石

## 217. 宜子孫飲百口印款

著録：《新季木》三二八頁 1167；《陶録》8・84・1

字數：6

釋文：宜子孫飲百口

説明：篆隸混用。

## 218. 又字刻款

著録：《新季木》三三九頁 1181

字數：1

釋文：又

## 219. 右空印款

著録：《新季木》三三七頁 1177

字數：2

釋文：右空

説明：典範的篆書。

## 220. 余齒印款

著録：《新季木》三一〇頁 1106

字數：2

釋文：余齒

## 221. 郤疟戳印陶文

著録：《陶録》8・1・3

字數：2

釋文：郤疟

## 222. 元康元年陶範

時代：西漢宣帝元康元年(前 65)

出土：1994 年、1996 年，在陝西户縣兆倫村一處鑄錢遺址内出土

著録：陝西省文保中心兆倫鑄錢遺址調查組：《陝西户縣兆倫漢代鑄錢遺址調查報告》，《文博》1998 年第 3 期，第 28 頁，圖十五，1

字數：6

釋文：元康元季(年)十月

## 223. 元平周子才陶豆

時代：西漢昭帝元平元年(前 74)

出土：長安西北出土

著録：《關中》12 頁

字數：9

釋文：元平元季(年)咸里周子才

説明：篆隸混用。"平"字寫法合於《説文》小篆字頭。

## 224. 元平周子才陶蓋

時代：西漢昭帝元平元年(前 74)

著録：《關中》15 頁

**字數**：9

**釋文**：元平元季(年)咸里周子才

**説明**：篆隸混用。"平"字寫法合於《説文》小篆字頭。

### 225. 元平周子才陶蓋

**時代**：西漢昭帝元平元年(前74)

**著録**：《關中》17頁

**字數**：9

**釋文**：元平元季(年)咸里周子才

**説明**：篆隸混用。"平"字寫法合於《説文》小篆字頭。

### 226. 元平周子才陶蓋

**時代**：西漢昭帝元平元年(前74)

**著録**：《關中》19頁

**字數**：9

**釋文**：元平元季(年)咸里周子才

**説明**：篆隸混用。"平"字寫法合於《説文》小篆字頭。

### 227. 元延陶尺範

**時代**：西漢成帝元延二年(前11)

**出土**：長安漢舊城

**著録**：《關中》123頁;《八瓊室金石補正》卷二

**字數**：12

**釋文**：長安銅尺丗(卅)枚,苐(第)廿。元延☐

**説明**：典範的篆書。《八瓊室金石補正》卷二亦著録有摹本,下方較之多出"二年八月十八日造"八字。

### 228. 袁雙陶片

**著録**：《關中》100頁

**字數**：2

**釋文**：袁雙

### 229. 袁字戳記匜

**時代**：西漢中期

**出土**：1991—1994年,在河北獲鹿縣高莊漢墓中出土

**著録**：《高莊漢墓》第32頁,圖二七,9(M1:379)

**字數**：1

**釋文**：袁

### 230. 張立私印戳印陶文

**著録**：《新季木》三〇九頁1102;《陶録》8・5・4、8・142・1

**字數**：4

**釋文**：張(?)立私印

説明：首字舊不識，疑"張"字。

## 231. 趙讓印款

著録：《新季木》三一五頁 1124

字數：2

釋文：趙讓

説明：典範的篆書。

## 232. 真河陽殘陶片

出土：長安漢舊城

收藏：陳直

著録：《關中》148 頁

字數：3

釋文：真河陽

## 233. 真上牢陶甕

時代：秦末漢初

收藏：西安文物研究室

著録：《關中》72 頁

字數：6

釋文：真上牢丨真上牢

## 234. 真字陶文戳印

時代：西漢高祖五年（前 202）至武帝元封元年（前 110）

出土：1985—1986 年，在福建崇安縣興田鄉城村西南部漢代城址東門外北崗高地出土

著録：楊琮：《福建崇安城村古城遺址出土文字及考釋》，《東南文化》1993 年第 1 期，第 125 頁，圖 50

字數：1

釋文：真

## 235. 戠□□戳印陶文

著録：《陶録》8·5·3

字數：3

釋文：戠□□

説明：首字舊不識。

## 236. 忠字刻款

著録：《新季木》三四六頁 1199

字數：1

釋文：忠

## 237. 衆魚陶器印文

時代：西漢初年（武帝初年以前）

出土：1956—1957 年，在廣州華僑新村西漢墓

著録：麥英豪：《廣州華僑新村西漢墓》，《考古學報》1958 年第 2 期，第 51 頁，圖十，7

**字數**：2

**釋文**：衆魚

## 238. 周字陶文戳印

**時代**：西漢高祖五年(前 202)至武帝元封元年(前 110)

**出土**：1985—1986 年,在福建崇安縣興田鄉城村西南部漢代城址東門外北崗高地出土

**著録**：楊琮:《福建崇安城村古城遺址出土文字及考釋》,《東南文化》1993 年第 1 期,第 127 頁,圖 70

**字數**：1

**釋文**：周

## 239. 盩亭陶瓶

**出土**：長安舊城

**著録**：《關中》74 頁

**字數**：2

**釋文**：盩亭

## 240. 朱字刻款

**著録**：《新季木》三四二頁 1189

**字數**：1

**釋文**：朱

## 241. 祝讀之印戳印陶文

**著録**：《陶録》8・5・2

**字數**：4

**釋文**：祝讀㞢(之)印

**説明**：第二字舊不識。

## 242. 酌一二石酒罌

**出土**：長安漢舊城

**收藏**：中國社會科學院

**著録**：《關中》112 頁

**字數**：1

**釋文**：汋(酌)〼[一二石(?)]

**説明**：首字或釋"河",此據陳直先生意見改。① 拓本質量不佳,無法確知四字。

## 243. 孜時□□印款

**著録**：《新季木》三一一頁 1110

**字數**：4

**釋文**：孜(孜)時□□

## 244. 菑亭印款

**著録**：《新季木》三〇七頁 1094

**字數**：2

**釋文**：菑亭

① 《關中》,第 113 頁。

### 245. 趙字陶尊

**收藏**：西安歷史陳列館

**著録**：《關中》68 頁

**字數**：1

**釋文**：趙(趙)

**説明**：反書。陳直先生釋"趙"，《説文》："趙，走也。从走有聲。讀若又。"此陶文不从"有"而从"肉"。故此處隸定作"趙"。

### 246. 卒字陶文戳印

**時代**：西漢高祖五年(前 202)至武帝元封元年(前 110)

**出土**：1985—1986 年，在福建崇安縣興田鄉城村西南部漢代城址東門外北崗高地出土

**著録**：楊琮：《福建崇安城村古城遺址出土文字及考釋》，《東南文化》1993 年第 1 期，第 127 頁，圖 71

**字數**：1

**釋文**：卒

**説明**：反書。

### 247. 最字陶文戳印

**時代**：西漢高祖五年(前 202)至武帝元封元年(前 110)

**出土**：1985—1986 年，在福建崇安縣興田鄉城村西南部漢代城址東門外北崗高地出土

**著録**：楊琮：《福建崇安城村古城遺址出土文字及考釋》，《東南文化》1993 年第 1 期，第 127 頁，圖 78

**字數**：1

**釋文**：最

### 248. 左司陶文戳印

**出土**：2005 年 4 月—2006 年 12 月，在陝西省西安市未央區三橋鎮上林苑四號建築遺址内出土

**著録**：中國社會科學院考古研究所等：《上林苑四號建築遺址的勘探和發掘》，《考古學報》2007 年第 3 期，第 367 頁，圖一二，6

**字數**：2

**釋文**：左司

### 249. 左司陶文戳印

**出土**：2005 年 4 月—2006 年 12 月，在陝西省西安市未央區三橋鎮上林苑四號建築遺址内出土

**著録**：中國社會科學院考古研究所等：《上林苑四號建築遺址的勘探和發掘》，《考古學報》2007 年第 3 期，第 367 頁，圖一二，5

**字數**：2

**釋文**：左司

## 250. 左司陶文戳印

**出土**：2005 年 4 月—2006 年 12 月，在陝西省西安市未央區三橋鎮上林苑四號建築遺址内出土

**著録**：中國社會科學院考古研究所等：《上林苑四號建築遺址的勘探和發掘》，《考古學報》2007 年第 3 期，第 367 頁，圖一二，7

**字數**：2

**釋文**：左司

## 251. 左作殘陶片

**著録**：《關中》682 頁

**字數**：1

**釋文**：左□[作]

**説明**：典範的篆書。

## 252. 左作殘陶片

**著録**：《關中》684 頁

**字數**：2

**釋文**：□[左]作

**説明**：典範的篆書。

## 253. 左作殘陶片

**著録**：《關中》685 頁

**字數**：2

**釋文**：□[左]作

**説明**：典範的篆書。

## 254. 左作殘陶片

**著録**：《關中》683 頁

**字數**：1

**釋文**：左□[作]

**説明**：典範的篆書。

## 255. 左作殘陶片

**著録**：《關中》686 頁

**字數**：1

**釋文**：□[左]作

**説明**：典範的篆書。

## 256. 左作貨泉陶片

**著録**：《關中》669 頁

**字數**：4

**釋文**：左作貨泉

**説明**：典範的篆書。

## 257. 左作貨泉陶片

**時代**：新莽

著録：《關中》674 頁

字數：4

釋文：左作貨泉

説明：典範的篆書。

**258. 左作貨泉陶片**

時代：新莽

著録：《關中》667 頁

字數：4

釋文：左作貨泉

説明：典範的篆書。

**259. 左作貨泉陶片**

時代：新莽

著録：《關中》668 頁

字數：4

釋文：左作貨泉

説明：典範的篆書。

**260. 左作貨泉陶片**

時代：新莽

著録：《關中》670 頁

字數：4

釋文：左作貨泉

説明：典範的篆書。

**261. 左作貨泉陶片**

時代：新莽

著録：《關中》671 頁

字數：4

釋文：左作貨泉

説明：典範的篆書。

**262. 左作貨泉陶片**

時代：新莽

著録：《關中》673 頁

字數：4

釋文：左作貨泉

説明：典範的篆書。

**263. 左作貨泉陶片**

時代：新莽

著録：《關中》672 頁

字數：4

釋文：左作貨泉

説明：典範的篆書。

**264. 左作陶片**

著録：《關中》681 頁

字數：2

釋文：左作

説明：典範的篆書。

**265. 左作陶片**

時代：新莽

著録：《關中》678 頁

字數：2

釋文：左作

説明：典範的篆書。

**266. 左作陶片**

著録：《關中》677 頁

字數：2

釋文：左作

説明：典範的篆書。

**267. 左作陶片**

著録：《關中》676 頁

字數：2

釋文：左作

説明：典範的篆書。

**268. 左作陶片**

著録：《關中》680 頁

字數：2

釋文：左作

説明：典範的篆書。

**269. □水□戳印陶文**

著録：《陶録》8・4・4

字數：3

釋文：□水□

**270. □作殘陶片**

著録：《關中》679 頁

字數：1

釋文：□作

**271. □□戳印陶文**

著録：《陶録》8・3・5

字數：2

釋文：□□

**272. □□戳印陶文**

著録：《陶録》8・6・1

字數：2

釋文：□□

**273. □□戳印陶文**

著録：《陶録》8・6・2

字數：2

釋文：□□

**274. □戳印陶文**

著録：《陶録》8・4・5

字數：1

釋文：□

# 後記

《漢篆輯録》的相關工作,開始於我撰寫博士學位論文時搜集整理材料的過程。如今,經過八年多的努力,第一卷終於面世了。不得不説,我現在的心情非常忐忑。一方面,隨著時代發展,漢篆材料不斷豐富,研究日益深入,儘管我一直奮力完善,但這本書中的錯漏肯定在所難免。另一方面,它的出版更意味著後續成果的問世也近在眼前,我不敢稍有懈怠。

這種近乎"戒慎恐懼"的心理,不僅因我對自己疏懶性格、才學不足有清楚的認識,還源於對這份工作的熱愛和珍視。2018 年至今,我在華東師範大學承擔了"出土文獻概論""漢字學""漢語文字演變與中國文化傳承""走進商周古文字虛擬仿真實驗""中國文化專題"和"專業英語"等多門課程,負責兩届古文字學"强基班"的教學管理。相較於攻讀學位之時,現在的我,更加深刻地感悟到語言文字對賡續文化的獨特價值,以及教學科研對傳承冷門"絶學"的重要性。因此,我始終拼盡全力完成教學和科研任務。畢竟,一個年輕人,近二十年來,能一直較爲心無旁騖地學習進而研究文字學和出土文獻,這在近代中國歷史和當今世界上,都是難能可貴的。

今年 11 月底,我參觀了西安未央宫遺址。在那裏,我第一次站在石渠閣、椒房殿、前殿、少府等建築的遺址前,想到此處出土的瓦當、銅器,都是我關注的對象。雖然歷經千年"宫闕萬間都做了土",但依舊能感到兩漢的豪情氣象似乎並不遥遠。在我看來,能有這種"心有戚戚焉"的感覺,是很幸福的事。

還有更幸福的,那就是自從我上大學開始,我的家人始終支持我的學習和研究。在他們心中,所謂冷門"絶學"不是高不可攀的專業,而是值得他們自豪的知識領域。目下，我取得的實績，顯然不足以報答他們的深情。面對父母給予的關愛，除了永懷感激外，我還要繼續努力，多多拂去他們眼中的滄桑。

需要感謝的，還有我求學、從業過程中，一直幫助我的師長。揚州大學班吉慶先生，是我的啓蒙老師，華東師範大學劉志基先生引導我進入學術研究的大門，清華大學趙平安先生確定了我研究漢代文字的方向。他們對我的影響，幾同再造。李學勤先生曾參加我的博士論文開題答辯。當時，他特别提示説，在研究漢代篆文時，一定要注意漢篆内部的差異，就像學英語時，要留意貴族和平民説的語音不一樣。我和很多人能有機會學習研究出土文獻，都得益於李先生的博大胸襟、宏闊視野。此外，劉國忠、李均明、李守奎、沈建華、廖名春、劉樂賢、王志平、董蓮池、白於藍、潘玉坤、王初慶、許學仁、蔡哲茂、施謝捷、魏宜輝、馬楠、賈連翔、程浩、石小力、王子楊、劉麗、王偉、郭永秉、謝明文、程少軒、吕志峰、王進峰等老師和羅小華、陳鵬宇、韓宇嬌、周飛等同門師兄師姐，都曾給我提供很大指教和鼓勵，謹致謝忱。還要衷心感激連蔚勤、鵬宇、代威、徐善飛、石繼承等先生不吝惠賜研究資料。感謝華東師範大學中文系對這本書出版的關注和支持，感謝思勉高等人文研究院和中文系諸多老師、同事的關心。感謝編輯鄒燁女史的辛勞，没有她的襄助，這本書的順利付梓是很難想象的。

許可　謹識

2023 年 12 月於上海

**圖書在版編目(CIP)數據**

漢篆輯録. 第一卷 /許可著. —上海：上海書店出版社，2023.12

ISBN 978-7-5458-2349-3

Ⅰ.①漢… Ⅱ.①許… Ⅲ.①篆書—匯編—中國—漢代 Ⅳ.①H123

中國國家版本館 CIP 數據核字(2023)第 220152 號

**責任編輯** 鄒　烨

**封面設計** 酈書徑

**漢篆輯録　第一卷**

許　可　著

**出　　版** 上海人民出版社　上海書店出版社
（201101　上海市閔行區號景路 159 弄 C 座）

**發　　行** 上海人民出版社發行中心

**印　　刷** 上海商務聯西印刷有限公司

**開　　本** 710×1000　1/16

**印　　張** 22.75

**字　　數** 300,000

**版　　次** 2023 年 12 月第 1 版

**印　　次** 2023 年 12 月第 1 次印刷

ISBN 978-7-5458-2349-3/H・40

**定　　價** 108.00 元